자꾸 이상한 생각이
달라붙어요

자꾸

—

이상한 생각이
달라붙어요

강박이라는 늪에서 탈출하기

샐리 M. 윈스턴 · 마틴 N. 세이프 — 정지인 옮김

교양인
GYOYANGIN

'침투하는 생각'에 영향을 받은 모든 사람과 그들을 담당하는 의료 전문가들이 반드시 읽어야 할 중요한 책이다. 저자들은 수십 년간 현장에서 쌓은 경험을 정제하여 명료하고도 잘 읽히는 안내서를 써냈다. 침투하는 생각이라는 제대로 이해받지 못하는 문제에 대한 해답이 여기에 있다.
_ 조지프 A. 애덤스Joseph A. Adams. 의학 박사

저자들은 이 책에서 인간의 고통에 관한 큰 수수께끼 하나를 풀어낸다. 그 수수께끼는 바로 우리의 정신이 스스로 불러낸 것도 아니고 원한 것도 아닌데 나타나 우리를 심란하게 만드는 생각과 이미지, 기억 들을 없애지 못하는 것 같다는 점이다. 이 책은 독자들에게 침투하는 생각의 본질과 기원, 그 생각으로 인한 고통스러운 감정에 관해 알아보는 드문 기회를 준다. _ 데이비드 A. 클라크David A. Clark. 뉴브런즈윅대학 심리학과 명예 교수

저자들은 강박적인 침투하는 생각에 시달리는 사람들에게 과학적으로 정확한 최신 정보를 제공하는 훌륭한 일을 해냈다. 명료하게 쓰인 이 안내서는 스스로 문제를 해결해보려는 사람들에게 도움이 될 뿐 아니라 심리 치료 워크북으로서도 손색이 없다. _ 리 베어Lee Baer. 하버드의학대학원 정신의학과 심리학 교수

수천만의 사람들이 침투하는 생각에 시달리고 있다. 그 생각의 내용은 대부분 도저히 용납할 수 없고 당황스러운 내용이어서 가장 가까운 가족이나 친구에게조차 말하기 어렵다. 심한 경우는 강박장애 같은 더 심각

한 문제의 일부일 수도 있지만, 스트레스를 받으면 거의 누구나 때때로 침투하는 생각을 경험할 수 있다. 오랫동안 이 문제를 다루어 온, 이 분야의 대표적 임상 전문가 두 사람이 마침내 최신 심리 프로그램을 가지고 왔다. 이 탁월한 책에 담긴 회복 프로그램은 침투하는 생각을 극복할 수 있도록 도와준다. 이 문제로 고심하는 모든 사람에게 제일 먼저 시도해볼 프로그램으로 추천한다. _ 데이비드 H. 발로David H. Barlow. 보스턴대학 '불안 및 관련 장애 센터' 설립자, 심리학 · 정신의학 명예 교수

침투하는 생각이라는 잘 이해되지 않는 현상에 관한 흥미롭고도 독창적인 설명. _ 프레드릭 뉴먼Fredric Neuman. 의학 박사, 화이트플레인스병원 '불안증 · 공포증 치료 센터' 소장

침투하는 생각 때문에 힘들어하는 사람들을 위한 최고의 책! 만성불안증 치료 분야에서 존경받는 노련한 두 전문가가 침투하는 생각의 작동 방식, 그 생각이 의미하는 바와 의미하지 않는 바를 설명하고 그 생각과 새롭게 관계를 맺어 더는 그 생각에 시달리지 않는 방법을 알려준다. 저자들은 아무리 노력해도 침투하는 생각이 사라지지 않는 이유를 독자들에게 명쾌하게 알려준다. 침투하는 생각에 맞서 싸우고 반박하고 회피하려는 노력이 바로 그 이유다. 침투하는 생각에 시달리는 사람뿐 아니라 그들을 돕는 전문가들도 꼭 읽어야 할 필독서. _ 데이비드 카보넬David Carbonell. 심리학자, 만성불안증 전문가

저자들은 아주 중요하고 꼭 필요한 책을 써냈다. 원치 않는 생각 때문에 괴로워하는 사람들, 그래서 불안한 고립의 세계에 빠져든 사람들에게 도움의 말을 건네는 책이다. 저자들은 이 문제로 고통받는 사람들이 무시무시한 어둠에서 벗어나 이해의 세계로, 자유의 길로 나아가도록 이끈다. _ 브루스 샤피로Bruce Shapiro. 컬럼비아대학 의학대학원 정신의학과 임상 교수

우리 인간은 생각의 힘으로 고난과 고통에서 벗어날 수 있는 능력을 자랑스럽게 여긴다. 그러나 두 저자는 우리가 자신의 생각을 완전히 통제하지 못한다는 사실을 깨닫게 해주고, 더욱 현실적이고 건전한 관점에서 사고 과정에 접근하도록 도와준다. 생각에 관한 흔한 오해를 밝혀내고, 생각에 맞서 싸우는 것이 답이 아니라 오히려 문제의 한 부분임을 가르쳐준다. 이 책에 담긴 전략을 통해 독자들은 생각이 우리에게 안기는 스트레스와 괴로움을 줄이는 방법을 배울 수 있다. _ 캐서린 M. 피트먼Catherine M. Pittman. 세인트메리스칼리지 심리학과 부교수

내가 20년 전에 이 책을 읽었더라면 얼마나 좋았을까! 두 저자는 사람들이 침투하는 생각을 이해하고 극복하는 데 필요한 모든 퍼즐 조각을 완벽하게 맞추어 내놓았다. _ 킴벌리 J. 모로Kimberly J. Morrow. 불안장애와 강박장애 치료 전문가.

생각을 밀어내거나 생각을 반박하거나 안심을 구하는 등 걱정을 멈추기 위해 우리가 쓰는 상식적인 방법들이 오히려 걱정을 더 부풀리고 키우는

것으로 밝혀졌다. 우리 분야에서 가장 탁월한 인물들인 샐리 M. 윈스턴과 마틴 N. 세이프는 간단하지만 강력한 2단계 해법을 제시한다.

_ 리드 윌슨Reid Wilson, 심리학 박사

독 / 자 / 서 / 평

여동생은 대단히 어두운 내용의 침투하는 생각에 오랫동안 시달렸고 그로 인해 몸과 마음이 모두 약해졌습니다. 밤에 잠을 잘 수 없었고, 먹기를 거부하거나 가끔은 토하기도 했습니다. 심각한 공황을 겪기도 했고요. 때때로 동생은 말 그대로 좀비처럼 보였습니다. 가끔은 가족에게조차 말 한마디 하지 않으려고 했습니다. 자기 머릿속의 감옥에 갇혀 있거나 자기 생각에 빠져 익사하는 사람 같았습니다. …… 놀랍게도 동생은 이 책을 읽기 시작하면서 빠르게 달라지기 시작했습니다. 그저 자신과 같은 사람들의 사례를 읽는 것만으로도 동생은 자신이 혼자가 아님을 느낄 수 있었고 자신의 문제를 해결할 길이 있다는 것을 믿게 되었습니다. 이 책에 나오는 침투하는 생각에 대한 설명과 비유를 통해 동생은 자신의 행동과 정신 상태를 비로소 이해할 수 있게 되었습니다. …… 이제 동생은 완전히 새 사람이 되었고 행복한 자기를 되찾아 가고 있습니다. 이 책의 저자들께 어떻게 감사를 드려야 할지 모르겠습니다. (by customer)

나는 오랫동안 불안 때문에 고통스러웠습니다. 이 문제에서 벗어나기 위해 명상과 마음챙김 연습을 열심히 하거나 심리 상담사를 찾아가보기도 했고 술에 의지하거나 약을 복용한 적도 있습니다. 나는 많은 것을 배웠지만 매일같이 이어지는 불안 사고anxious thinking에서 벗어날 수 없었고 삶을 온전히 누리고 즐길 수 없었습니다. …… 이 책은 불안이 실제로 어떻게 작동하는지, 내가 과거에 불안을 극복하기 위해 시도했던 방법들이 왜 실패했는지 알려주었습니다. 나아가 불안을 극복하기 위한 실용적인 지침을 제공해주었습니다. 몇 년 만에 처음으로 나는 일상에서 이 책에서 배운 기법을 꾸준히 활용할 수 있다는 자신에 차 있습니다. (by Chiden)

강박장애와 침투하는 생각 때문에 고통받는 사람들은 종종 공포와 외로움에 빠집니다. 심지어 전문가들조차 이 문제를 제대로 이해하는 사람이 드물다는 사실 때문에 더욱 힘이 듭니다. 이 책은 아주 쉬운 말로 쓰여 있습니다. 침투하는 생각이란 무엇인가, 그런 생각은 왜 위험한가, 그리고 (무엇보다 중요한 것인데) 그런 생각을 어떻게 없앨 수 있는가를 알려줍니다. 제 말을 오해하지 마세요. 회복은 결코 쉽지 않습니다. 하지만 이 책은 자신의 삶을 통제할 수 있게 도와줄 것입니다. 침투하는 생각 때문에 고통받는 사람이라면(그리고 그런 사람은 당신의 생각보다 아주 많습니다.) 누구에게든 이 책을 추천하고 싶습니다. 정신 건강 분야에 종사하는 전문가들도 모두 읽어야 합니다. (by Jessica)

한마디로 이 책은 신의 선물입니다! 이 책을 읽으면서 나는 저자들이 나를 너무나 잘 안다고, 내가 말하기도 전에 나의 문제와 내가 품은 의문을 모두 예측한다고 느꼈습니다. 이 책은 간결하고 명확하며, 저자들은 시종일관 따뜻하고 유머를 잃지 않는 태도를 보여줍니다. 우리의 정신에서 어떻게 생각이 일어나는지, 아무런 의미 없는 성가신 생각이나 이미지가 어떻게 달라붙게 되는지 쉽게 이해할 수 있습니다. (by BoyMomC)

3장 | 생각에 관한 잘못된 생각 아홉 가지

플랫폼 가장자리에 서서 기차가 들어오기를 기다리고 있는데 난데없이 '지금 여기서 뛰어내리면 그냥 죽을 수도 있겠어.' 이런 짧은 생각이 스쳐간 적이 있나요? 아니면 '내가 저 사람을 철로 위로 밀쳐버릴지도 몰라!' 하는 생각이 번뜩 떠오른 때는 없습니까?

사람들이 가득한 방에서 이런 질문을 해보면 90퍼센트는 그런 적이 있다고 대답할 겁니다.

하지만 그보다 더 중요한 질문, 그리고 이 책의 핵심 주제를 포함하고 있는 질문은 따로 있습니다. 그런 생각이 실제로 당신이 끔찍한 일을 저지르도록 몰아갈지도 모른다고 걱정하거나 초조해한 적이 있습니까? 혹은 이미 뭔가 끔찍한 일을 저지르고도 어째서인지 그 일을 까맣게 잊어버린 채 살고 있는지도 모른다는 생각에 괴로웠던 적은요? 또는 도저히 머릿속에서 몰아낼 수 없는 어떤 생각 하나 때문에 미칠 것 같았던 적은 없었나요? 기괴한 생각이나 혐오스러울 정도로 불쾌한 생각이 반복해서 떠오르고 도저히 떨쳐지지 않는다는 건 당신에게 뭔가 수치스럽고 끔찍한 면이 있다는 증거일 거라는 말 못 할 두려움에 사로잡혀 살고 있지는 않습니까? 그런 생각이 다시는 떠오르지 않게 해 달라고 바라거나 기도하고 있지는 않은가요? 그래도 그 생각은 계속 다시 떠오르고 당신을 쫓아다니며 괴롭힙니다. 한마디로 당신에게 달라붙어버린 것입니다.

일부러 떠올린 것도 아닌데 저절로 불쑥 떠오르는 당황스럽고 짜증스럽고 무서운 생각을 **원치 않게 침투하는 생각** unwanted intrusive thoughts이라고 합니다. 정신이 멀쩡하고 착한 사람들에게도 이런 생각은 떠오릅니다. 원치 않는 생각, 당신을 무섭게 만드는 생각, 그리고 남들에게 말할 수도 없는 생각에 시달리고 있다면 이 책이 당신의 삶을 바꿔줄지도 모릅니다.

우리가 제일 먼저 전하고 싶은 메시지는 그것이 당신 혼자만 겪는 일은 아니라는 거예요. 당신과 똑같이 그런 생각으로 힘들어하는 사람들이 수백만 명에 이릅니다. 선량한 사람도 끔찍한 생각을 하고, 온화한 사람에게도 난폭한 생각이 떠오릅니다. 전혀 미치지 않은 사람에게도 미치광이 같은 생각이 피어오르죠. 절대로 마음에서 떠나지 않고 반복되는 생각을 경험하는 사람은 당신만이 아닙니다.

우리가 보기에 가장 현실적인 추정치는, 삶의 어느 시점에선가 원치 않게 침투하는 생각으로 고통받는 사람이 미국에만 6백만 명 이상이라는 것입니다. 이 문제를 둘러싼 침묵, 공포, 수치심은 다수의 선량한 사람들을 더 큰 고통과 고립으로 몰아넣죠. 자신과 똑같은 일로 괴로워하는 사람들이 아주 많다는 사실을 모르는 채 혼자 고립되어 그 무게를 견디고 있는 겁니다.

우리가 전하고 싶은 두 번째 메시지는 당신이 매우 용감한 사람이라는 것입니다. 당신은 이 책을 집어 들고 여기까지 읽을 만큼 용감합니다. 그리고 특히 당신은 (그 생각이 무언가 중요한 의미가 있고 위험할 수도 있다고 생각하기 때문에) 그 생각을 마음속에서 몰아내려 애쓰고 있습니다. 우리는 당신이 그 생각을 몰아내려고 할 수 있는 모든 노력을 해봤을 거라고 확신합니다. 그러니 그 주제를 다루고 있는 이 책을 읽는 것은 분명 용기가 있어야 할 수 있는 행동일 테지요.

그렇게 고군분투하는 동안 당신은 아마 몹시 분통 터지지만 중요한 진실을 하나 발견했을 거예요. 생각을 머릿속에서 몰아내려는 모든 노력이 당신에게는 전혀 효과가 없다는 진실 말입니다. **사실 그런 노력은 그 누구에게도 효과가 없습니다.**

그래서 우리는 지금 당장 또 하나의 기본적인 진실을 밝히고자 합니다. 그 진실은 바로 항상 해 왔던 일을 계속한다면 줄곧 같은 상황에 처하게 되리라는 것입니다.[1] 요컨대 다른 결과를 원한다면 다른 방법을 시도해야만 한다는 말이지요. 우리는 당신이 자신에게 잘못된 것은 없으며, 단지 상당히 잘못된 방법을 쓰고 있었을 뿐이라는 것을 깨닫는 데서 출발하기를 바랍니다. 이 책이 도움을 줄 수 있는 것도 바로 그 지점입니다. 그 생각에 이름을 붙이고, 당신이 혼자가 아니라는 걸 알게 되고, 수치심과 공포심 없이 그 생각을 처리하게 되는 것만으로도 괴로움을 줄이는 데 크게 도움이 될 거라고 믿습니다. 물론 그게 전부는 아닙니다. 당신은 지금 우리가 원치 않게 침투하는 생각에 관해 알고 있는 것들, 그러니까 그런 생각의 유형과 그런 생각이 계속되는 이유, 그리고 그 성가신 생각 없이 살아가기 위한 최선의 방법에 관해 배우게 될 것입니다.

도움이 되는 사실: 당신에게 잘못된 것은 없습니다. 당신이 생각을 처리하는 방식에 문제가 있을 뿐.

다음은 사람들이 원치 않게 침투하는 생각에 관한 정확한 정보를 읽은 후 우리에게 보내오는 전형적인 메시지들입니다.

나는 11년 넘게 불안장애를 겪고 있고 그동안 많은 시간을 침투하는 생각에 시달려 왔습니다. 나를 상담한 심리치료사들은 그런 생각에 대해 별로 아는 게 없었어요. 그리고 선생님도 잘 아시리라 생각하지만, 그런 생각을 누군가에게 말하는 것은 나 자신에게 아주 치명적이고 불리한 일이 될 수도 있습니다.

침투하는 생각에 관해 선생님이 쓴 글, 특히 그런 생각은 폭력적이거나 성적인 경우가 많다는 점을 분명하게 밝혀주신 부분은 내게서 어둡고 무거운 마음의 짐을 덜어내주었습니다. 그때까지는 그게 순전히 내 정신이 병들고 뒤틀린 탓이고, 아무도 그런 나의 정신을 용납하지 않을 거라고만 생각했거든요. 그런 생각을 가리키는 명칭이 따로 있다는 걸 알게 되고, 그게 그렇게 명료하게 적혀 있는 걸 보자 마치 암흑에서 벗어나 빛을 본 것 같았고 도움을 구하려는 자신감도 생겼습니다.

이 문제는 애초에 적절한 해결책을 찾는 일부터 어렵습니다. 동정적이지만 이해는 못하는 친구나 가족과 이야기를 나누는 건 대체로 도움이 되지 않을 뿐 아니라 오히려 상황을 더 악화하는 경우도 많지요. 이 책 외에 오직 이 문제만을 다룬 심리서도 찾기 어렵고요. 두려움을 이겨내고 자신의 생각을 드러내기로 작정했더라도 적합한 정보에 기반을 둔 도움을 얻지 못할 수도 있습니다. 그리고 안타깝게도 이 문제가 저절로 해결되어 사라지는 일은 매우 드물지요.

당신은 심리치료사에게 원치 않게 침투하는 생각에 관해 이야기해보았을지도 모릅니다. 혹은 원치 않게 침투하는 생각을 특징으로 하는 어떤 질환을 진단받았을지도 모르겠네요. 이 책은 그런데도 아직 침투하는 생각에서 해방되지 못한 사람을 위한 책입니다. 심리치료사라고 해서 원치 않게 침투하는 생각을 가장 효과적으로 처리하는 방법을 다 아는 것도 아니고, 어쩌면 당신이 망설이다가 그 문제를 이야기하지 않았을 수도 있습니다. 이 책은 그런 생각이 몰고 온 두려움, 사기 저하, 고통에서 자유로운 삶으로 이끌어줄 특별하고 실용적인 문제 해결 프로그램을 제공합니다.

이 책에서 최대한의 도움을 얻는 방법

아는 것이 힘임을 기억하세요. 원치 않게 침투하는 생각을 더 잘 이해하게 될수록 그 생각이 몰고 오는 괴로움에서 더 잘 벗어날 수 있습니다. 이 책은 처음부터 끝까지 순서대로 읽도록 구성되었고, 그렇게 읽을 때 가장 큰 혜택을 얻을 거라고 확신합니다. 당신은 원치 않게 침투하는 생각을 제거하는 과정부터 얼른 시작하고 싶겠지요. 당신은 첫 페이지부터 그 방법을 배우기 시작할 것이고, 그 배움은 한 장 한 장 나아가며 계속 이어질 겁니다. 그러니 이 책의 앞부분이 당신의 회복을 향한 첫걸음이라고 여겨주면 좋겠습니다. 실제로 해보면 처음 몇 장만으로도 침투하는 생각을 극복하기에 충분하다는 생각이 들지도 모릅니다.

1장은 원치 않게 침투하는 생각에 관한 최신 정보를 망라합니다. 2장에서는 원치 않게 침투하는 생각의 다양한 유형을 모두 알아볼 것입니다. 3장은 침투하는 생각을 부추기는 잘못된 믿음을 밝혀내며, 4장에서는 사람들이 자주 하는 질문에 답할 겁니다. 5장에서는 뇌가 어떻게 해서 침투하는 생각을 그렇게 성가신 것으로 만드는지 알아볼 겁니다. 또 그냥 스쳤던 생각이 어떻게 머릿속에 달라붙게 되고, 원치 않게 침투하는 생각으로 자리 잡는지도 이야기할 거예요. 침투하는 생각에 대처하기 위해 당신이 했던 최선의 노력이 왜 실패했는지, 전통적인 여러 불안 관리 기법이 실제로 왜 역효과를 내는지에 관해서는 6장에서 설명할 겁니다. 좋은 설명은 곧 좋은 치료입니다.

도움이 되는 사실: 원치 않게 침투하는 생각에 관한 정확한 정보를 알게 되면 그 생각이 덜 괴롭게 느껴집니다.

7장부터 9장까지는 믿음과 태도를 바꾸기 위한 구체적인 방법을 제안하고, 침투하는 생각에 대해 이전과는 완전히 다른 방식으로 반응하도록 마음과 뇌와 몸을 훈련하는 방법을 소개할 거예요. 각 장은 대부분 앞 장에서 소개한 지식과 실용적 정보를 토대로 삼아 새로운 내용을 구축해 갑니다. 자신이 무엇을 알게 되었는지를 인식하고, 그 지식을 체계적으로 적용해 가다 보면 침투하는 생각이 초래한 고통과 당혹감, 좌절, 공포를 극복하게 될 것입니다. 10장에서는 자구책만으로는 도저히 해결되지 않고 전문적 도움을 구해야 하는 경우에 관해 단도직입적으로 논의해볼 겁니다. 우리는 많은 사람들이 자기 자신과 자신의 생각을 너무 심각하게 받아들인다고 믿습니다. 이에 따라 마지막에는 침투하는 생각에 대해 하지 말아야 할 일에 관해 가벼운 처방을 담은 부록을 추가했습니다.

회복이 쉽게 이뤄질까요? 쉽지 않을지도 모릅니다. 자신을 괴롭혀 온 여러 사고 습관과 원치 않게 침투하는 생각에 대한 자동적인 감정적 반응, 그리고 그런 생각을 피하기 위해 당신이 써온 모든 방법을 버려야 하기 때문이지요. 당신 마음속의 그 가짜 독재자에게 대응하는 데 더 도움이 되는 새로운 방식을 배우게 될 거예요. 생각을 처리하는 새로운 방식은 처음에는 당연히 부자연스럽게 느껴질 터이므로 연습이 필요합니다. 우리는 연습하는 방법, 감정 반응을 다시 훈련하는 방법도 설명할 것입니다. 스텝에 관한 글만 읽어서는 춤을 배울 수 없는 것처럼, 우리는 당신이 자신의 마음이라는 '무대'에 올라가 직접 스텝을 밟아보고 스텝을 잘못 밟으면 하나하나 바로잡아 가도록 곁에서 격려해줄 것입니다.

회복의 과정은 어려울까요? 아마도 그럴 겁니다. 하지만 지금 당신이 누리는 삶의 질과 회복 후 예상되는 삶의 질을 비교해보세요. 현재 당신이 침투하는 생각과 그 의미에 관해 지니고 있는 믿음이 실제로 밝혀진 사실과 다르다는 것을 당신이 온전히 이해하기만 한다면 그 일은 생각만큼 어렵지 않을 수도 있습니다. 침투하는 생각은 당신이 생각하는 것이 아닙니다. 당신이 원치 않는 괴상하고 무섭고 불편한 생각은 당신을 위험에 빠뜨리지도 않습니다. **해답은 그 생각과 완전히 새로운 관계, 무서워하지도 않고 부끄러워하지도 않는 관계를 맺는 겁니다.** 그러면 당신은 점차 머릿속의 그 불한당들을 길들일 줄 알게 될 것이고, 그것들의 괴롭힘에서 자유로운 삶을 살게 될 것입니다.

1장

이상한 생각에
시달리는 사람들

*
*
*

원치 않게 침투하는 생각에서 회복하려면 여러 과정이 필요합니다. 그 과정은 먼저 그 생각이 무엇을 의미하며 또한 무엇을 의미하지 않는지 아는 것에서 시작되지요. 또 특정한 생각이 어떻게 해서 달라붙고 반복되기 시작했는지도 이해해야 합니다. 불쑥 떠오른 무해한 생각에서 왜 그렇게 불온하고 위험한 느낌을 받았는지 설명하는 일도 포함되지요. 현재 당신이 쓰고 있는 (도움이 안 되는) 대처 방식 대신, 당신의 뇌와 몸과 감정을 지금과 다르게 반응하도록 훈련해줄 접근법도 배워야 합니다. 말할 것도 없이 당신의 목표는 원치 않게 침투하는 생각에 딸려 올 수 있는 공포와 좌절감, 죄책감, 참담함을 제거하는 것이지요. 이 모든 과정이 쌓여 회복으로 향하는 길을 닦아줄 겁니다. 한 걸음 한 걸음 밟을 때마다 조금씩 마음이 놓이고, 그 걸음걸음이 모여 회복의 여정이 완성될 거예요. 이제 그 여정에 나섭니다.

　거의 모든 사람이 침투하는 생각을 경험합니다. 그것은 불러들이지도 않았는데 머릿속으로 뛰어들어 온 생각이며, 이미 하고 있던 의도적 사고의 흐름과는 무관해 보이는 생각입니다. 침투하는 생각은 흔히 일어나지만, 대부분의 사람은 그 생각을 금세 잊어버리거나 약간 불쾌해하거나 전혀 불쾌해하지 않습니다. 그 생각 때문에 굳이 힘들어하거나 걱정하지 않는 사람들에게 침투하는 생각은 괴상하거나 불편하거나 심지어 웃기게 느껴지지만, 그걸로 끝입니다. 때로는 그런 생각에 깜짝 놀라기도 하지요. 그러나 대부분의 침투하는 생각은 아무리 기괴하거나 혐오스러운 것이라 해도 그저 몇 분 정도 머물 뿐입니다. (정말 웃긴 생각이 아닌 한) 사람들이 그 생각에 대해 언급하거나 곱씹어 생각하는 일도 드물지요.

　도움이 되는 사실: 스치듯 떠오르는 '침투하는 생각'은 거의 모든 사람에게 일어납니다.

　예를 들어 이 단락을 쓰는 동안 내게도 침투하는 생각이 하나 떠올랐습니다. '이 폭풍우에 전기가 나가면 좋겠어. 그러면 계속 일하지 않아도 되잖아.' 생각은 찰나에 스쳐 지나갔고, 나는 아무 의미도 두지 않았습니다. 이게 바로 핵심이에요. 만약 내가 그런 생각이 떠오른 나의 정신이나 동기나 생각에 관해 걱정스러운 마음이 들었다면 부끄러워서 그 생각을 여기 쓰지 않았겠지요. 그 생각이 나에 관한 어떤 의미를 담고 있을지 걱정했을 수도 있겠죠. 내 일을 즐기지 않는 건가? 이제 은퇴해야 한다는 의미일까? 피로에 지쳐 가고 있는 걸까? 이 책을 쓰지 않을 핑계를 찾는다면 내가 우울한 상태일지도 몰라. 왜 집중하지 않는 거지? 정전이 되기를 진심으로 원한 걸까? 그런 생각을 하다니 난 뭐가 잘못된 거야? 혹은 특별한 메시지를 받은 게 아닐까? 그렇다면 그 생각은 정말로 전기가 나갈 거라는 의미일 텐데, 지금 당장 양초를 사러 가야 하는 게 아닐까? 하지만 나는 아무 행동도 하지 않았고, 그 순간은 지나갔습니다. 그건 의미를 따질 가치조차 없는 그냥 지나가는 생각이었을 뿐입니다. 나는 다시 글을 계속 씁니다.

예전에 떠올랐던 침투하는 생각이 다시 생각나 고개를 젓게 되는 순간도 누구에게나 있습니다. '아, 기억나. 이 엘리베이터는 내가 갑자기 큰 소리로 욕을 뱉어버릴 것 같다는 진짜 이상한 생각이 들었던 그 엘리베이터지.' 때로는 엘리베이터와 큰 소리로 욕설을 내뱉는 생각이 일시적으로 서로 얽히는 경우도 있습니다. 하나가 다른 하나를 연상시키는 것이죠. 하지만 그건 아무 의미도 없습니다. 인간의 정신은 원래 그렇게 자동적으로 연상을 만들죠. 이상하기는 하지만 중요하지 않고 시간이 가면 사라지는 경험이에요.

원치 않게 침투하는 생각은 그냥 평범한 한 생각에서 시작됩니다. 그 생각이 괴상하거나 웃기거나 불쾌한 생각일 수는 있어요. 하지만 그 생각을 잊히지 않게 하는 것은 그 생각이 싫다는 마음, 염려

하는 마음, 저항하는 마음이에요. 아마도 당신이 그 생각의 내용에 당황했거나 불쾌함을 느꼈을 가능성이 큽니다. 하지만 그것은 시작에 불과해요. 그 생각이 다시 밀고 들어오고 자꾸 떠오르는 생각이나 심상으로 자리 잡는 것은 당신이 그 생각을 걱정하고, 거부하고, 머리에서 몰아내려 애쓰기 때문입니다. 그렇게 얼마 후면 그 생각이 당신의 주의를 다른 데로 돌리기 시작합니다. 그 생각은 '슝' 하고 나타나 끔찍하거나 역겹거나 두려운 느낌을 주기 시작하죠. 어서 그 생각을 없애버려야 한다는 급박한 느낌까지 함께 몰고 오지요. 많은 경우 원치 않게 침투하는 생각은 공격적이거나 성적이거나, 금기이거나, 불안을 부추기거나, 자기 경멸적인 내용을 담고 있습니다. 때로는 원치 않는 행위를 해야 할 것 같은 충동처럼 느껴지기도 하고, 또 어떤 때는 믿을 수 없을 정도로 머릿속에 딱 달라붙은 느낌이 듭니다. 그 생각을 없애버리려는 노력은 삶의 모든 부분으로 번지고, 너무나 많은 시간과 정신적 에너지와 집중력을 잡아먹어 삶의 질을 떨어뜨리죠. 원치 않게 침투하는 생각은 반복되는 경향이 있고, 시간이 지날수록 강도가 더 세지는 것 같습니다. 그 생각 자체의 빈도와 강도가 높아짐에 따라 결국 당신은 자신의 안전과 의도, 도덕성, 자기 통제, 분별력에 대해서까지 의심과 두려움을 품게 됩니다.

내면의 세 가지 목소리

우리 마음속에는 원래 여러 목소리가 있고, 그 목소리들이 주고받는 이야기는 정신의 삶을 흥미롭고 다채롭게 만들어줍니다. 그중 내면의 비판적 목소리는 항상 경계하면서 판단과 논평을 늘어놓지만 대개 그걸 큰 소리로 입 밖에 내어 말하지는 않습니다. 또한 다른 사람들의 반응을 검토하는 목소리도 있고, 자기 몸의 안녕을 점검하는 목소리, 어떤 과제를 완료할 때까지 시간이 얼마나 남았는지 계산해주는 목소리, 귀를 기울이면 우리가 지금 어떤 감정을 느끼고 있는지 알려주는 목소리도 있지요. 그 밖에도 여러 목소리가 있습니다. 이 목소리들은 우리가 나날의 과제를 분류하고, 선택을 하고, 일상의 요구에 적응해 나가는 동안 우리의 정신을 구성하는 자연스러운 부분입니다.

원치 않게 침투하는 생각에서 특히 중요한 의미가 있는 목소리는 세 가지입니다. 이 세 목소리들이 전하는 메시지와 그 목소리들 간의 상호 작용이 바로 침투하는 생각을 문제로 만드는 주범이지요. 우리는 그 목소리들의 분명한 예를 제시함으로써 당신의 마음속에서 일어나는 그 과정을 더 쉽게 관찰할 수 있도록 돕고자 합니다. 그 과정을 이해하면 그 생각에 대한 태도를 근본적으로 바꿀 수 있고, 그 태도가 바뀌면 괴로움도 줄어들 것입니다.

지금 소개할 그 세 목소리를 우리는 '걱정하는 목소리', '가짜 위안', '지혜로운 정신'이라고 부른답니다. 여러분이 이 책을 읽어 나가는 동안 우리는 이 목소리들이 늘어놓은 다양한 말들을 제시할 거예요. 이 각각의 목소리는 이름에 걸맞은 메시지를 내놓지요. 이 목소리들이 불쑥 마음속에 침투할 때 어떻게 대응하는 것이 가장 좋을지 알려드릴게요.

먼저 무서운 상상에 관한 목소리인 '걱정하는 목소리'부터 이야기해봅시다. 걱정하는 목소리는 "~하면/라면 어쩌지?"라고 말하는 목소리입니다. 이 목소리는 비극과 끔찍한 결과를 예언하는 두려움, 의심, 잘못된 판단을 표현하지요. 비합리적이거나 터무니없거나 심지어 왜곡되었거나 완전히 미친 목소리처럼 들릴 때도 있어요. 때로는 괴상하거나 급박한 경고를 전달하기도 하고요. 우리의 말을 끊고, 성가시게 굴고, 겁을 주고, 맞받아칩니다. 걱정하는 목소리는 불안을 조장합니다. 그리고 많은 경우 침투하는 생각이나 새로운 감각에 제일 먼저 반응하는 목소리이기도 합니다.

다음은 '가짜 위안'의 목소리입니다. 가짜 위안은 걱정하는 목소리의 "~하면 어쩌지?"라는 말이 끝나자마자 여지없이 따라 나옵니다. 가짜 위안은 그런 질문을 들으면 마음이 불편해지기 때문에 그 불편함을 제거하려 애쓰는 것이죠. 우리가 이 목소리를 가짜 위안이라고 부르는 이유는 결코 위안이라는 목적을 달성하지 못하기 때문이에요. 잠깐 동안의 안도감과 합리성이라는 환상을 제공하는 경우는 많지만, 끝내 걱정하는 목소리를 침묵시키지는 못하죠. 실제로 그와는 정반대의 일을 합니다. 가짜 위안은 거의 항상 걱정하는 목소리에게서 '만약 ~한다면'이라는 또 다른 가정이나 의혹을 촉발하고 맙니다. 사실 가짜 위안은 걱정하는 목소리를 들으면 불안과 두려움에 사로잡히기 때문에, 걱정하는 목소리가 무슨 말이든 꺼내면 그 말을 반박하거나 통제하거나 회피하거나 억압하려 애쓰거나 혹은 교묘하게 안심시키거나 설득하거나 상쇄하거나 우회하려고 시도합니다. 그렇게 열심히 노력하기는 하지만 결국 불안을 가라앉히는 데는 실패하지요. 가짜 위안은 보통 걱정하는 목소리에게 화가 나 있거나 걱정하는 목소리를 수치스러워하면서 그냥 그 목소리가 사라져버리기를 바랍니다. 사실 가짜 위안은 걱정하는 목소리에 실려 튀어나오는 몇몇 생각이 정신 이상이나 위험, 성가신 일, 왜곡, 통제력 상실, 역겨운 일을 의미할까 봐두려워하는 거예요. 원치 않게 침투하는 생각이 일어날 때면 걱정하는 목소리와 가짜 위안은 매번 주거니 받거니 말싸움을 시작하지요. 말싸움의 형식을 띤 이 두 목소리의 대화는 원치 않게 침투하는 모든 생각에서 빠지지 않는 부분입니다.

도움이 되는 사실: 걱정하는 목소리와 가짜 위안이 주고받는 말싸움은, 원치 않게 침투하는 생각에서 당신을 가장 괴롭히는 측면일지도 모릅니다.

마지막으로 우리가 만날 목소리는 걱정하는 목소리와 가짜 위안의 끊임없는 말싸움을 멀리서 지켜보기만 할 뿐, 그들에 비해 거의 말을 하지 않는 '지혜로운 정신'입니다. 지혜로운 정신은 침착하고 별 감흥도 없으며 별 영향도 받지 않습니다. 지혜로운 정신은 알고 있어요. 걱정하는 목소리가 그런 말을 하는 건 자기도 어쩔 수 없기 때문이고, 가짜 위안은 진심으로 자기가 도움을 주고 있다고 생각한다는 걸 말이에요. 나아가 가짜 위안이 걱정하는 목소리를 계속 자극해 말싸움을 이어 가고 있으면서도 그걸 자각하지 못한다는 것도 알고 있지요. 그 두 목소리와 대조적으로 지혜로운 정신은 초연하고, 쓸데없는 노력을 하지 않으며, 불확실성을 그대로 받아들입니다. 다른 목소리들을 불안하게 만드는 것들을 신기해하고, 때로는 재미있게 바라보기도 하지요.

지혜로운 정신은 마음챙김과 자애를 바탕으로 한 알아차림을 구현하는 목소리입니다. 마음챙김이란 매 순간 현재에 마음을 열고 적극적으로 주의를 기울이는 상태인데, 자신의 생각과 감정과 감각을 판단하거나 평가하지 않으면서 관찰할 때 경험하게 되는 것이죠. 마음챙김의 태도를 지닐 수 있는 것은 한 걸음 뒤로 물러서서 전체적인 시각으로 자신이 하는 경험을 실시간으로 관망할 수 있는 우리 존재의 일부가 있기 때문입니다. 우리는 원치 않게 침투하는 생각을 없애버리는 데 마음챙김의 태도가 엄청나게 큰 도움이 된다는 것을 보여줄 것이고, 필요할 때 그 태도를 어떻게 적용해야 하는지도 설명할 것입니다. 다음은 세 목소리가 하나의 생각에 각각 반응하는 방식의 예입니다.

걱정하는 목소리: 저 아기 고양이는 참 귀엽고 연약해 보여. 내가

녀석의 목을 조르면 어쩌지? 나도 모르게 그런 일을 저지를지도 몰라.

가짜 위안: 넌 절대 그러지 않을 거야!

걱정하는 목소리: 이것 봐. 내 손가락들만으로 고양이 목이 다 감싸지잖아.

가짜 위안: 바보 같은 소리 하지 마. 넌 친절하고 다정한 사람이라고!

걱정하는 목소리: 네가 그걸 어떻게 알아? 어제도 난 운전하다가 도로 위에서 분노를 터뜨릴 뻔했다고. 혹시 내가 자제력을 잃으면 어떻게 해?

가짜 위안: 넌 그냥 화가 난 걸 느꼈을 뿐이야. 아무 짓도 안 했잖아. 그런 생각은 그냥 집어치워. 그런 일은 일어나지 않을 거야.

걱정하는 목소리: 뭐든 처음은 있는 거야. 그리고 난 내 안에 병적인 뭔가가 있는 게 아닌가 싶어. 그렇지 않으면 왜 이런 생각이 났겠어?

가짜 위안: 그거 말고 그냥 다른 걸 생각해. 저 고양이에게서 떨어지자. 이건 미친 짓이야! 넌 미친 생각을 하고 있는 거라고.

걱정하는 목소리: 그러니까 너도 내가 미친 생각을 한다고 생각하는 거구나?

지혜로운 정신: 내가 여기서 좀 끼어들게. 그건 다 그냥 생각일 뿐이야. 아까부터 너희 둘이 싸우는 모습을 보고 있었어. 너희가 한 말들도 들어봤고. 내가 보니 너희는 말을 주고받을수록 점점 더

불안해하는 것 같고, 그 일을 점점 더 주의를 기울여야 할 진짜 문제처럼 여기는 것 같아. 사실 그건 난데없는 생각이 하나 떠오른 것일 뿐, 누구에게나 일어날 수 있는 일이고 기본적으로 아무 의미도 없는 말이야. 너희가 그 생각을 그냥 그대로 내버려둔다면 어떤 일이 일어날까? 그냥 생각은 생각으로 남아 있게 내버려둬.

도움이 되는 사실: 침투하는 생각에 대해 당신이 하는 논평을 관찰하고 그 말을 그냥 흘려보내면 침투하는 생각에서 벗어나 안도감을 얻는 데 큰 효과가 있습니다.

"당근은 절대 생각하지 마세요."

미국 심리학자 대니얼 웨그너는 '마음의 역설적 작용'이라는 현상을 연구했습니다.[1] 또 다른 심리학자 리 베어는 동일한 과정을 에드거 앨런 포의 단편 소설 〈심술궂은 도깨비The Imp of the Perverse〉에 빗대어 '마음의 도깨비'라 칭했지요.[2] 그것은 무언가를 생각하지 않으려고 애쓰면 결국 그것을 더 생각하게 되는 현상이에요. 정말 역설적이게도 당신의 마음에는 아주 도깨비 같은 구석이 있어요. 간단한 방법으로 이 현상을 확인해봅시다.

연습: 마음의 역설적 과정 관찰하기

이 실험은 10분이 채 걸리지 않으며, 두 부분으로 이루어집니다.

1부

타이머를 2분에 맞춥니다. 편안히 앉아서 눈을 감고 당신이 생각하고 느끼고 듣고 냄새 맡는 것에 주의를 기울입니다. 원하는 건 그 무엇이든 다 생각해도 좋지만 단 하나는 예외입니다. 어떤 경우에도 당근은 생각하면 안 됩니다. 당근이라는 단어도, 당근의 향도, 맛도 안 됩니다. 당근 케이크, 당근 샐러드처럼 당근이 들어간 것도 안 되고, 당근을 달고 사는 벅스 버니도 절대 생각하면 안 돼요! 주황색 자체도 생각하지 않는게 도움이 될 거예요. 이제 타이머를 작동시키고 당근을 생각하지 않는 데 최선을 다해보세요.

2분이 지나 타이머가 울리고 나면 얼마나 잘해냈는지 자문해보세요. 이때 대부분의 사람은 당근을 완전히 생각하지 않는데 실패했다고 할 겁니다. 당근에 관해 생각하지 않으려는 노력은 역효과를 낳습니다. 사실 그 노력은 실패할 수밖에 없는 운명이었죠. 머릿속에서 당근을 제거하려고 노력하면 할수록 그 생각은 더욱 고집스럽게 떠오르죠. 그러니까 당근 생각을 안 하려고 노력하는 건 당근을 생각하는 방식의 하나입니다.

2부

이번에는 타이머를 5분에 맞추세요. 과제는 5분 동안 마음 속에 당근이 절대로 떠오르지 않도록 하는 겁니다. 1부에서 한 것처럼 편안히 앉아서 당근만 빼고 뭐든 자유롭게 생각하세요. 타이머를 작동시키고, 당근이 생각날 때마다 타이머를 다시 5분으로 맞춰야 해요. 당신이 해야 할 과제는 단지 당근을 생각하지 않으면서 5분을 보내는 거예요. 정직하게요! 자, 그럼 준비하고, 시작!

이제 무슨 일이 벌어졌는지 봅시다. 대부분 몇 초만 지나도 당근이 생각나서 타이머를 다시 맞춰야 했다고 답합니다. 그런데 또 같은 일이 벌어지고 타이머를 다시 맞추죠. 조금 더 지나면 그게 아예 불가능한 과제처럼 여겨집니다. 아무리 해도 안 되는 게 너무 답답하고 짜증 나고 심지어 화까지 나지요. 게다가 매번 당근 생각이 돌아오는 간격도 점점 더 짧아지죠. 5분까지 갈 수 있는 사람은 거의 없고, 결국 타이머가 째깍거리는 도중에 그냥 실험을 그만 두게 됩니다.

그런데 그러는 동안 당신이 해낸 일을 봅시다. 당신은 '달라붙은' 생각을 만들어낸 겁니다! 그 생각의 내용은 논쟁할 거리도 당황스러울 것도 없는, 더할 나위 없이 무해한 당근이지만 그 생각이 당신의 머릿속에 들러붙어버린 거죠. 당신은 정말이지 당근에는 아무 관심도 없지요. 지금 당근에 관한 그 모든 생각을 만들어낸 건 과제를 해내려 한 당신의 노력이었습니다. 자신의 생각을 통제하려 한 당신의 시도가 역효과를 낸 것이죠. 여기서 알 수 있는 단순한 진실은 우리가 어떤 대상에 저항할수록 그 대상은 더욱 끈질기게 버티며 남는다는 것입니다. 이것이 원치 않게 침투하는 생각을 그렇게 끈덕지게 만드는 기본적 역설입니다. 생각이 달라붙는 것은 당신이 그 생각을 물리치기 위해 사용한 에너지 때문입니다. 당신의 과제는 생각을 물리치는 것이었지만, 당신이 그러면 생각도 반격을 해 오지요.

걱정하는 목소리: 당근을 보면 나는 섹스가 생각나. 그렇게 생긴 건 다 그래. 무슨 인간이 생각하는 게 이 모양이지? 나는 역겨운 인간이야.

가짜 위안: 이건 원래 중립적인 주제야. 중립적인 뭔가를 생각하라고.

걱정하는 목소리: 나도 어쩔 수 없이 그렇게 돼.

가짜 위안: 그냥 주의를 딴 데로 돌려. 다른 주제를 생각해봐.

걱정하는 목소리: 그게, 난 항상 이런 생각을 하고 있다고. 나 진짜로 역겨운 인간인가 봐.

가짜 위안: 난 왜 계속 이런 네 옆에 붙어 있을까? 넌 왜 그냥

입 다물고 내 말을 듣지 않는 거야?

가짜 위안은 걱정하는 목소리가 원치 않게 침투하는 생각을 그만 곱씹기를 바랍니다. 그렇게 유도하려고 노력하지만 아무 효과가 없지요. 가짜 위안은 그 생각 하나하나를 반박합니다. 하지만 걱정하는 목소리도 제 마음이 가는 방향을 어떻게 해볼 도리가 없습니다.

도움이 되는 사실: 생각은 당신이 그 생각을 물리치는 데 쏟는 에너지 때문에 당신에게 달라붙습니다.

당신이 가장 생각하기 싫은 것이 결국 달라붙는 생각이 됩니다. 당연한 일이죠. 그건 이치에 딱 맞습니다. 우리도 매번 내담자들을 만날 때마다 폭력적인 생각 때문에 괴로워하는 사람들은 원래 온화함에 가치를 두고 폭력을 혐오하며 폭력 없는 살뜰한 삶을 사는 사람들이라는 사실을 발견합니다. 남을 해치는 생각을 고통스럽게 여기는 이들은 다정다감한 사람들이지요. 그래서 그런 생각을 물리치려 하는 것이고, 물리치려 하기 때문에 그런 생각이 달라붙는 것입니다. 이와 유사하게, 모든 연약한 사람과 생명체는 보호받아야 한다고 믿는 사람들에게는 때로 아이들을 학대하거나 창밖으로 고양이를 내던지거나 안고 있던 아기를 떨어뜨리는 행위가 포함된 침투하는 생각이 흔히 떠오르고, 그러면 그들은 그 생각을 물리치려 애씁니다. 이런 생각이 당신이 쫓아버리려 하는 생각이고, 당신이 쫓으려 하기 때문에 그 생각은 달라붙습니다. 신앙심이 깊은 사람이라면 때때로 신성 모독적인 생각이 떠오르고 신앙을 잃게 될까 봐 염려할 것입니다. 그러면 그 생각을 쫓아버리려 할 테고, 그 때문에 그 생각은 더욱 달라붙게 되지요.

의자와 과일 샐러드와 나무에 관한 생각은 중립적이기 때문에 달라붙지 않습니다. 사람들이 중립적인 생각을 쫓지 않는 이유는 아무도 그 생각에 신경을 쓰지 않기 때문이죠. 그래서 달라붙지 않는 거예요.

원치 않게 침투하는 생각의 내용은 당신이 생각하고 싶은 것의 정반대입니다. 당신의 가치관과 정반대이고, 당신의 소망과 정반대이며, 당신의 성격과도 정반대죠. 그 생각은 당신과 정반대입니다.

도움이 되는 사실: 원치 않게 침투하는 생각이 달라붙는 이유는 당신이 그 생각을 몰아내려 노력하느라 뜻하지 않게 그 생각에 연료를 공급하기 때문입니다.

너무 많이 생각하는 사람과 충동적인 사람

당신은 자신이 침투하는 생각에 따라 행동하게 될 거라고, 머릿속에 떠오르는 일들을 실제로 행하게 될 거라고 두려워할지도 모릅니다. 원치 않게 침투하는 생각은 떼어내려 하면 더 들러붙어 반복되는 경향이 있기 때문에 갈수록 강도가 더 세어지죠. 쳐내려고 할 때마다 반격을 가해 오니, 결국 그런 생각에는 순식간에 덮쳐 오는 공포라든가 때로는 수치심, 혐오감, 분노 같은 아주 강렬한 감정이 따라붙습니다. 그래서 그 생각이 충동처럼 느껴질 수도 있어요. 마치 무언가 통제를 벗어난 일, 어리석거나 위험한 일을 하라고 강요나 재촉이나 자극을 하는 것 같은 느낌이 들죠. 이런 느낌이 마음을 무척 혼란스럽게 만들 수도 있지만 걱정할 필요는 없습니다. 그것은 환상이고 종이호랑이이며 가짜 경보이기 때문이에요. 뇌는 전혀 그럴 필요가 없을 때도 곧잘 경보를 울린답니다.

원치 않게 침투하는 생각 때문에 골머리를 앓는 것은 **과소통제장애**가 아니라 **과잉통제장애**에 해당합니다. (과소통제장애는 주로 충동성으로 알려져 있습니다.) 과잉통제장애에는 대개 의심이나 불확실성의 문제가 따라옵니다. 당신이 통제할 수 없는 것(이 경우에는 당신의 생각)을 통제하려고 애쓰고, 거기에 더해 나쁜 일은 아무것도 일어나지 않을 거라고 100퍼센트의 절대적 확신이 서길 원하는 것은 원치 않게 침투하는 생각을 불러들이는 확실한 공식입니다.

충동적인 사람은 행동부터 하고 생각은 나중에 합니다. 원치 않게 침투하는 생각에 시달리는 사람들은 너무 많이 생각하는 사람들이에요. 문제는 침투하는 생각이 충동처럼 느껴질 수 있고, 나아가 자신을 통제하기 위해 더욱 노력해야 한다고 느낄 수도 있다는 점입니다. 이 문제는 나중에 불안한 생각과 그에 따라 변화된 의식 상태에 관해 논의할 때 다룰 겁니다. 일단 지금은 충동과 침투하는 생각이 하나의 연속체에서 서로 반대쪽 극단에 자리하고 있다는 것만 확실히 알고 넘어가면 됩니다. 아무리 비슷하게 느껴지더라도 그 둘은 서로 극과 극입니다.

도움이 되는 사실: 충동과 침투하는 생각은 비슷하게 느껴지더라도 전혀 다릅니다.

원치 않는 생각을 촉발하는 것들

원치 않게 침투하는 생각은 때에 따라 빈도와 강도가 오르락내리락합니다. 침투하는 생각이 머릿속에 달라붙는다는 점을 감안하면, 우리의 머릿속이 유난히 '끈적끈적'할 때 침투하는 생각이 일어날 가능성이 가장 높다는 것도 알 수 있지요. 생각의 '끈적끈적함'에 영향을 끼치는 요인은 심리적인 것부터 생리적인 것까지 다양합니다.

어쩌면 당신은 이미 몇 가지 요인을 발견했을지도 모릅니다. 침투하는 생각은 피곤할 때나 잠을 잘 못 잤을 때, 기분이 저조할 때(불안하거나 불쾌하거나 짜증이 났거나 기분이 처지거나 우울하거나) 더 잘 떠오르죠. 여성의 경우에는 월경 중 호르몬의 변화가 원치 않게 침투하는 생각의 빈도와 강도를 높일 수도 있습니다. 카페인, 약국에서 쉽게 살 수 있는 약, 스테로이드나 천식 약처럼 처방이 있어야 살 수 있는 약들도 마찬가지고요. 술을 마신 다음 날은 보통 대부분의 사람이 '끈적끈적한' 날이에요. 끈적끈적함의 정도는 하루 중에도 오르락내리락할 수 있으며, 대체로 아침에 잠에서 깬 직후와 밤에 자려고 누웠을 때 가장 심합니다.

걱정하는 목소리: 아, 이런! 어젯밤에 술을 너무 많이 마셔서 숙취에 시달리고 있어. 쇼핑하기에 안 좋은 날이야. 가게에 갔을 때 또 사람들에 대한 그 끔찍한 생각이 떠오르면 어떻게 해? 머리도 아프고. 그러니까 사람들 있는 곳은 피하고 그냥 집에만 있어야겠어.

가짜 위안: 괜찮아. 기분도 안 좋은데 스트레스를 더 자초할 필요는 없지. 내일 가도 괜찮아.

걱정하는 목소리: 난 알아. 계산대 앞에 줄 서 있을 때면 난 또 앞사람에 대한 끔찍한 생각을 하기 시작할 거야. 이런 날이면 항상 그러거든. 내일까지 기다릴래.

지혜로운 정신: 너희도 알다시피 마음이 유난히 더 끈적끈적한 날이 있어. 그런 날에는 끈적끈적한 생각이 들러붙을 것 같은 걱정에도 더 쉽게 빠지지. 하지만 회피는 마음을 한층 더 끈적끈적하게 만들어. 회피한다는 건 '마음이 끈적끈적한' 날에는 우리가 더 취약하고 약화된 상태라고 암시하는 거니까. 억울하다는 느낌도 들고, 이것저것 깜빡 놓치기도 하겠지. 그러면서 그런 날에는 끈적끈적한 생각이 더 위험하다는 메시지를 너 자신에게 보내는 거지. 그냥 밖으로 나가. 쇼핑에 관한 그런 생각도 그냥 생각일 뿐이야. 더

끈적끈적한 날이라고 해도 말이야.

불확실하고 '중요한 게 걸린' 모든 상황은 마음을 더욱 끈적끈적하게 만들 완벽한 조건입니다. 무언가를 100퍼센트 확실히 아는 게 중요하다는 생각이 든다면, 원치 않게 침투하는 생각은 바로 그 지점을 뚫고 들어올 것입니다.

예를 들어 청소를 하던 중에 당신이 실수로 세제를 화분에 부을지도 모른다는 생각이 불쑥 떠올랐다고 합시다. 그럴 때 일어날 수 있는 최악의 일은 화초가 죽는 거겠죠. 그 생각을 당신의 아이에게 세제를 먹일지도 모른다는 상상으로 이어 가봅시다. 즉각 위험은 훨씬 높아졌고, 그에 따라 그 생각이 들러붙을 가능성도 더 커졌죠. 같은 이유에서 마음은 집에 있을 때보다 비행기에 타고 있을 때 더 끈적끈적해지기 쉬워요.

다음 예에서 걱정하는 목소리는 일어날 가능성이 매우 낮지만 위험성은 매우 높은 어떤 일에 관한 생각을 합니다. 그 때문에 가짜 위안은 겁을 집어먹고, 둘은 또 아웅다웅하기 시작해요. 그러자 지혜로운 정신이 자기 의견을 말합니다.

걱정하는 목소리: 아까 그 사람하고 악수하고 난 다음에 손을 씻었어야 했어. 모르는 사람인데 말이야. 맙소사, 그 사람 외국 여행 다니는 것처럼 보였는데. 뎅기열에 걸린 사람일지도 몰라. 심지어 에볼라바이러스에 감염됐을지도!

가짜 위안: 난 또 그 생각은 못 했네. 언제나 손을 씻는 게 안전한 일이기는 하지. 난 그 사람이 에볼라바이러스에 걸렸다고는 생각하지 않아. 그 병은 퇴치되지 않았나? 에볼라바이러스 발병은 끝났잖아. 그 사람은 멀쩡해 보였어. 그리고 모기가 비행기를 타고 오지 않은 이상 뎅기열이 여기까지 올 수는 없어. 모기가 비행기를 타고 올 가능성은 얼마나 될까?

걱정하는 목소리: 그건 알 수 없지. 그러고 보니 손에 따가운 곳이 있어. 바이러스가 나한테 들어왔으면 어쩌지?

가짜 위안: 그럴 리가! 그런 일이 일어날 가능성은 거의 제로야.

걱정하는 목소리: 그래도 일어났다면?

가짜 위안: 너 때문에 나까지 불안해졌잖아. 좀 그만둬! 다른 생각을 해봐. 아니면 가서 손 한번 씻고 이제 잊어버리라고!

걱정하는 목소리: 하지만 병에 걸리고 싶지는 않아. 그리고 에볼라바이러스에 걸리면 죽는다고! 왜 그런 위험을 감수하겠어?

지혜로운 정신: 이봐, 친구들. 인생에서 위험이 전혀 없는 일은 없어. 그 사실을 인정하고 살거나 걱정하다가 미쳐버리거나 선택은 너희에게 달렸어.

지혜로운 정신은 앞의 두 생각에게 수용과 승복의 목소리를 더해주고 있네요. 100퍼센트 위험이 제거된 완벽한 세상을 추구하는 것은 이루어질 수도 없을 뿐더러 자기에게 해로운 일일 뿐이며, 걱정하는 목소리와 가짜 위안이 싸움을 멈추고 각자의 생각을 그대로 허용한다면 훨씬 더 행복하게 살 수 있음을 지적하고 있습니다.

촉발물: 강렬한 개인적 경험

물론 정말 끔찍한 사건을 몸소 경험한 사람의 경우, 큰 영향을 끼친 그 사건이 원치 않는 생각을 촉발할 수 있습니다. 예를 들어 볼게요.

지난 3월 우리는 여동생의 충격적인 자살로 끔찍한 슬픔에 빠졌습니다. 동생은 우리에게 모든 일이 잘 풀리는 사람처럼, 더할 수 없이 쾌활한 사람처럼, 완벽하게 '정상적인' 사람처럼 보였죠. '그런 동생이 그랬다면 나도 그럴지도 몰라.'라는 침투하는 생각이 든 것도 바로 그래서였을 거예요. 정신을 차려보니 절대 그런 일이 일어나지 않게끔 내가 할 수 있는 모든 일을 하고 있더군요. 이런 행동은 나의 불안에 오히려 역효과를 가져왔어요. 내가 절대로 자살하지 않는다는 것을 확실히 해 두려고 유튜브에서 자살에 관한 영상을 보고 있는 나 자신을 발견했어요. 정말 어처구니없는 일이죠.

다음은 걱정하는 목소리와 가짜 위안이 개인적 비극에 반응하는 방식이에요. 이 둘의 대화가 어떻게 괴로움을 계속 증폭시키는지 눈여겨봅시다.

걱정하는 목소리: 아버지가 심장마비로 돌아가셨어. 겨우 예순

세 살이셨는데 말이야. 우리에게도 그런 일이 일어날 수 있어. 우리가 얼마나 숨이 잘 가빠지는지 보라고. 이게 신호일지도 몰라.

가짜 위안: 방금 심장전문의를 만나고 왔잖아. 선생님이 다 괜찮다고 그랬어.

걱정하는 목소리: 하지만 상황이 갑자기 바뀔 수도 있잖아. 경기 중에 달리다 사망한 육상선수도 있어.

가짜 위안: 항상 병원에 갈 수는 없어. 의사 선생님은 벌써 우리를 건강염려증 환자로 보고 있다고. 그냥 집에서 매일 맥박과 혈압을 체크하자. 맥박과 혈압이 이상 없으면 마음이 놓일 거야.

걱정하는 목소리: 그 기계들이 제대로 작동하는 건지 어떻게 확신할 수 있어? 하루에 여러 번씩 체크하면 좀 나을지도 모르지만.

가짜 위안: 바보 같은 소리! 당연히 잘 작동하지. 그래, 좋아. 하루에 두 번 하자.

걱정하는 목소리: 무턱대고 날 달래려고만 하지 마. 이건 중요한 일이야. 우리가 죽을 수도 있다고.

가짜 위안: 넌 다 괜찮을 거라고 믿어야 해.

걱정하는 목소리: 내가 계속 죽음을 생각하는 데는 분명 그럴 만한 이유가 있을 거야. 난 아무도 그냥 믿을 수 없어. 이게 내 육감이라면 어떻게 할래?

엄청난 혼란이나 충격을 일으키는 사건 또는 극적인 사건은 불안의 수준을 높일 수 있고, 심지어 서로 무관한 나쁜 일들이 일어날 확률까지 바꿔놓는 것처럼 보이기도 합니다. 이런 사건들을 보면 끔찍한 일이 일어날 가능성이 더 높아 보이고, 그래서 그런 일이 절대 자신에게 일어나지 않게 하려고 더욱 노력하게 되지요.

트라우마를 남기는 사건들은 원치 않게 침투하는 생각을 촉발하는 주요 원인이 될 수 있는데, 이 이야기는 침투하는 생각의 유형을 다루는 2장에서 이어 가겠습니다.

촉발물: 대중매체에서 보도하는 재해

언론에서 인재人災를 보도한 뒤 갑자기 침투하는 생각을 경험하는 사람들이 늘어나는 경우는 아주 흔합니다. 끔찍한 사건이 보도될 때마다 우리는 무시무시한 사건들이 실제로 벌어진다는 사실을 더욱 의식하게 되고, 그렇다면 우리 자신도 비슷한 일을 저지를 수 있지 않을까 의심이 드는 것이죠. 그리고 그런 의심에는 그런 일이 일어나는 장면을 상상하는 것도 포함될 수 있습니다.

당신이 이미 자신의 생각 때문에 혼란스러워져서 그 생각을 머릿속에서 몰아내려고 열심히 노력하는 중이라고 합시다. 이럴 때 자기 아이를 죽인 어머니나 죄 없는 아이들에게 총을 쏜 살인자에 관한 기사를 보면 극심한 불안이 촉발될 가능성이 매우 높지요. 이는 당신이 정말 그런 일을 할 것이기 때문이 아니라 **당신이 그 생각에 매우 민감해져 있기 때문입니다.** 민감화Sensitization는 알레르기에 비유할 수 있어요. 알레르기가 있으면 다른 사람들에게는 아무렇지 않은 물질에도 강력하게 반응하듯, 다른 사람들은 전혀 반응하지 않는 특정 생각에 매우 강렬하게 반응하는 것입니다. 또한 알레르기가 있는 사람들이 알레르기 원인 물질을 피하려 애쓰듯이, 민감화된 상태에서는 침투하는 생각을 회피하고 몰아내고 제거하려는 노력에 더욱 집착하게 됩니다. 머릿속에서 그 생각을 몰아내는 데 들이는 노력에 정비례하여 생각은 더욱 달라붙고 더욱 충동처럼 느껴지므로, 당연히 그런 언론 보도는 원치 않는 생각을 더욱 강렬하게 만들지요. 민감화는 정상적인 생물학적 과정의 산물인데, 이에 대해서도 뒤에서 설명할 겁니다.

만약 당신에게 들러붙은 생각이 운전 중에 충동적이거나 위험한 일을 하게 될 가능성과 관련된 것이라면, 고속도로에서 엉뚱한 길로 달리다가 치명적인 사고를 낸 어떤 사람에 관한 기사는 당신의 생각을 전보다 훨씬 더 위험하게 느껴지게 만들겠죠. 잊지 말아야 할 것은 사고에 관한 기사를 읽고 공포 반응을 보이는 것이 그 생각에 맞서 싸우려는 노력을 촉발한다는 점이고, 그렇게 되면 마음의 역설적 과정이 당신의 불안한 생각을 더더욱 악화할 수도 있다는 점입니다.

충동적 자살에 관한 생각이 느닷없이 침투해 괴로워하고 있을 때, 승객을 가득 태운 비행기의 조종사가 자살할 생각으로 비행기를 추락시킨 사건이 일어난다면 당신은 원치 않게 침투하는 그 생각을 멈추려고 더욱 노력하겠죠. 사실은 자살할 생각이 전혀 없다고 해도 심지어 끈과 칼 같은 것을 숨겨 두기 시작할지 모릅니다.

나쁜 일들은 언제든 일어날 수 있으므로 아무리 일어날 가능성이 낮더라도 미리 대비하고 조심해야 한다는 생각에 매달리는 사람에게는 비행기 추락이나 상어의 공격 같은 매우 드물지만 무서운 일들이 보도될 때면 원치 않게 침투하는 생각도, 그 생각을 통제하려는 노력도 더 많이 촉발될 겁니다. 에볼라바이러스나 후천성면역결핍증 같은 치명적이거나 심각한 질병에 관한 공포도 비슷한 방식으로 작동하지요. 그런 질병에 대한 생각을 머리에서 몰아내려 애쓰고 있는데, 뉴스에서 그 질병에 대한 이야기들, 특히 아무리 엄격하게 감염을 통제하려 노력해도 전염될 수 있다는 이야기를 수시로 내보낸다면 불안과 스트레스는 더욱 증가할 겁니다. 그러면 당신은 그 생각을 몰아내려는 노력을 한층 더 강화하게 되고, 만약의 상황에 대한 상상과 들러붙은 생각은 갈수록 더 현실성 있는 가능성으로 느껴지겠죠.

그리고 당연히 우리가 가장 두려워하는 일은, 아무리 가능성이 적거나 심지어 거의 가능성이 없다고 해도 실제로 일어날 경우 아주 끔찍할 일들입니다. 이런 경우 불안해하는 사람들은 위험성과 확률의 차이를 곧잘 혼동합니다. 예컨대 죽음이나 굴욕, 감옥에 갇히는 것 같은 위험성이 높은 일이라면 그 일이 일어날 확률이 얼마나 낮은지는 사실 중요하지 않습니다. 그리고 당연히 언론은 끔찍하고 극적이고 큰 피해를 남기는 사건들을 중점적으로 다루는 경향이 있죠.

〈엑소시스트〉나 〈매트릭스〉 같은 영화를 보다가 원치 않게 침투하는 생각이 발생했다고 말하는 사람들이 많습니다. 대체로 그 일은 이렇게 일어납니다. 영화를 보고 있는데 어느 순간 난데없이 그 영화와 관련된 무시무시한 생각이 떠올라 당신을 혼비백산하게 합니다. 그 생각은 계속해서 다시 떠오르며 점점 더 공포감을 키워가고, 그 결과 당신은 끊임없이 반복적으로 그 생각과 맹렬히 싸우는 상태로 돌입합니다. 앞에서도 말했듯이 생각을 물리치려고 싸우는 것은 그 생각에게 승리를 넘겨주는 것과 똑같은 일이에요.

하지만 당신에게는 그 싸움이 당연하고 필연적으로 느껴지므로 당신은 계속 싸웁니다. 어쨌든 당신은 달리 어떻게 행동해야 하는지 모르고, 반사적으로 공포와 무서움과 좌절감을 느끼게 되니까요.

이제 걱정하는 목소리와 가짜 위안이 또 말싸움을 시작합니다. 지혜로운 정신은 곁에 없네요.

걱정하는 목소리: 혹시 나 귀신 들린 거 아닐까? 이렇게 끔찍한 생각이 계속 드는 게 귀신 들렸기 때문이면 어쩌지?

가짜 위안: 말도 안 되는 소리 하지 마. 그런 건 영화에나 나오는 얘기야.

걱정하는 목소리: 아니야, 어떤 교회에서는 영혼이 귀신에게 사로잡힐 수 있다고 진짜로 믿는다니까. 그 사람들 말이 사실이 아니라고 누가 단정할 수 있어?

가짜 위안: 그건 그 영화가 네 머릿속에 집어넣은 생각일 뿐이야. 그런 생각 그만해! 너 그게 나를 얼마나 짜증 나게 하는지 알

지.

걱정하는 목소리: 단정할 수 없어. 그럴 수도 있다고. 너도 증명할 수는 없잖아.

〈매트릭스〉 같은 영화를 보고 나면, 현실은 우리 눈에 보이는 게 전부가 아닐 수 있고 다른 사람들의 실제 본성을 아는 것은 불가능하다는 생각에 빠지는 사람들이 간혹 있습니다. 갑자기 모든 현실이 불확실해 보이고, 자신이 현실에서 멀어질 것 같은 생각이 들기도 하지요. 그렇게 해서 한번 촉발된 공포는 계속해서 찾아옵니다. 〈엑소시스트〉 같은 영화를 봤을 때는 자신이 악령에 사로잡힐 가능성에 관해 생각하게 되고, 그런 일이 실제로 일어날 수 있는지, 이미 일어났는지, 그래서 자신이 사랑하는 사람들을 해칠 가능성도 있는지 궁금할 수도 있지요. 이런 생각은 너무 무서운 느낌이 들기 때문에 역시나 그 생각을 떨쳐내려고 싸우게 됩니다. 그리고 이미 짐작하겠지만, 그런 싸움은 그 생각을 머릿속에 확실히 들러붙게 만드는 비결이죠.

원치 않게 침투하는 생각에 시달리는 사람들이 본능적으로 가장 먼저 취하는 조치는 미디어를 회피함으로써 그런 생각이 들러붙을 가능성을 피하는 것인데요. 그것은 우리가 여기서 제시하는 해법은 아닙니다. 우리는 영화와 텔레비전, 인터넷이 일시적으로 침투하는 생각을 자극하든 아니든 상관없이 그 매체들을 즐길 수 있는 방법을 알려줄 것입니다.

도움이 되는 사실: 흔히들 하는 생각과 달리, 침투하는 생각을 회피하려는 노력을 줄이면 괴로움도 줄어듭니다.

이 장에서는 원치 않게 침투하는 생각에 관한 몇 가지 중요한 사실을 짚어보았습니다. 이로써 어느 정도 당신의 두려움이 가라앉았을 수도 있고, 그래서 당신은 이미 회복으로 가는 여정에 나섰을지도 모릅니다. 침투하는 생각은 아무리 괴상하거나 무섭다고 해도 누구나 겪는 보편적인 일이며 그리 중요한 현상도 아닙니다. 원치 않게 침투하는 생각이 들러붙은 것은 당신이 그 생각을 없애버리려 노력함으로써 본의 아니게 그 생각에 연료를 공급했기 때문입니다. 그 생각은 제공받는 연료에 따라 강도와 빈도가 오르락내리락하죠. 연료는 실제 세계에서 일어난 그 생각을 촉발하는 사건들일 수도 있고, 피로나 기분, 불안 등으로 인해 끈적끈적해진 당신의 마음일 수도 있습니다. 또한 그 강도와 빈도는 역설적이게도 당신이 그 생각에 대항하거나 회피하거나 억압하려고 쏟는 노력의 양에 비례합니다. 가장 중요한 점은 침투하는 생각은 충동이 아니며, 그 생각에 휘둘릴 필요는 없다는 것입니다.

다음 장에서는 원치 않게 침투하는 생각의 유형에 관해 이야기해봅시다.

2장

|

괴상하거나 무섭거나
터무니없는 생각

*
* *
*

이제부터 당신은 원치 않게 침투하는 생각의 다양한 유형에 관해 읽게 될 겁니다. 이 장에는 매우 구체적이고도 실상을 명확히 보여주는 예들이 포함되어 있는데요. 그런 예를 읽을 때 불안과 스트레스가 증가하는 걸 느낄 수도 있습니다. 이미 당신은 그런 생각을 하지 않으려고 큰 노력과 에너지를 쏟아 왔으니까요. 그러나 우리는 일시적으로 불안과 혼란을 느끼더라도, 자신에게 침투하는 생각이 구체적으로 어느 유형에 속하는지 아는 것이 앞으로 엄청난 도움이 된다는 걸 알고 있습니다.

우리가 구체적인 예를 제시하는 데는 몇 가지 이유가 있답니다. 당신은 자신의 원치 않게 침투하는 생각이 부끄럽거나 두려워 아무에게도 말하지 않았을지 모릅니다. 혹은 에둘러 이야기하면서 세세한 부분은 생략하거나 더 용납되기 쉬운 표현으로 바꾸었을 수도 있고요. 우리는 어떤 침투하는 생각도 충격적이라고 여기지 않아요. 그 생각이 무해하다는 것을 알고 있기 때문이죠. 하지만 우리가 구체적으로 표현하지 않는다면 당신이 자신의 침투하는 생각은 우리가 말하는 예와 다르고 더 심각하거나 혐오스럽다고 생각하거나, 더 나쁘게는 우리가 말하는 것이 당신에게는 적용되지 않는다고 생각할 위험이 있습니다. 그래서 우리는 당신이 이 책에 적힌 내용 속에서 자신의 모습을 발견하고, 당신이 혼자가 아니라는 사실을 알았으면 좋겠습니다. 구체적인 예들을 읽는 것이 당신을 불편하게 한다면 그것을 읽는 목적이 고통에서 벗어나는 길을 찾는 것임을, 그 여정을 완수하기 위해서는 때때로 몇 가지 불편함은 받아들여야만 한다는 것을 기억하기 바랍니다. 우리가 묘사하는 예들 속에서 당신의 모습을 발견하면 큰 안도감을 느끼게 될 거예요. 왜냐하면 선량하고 멀쩡한 정신을 지닌 사람들, 그 생각에 시달리고 있을 뿐 미치거나 변태이거나 위험한 존재가 아닌 사람들에 관한 이야기니까 말입니다.

그 다음으로 자신이 침투하는 생각에 시달리고 있음을 알아차리지 못하는 사람들도 있습니다. 그들은 다만 어떤 생각이나 충동, 자기 성격의 어떤 측면이 끔찍하게 느껴진다는 것만 의식할 뿐이죠. 우리 내담자 중에 이렇게 말한 분이 그런 경우였습니다. "뭔지는 모르겠지만 그건 엄청나게 뒤틀린 정신의 산물임에 틀림없어요." 우리는 이 장에서 당신이 자신만의 구체적인 문제를 인식하고 이렇게 말하게 되면 좋겠습니다. "맞아! 이게 나야! 바로 이런 일이었어! 이게 바로 내 문제라고! 이제 나만 그런 게 아니란 걸 알았고, 해결하기 위해 내가 할 수 있는 일이 생겼어."

이 예들은 바로 당신과 비슷한 사람들이 제공해준 것입니다. 선량하고 온화하고 친절한 사람들, 그러나 달라붙어서 고통을 안기는 생각에 시달리는 사람들이죠. 이 장을 읽는 동안 자신이 느끼는 감정에 주의를 기울이세요. 무서워질 수도 있고, 역겨움이나 혐오감을 느낄 수도 있고, 의심스러워할 수도 있으며, 심지어 부적절하게 매혹을 느낄 수도 있습니다. 또는 자신의 생각을 넓은 시야에서 객관적으로 보게 되어 안도감을 느낄 수도 있어요. 모두 다 당연히 예상되고 아무 문제도 없는 반응과 감정입니다. 천천히 시간을 두고 자신에게 적합한 속도로 나아가세요.

다른 사람의 침투하는 생각이 당신에게 옮아올지도 모른다는 걱정이 든다면, 침투하는 생각의 구체적인 내용이 약간씩 바뀔 수는 있어도 사람들은 대체로 자신의 범주에서 벗어나지 않는다는 것을 알아 두면 도움이 될 거예요. 많은 사람들이 가능하기만 하다면 겉보기로는 자신의 침투하는 생각보다 덜 끔찍해 보이는 다른 이의 침투하는 생각과 자신의 것을 바꾸고 싶다고 말합니다. 하지만 그 생각 모두 당사자에게는 끔찍한 것이고, 마음속에서 그 생각이 작동하는 방식은 본질적으로 동일합니다. 어떤 한 생각이 다른 생각보다 더 큰 비난을 받아야 하거나 더 의미심장하거나 더 중요한 것은 아니에요. 이 장을 읽는 일은 전혀 위험하지 않으며, 다소 불편할 수는 있지만 더 큰 안도감을 얻을 수도 있다는 걸 기억하세요.

자해부터 성적 금기까지, 부도덕한 생각

원치 않게 침투하는 생각의 첫째 유형은 도덕적으로 용납될 수 없는 일들에 관한 생각입니다. 남을 해치는 행위나 자해에 관한 생각, 성적인 생각, 종교적으로 불순한 생각, 역겨움을 유발하는 생각 등이 여기 포함되지요.

남을 해치는 일 또는 자해에 관한 생각

도덕적으로 용납되지 않는 생각 중 가장 흔한 것은 자신이든 다른 사람이든 누군가를 해치는 일에 관한 것입니다. 이런 생각이 특히 고통스러운 이유는 보통 아무 죄도 없거나 나약한 사람들, 혹은 자신이 사랑하는 사람들을 해치는 일이 중심이 되기 때문이에요. 그리고 그런 생각은, 자신이든 타인이든 해치겠다는 의식적이거나 의도적인 바람이 없기 때문에 무섭기만 한 게 아니라 의아하기까지 합니다.

누군가를 해치는 일에 관한 원치 않게 침투하는 생각의 예를 몇 가지 봅시다.

내 딸은 콜럼바인 총격 사건에 관한 무서운 영화를 본 뒤로 자신이 칼로 친구나 가족을 죽이는 생각이 느닷없이 자꾸 떠올라 괴로워하고 있어요. 칼을 보면 너무 무섭기 때문에 집 안에 있는 칼을 모조리 숨겨 두고 싶어 하고요. 보기 드물게 다정하고 상냥한 데다 모든 사람을 아끼고 배려하는 아이예요. 그런데 그런 생각이 떠오르면 자기가 그 생각에 따라 행동할지도 모른다는 두려움이 들어서 딸은 엄청나게 불안해하는 것 같아요.

샌디훅 초등학교 총격 사건 이후로 우리 아이가 거기 있었으면 좋았겠다는 생각이 들기 시작했어요. 나는 내 아들을 사랑하는데, 도대체 왜 그런 생각이 떠오르는 걸까요?

나는 발코니에 나가지 못해요. 발코니에 나갈 때마다 '내가 뛰어내리는 걸 막아줄 게 없네?' '당장이라도 뛰어내릴 수 있겠다.' 이런 생각이 들기 때문이에요. 이런 생각이 들면 공포가 몰려와 정신을 차릴 수가 없어요. 특히 내가 올라설 수 있을 정도로 난간이 낮은 곳에서는 더욱 그렇죠. 나도 모르게 자살을 원하는 마음이 있는 걸까요? 나는 우울하지도 않은데 말이에요.

나는 밧줄을 볼 때마다, 심지어 밧줄로 쓸 수 있겠다 싶은 뭔가를 볼 때마다 갑자기 내 침실에서 목을 매달고 있는 내 모습이 떠오릅니다. 왜 이런 일이 일어나는 걸까요? 그 이미지가 떠오르는 걸 멈출 수가 없어요.

아기를 낳은 후로 나는 두려워서 아기를 안을 수가 없어요. 안으면 내가 아기를 떨어뜨릴지도 모른다는 생각이 들고, 심지어는 내가 아기를 창밖이나 계단 아래로 던질지도 모른다는 생각이 계속해서 들기 때문이에요.

금지된 성적인 생각

금지된 성적인 생각 역시 흔하며, 친족이나 아이와의 성관계 혹은 불륜이나 혼외 성관계에 관한 생각이 포함됩니다.

나는 소름 끼치는 강박적인 생각에 사로잡혀 있는데 도저히 떨쳐지지가 않습니다. 그 생각은 항상, 심지어 일하고 있을 때도 내 머리를 맴돌고 있어요. 그게 나를 끔찍한 불안에 빠뜨리죠. 아침에 잠에서 깨면 가슴이 쿵쾅거립니다. 오늘도 하루종일 그 강박적 생각을 떠올릴 걸 알기 때문이죠. 그건 그야말로 너무 끔찍하거든요. 내가 소아성애자처럼 느껴져서 텔레비전도 못 봅니다. 하지만 나는 어린아이에게, 아니 그 누구에게도 그 어떤 짓도 한 적이 없어요. 내가 만약 소아성애자라면 어쩌죠?

나는 어떤 기이한 이유에서인지 '내가 오빠에게 끌리면 어쩌지?'라는 생각을 하게 되었어요. 이제는 오빠를 거의 쳐다보지도 못하고, 수영복 입은 오빠 모습을 보기가 두려워 오빠와는 해변에도 가지 못해요. 오빠도 내가 자기를 피한다는 걸 아는데, 물론 나는 그 이유를 말해줄 수 없어요.

나는 행복한 결혼 생활을 하고 있는데, 왜인지 몰라도 버스를 기다리다 딱 한 번 말을 주고받은 어떤 남자와 섹스를 하는 생각을 계속하고 있어요. 심지어 매력적인 사람도 아니었는데 말이죠. 이건 내가 남편을 사랑하지 않는다는 의미일까요?

불순하거나 신성 모독적인 종교적 생각

이런 생각은 정말로 영적이고 신실하고 선량한 사람들에게 주로 떠오르기 때문에 유난히 더 고통스럽습니다. 이런 생각을 없애려고 노력하는 것은 종교의 실천이 아니라 사실은 종교의 왜곡인데 처음에는 이 사실을 인식하기가 어렵지요.

나는 기도를 올릴 때마다 내가 바른 마음가짐이 아니라는 느낌이 들고, 내가 하는 기도의 말을 진심으로 믿고 있지 않다는 걸 신께서 아실 거라는 생각이 듭니다. 그래서 기도를 하는 중에도 죄지음에 관해 생각하고 있는 나 자신을 발견하게 되고, 내가 생각하는 죄의 내용은 갈수록 더 나빠집니다. 그런 생각을 떨쳐버리려 더 열심히 기도하지만, 그러면 내 머릿속에서 신성 모독적인 말들이 들려와요. 이건 내가 과거에 저지른 죄에 대해 벌을 받고 있는 거라는 생각이 들지만 그 죄가 뭔지 모르겠고, 그래서 적합한 회개의 기도도 올릴 수가 없습니다. 그래서 그저 기도만 더 많이 하고 있죠. 내 영혼이 타락한 것이 아닌지 두렵습니다. 목사님과 상담해보려 했는데, 이해를 못하시는 것 같더군요.

몇 달 전 교회에 들어가는데 갑자기 이런 생각이 떠올랐어요. "넌 사실 하느님을 믿지 않잖아. 누가 속을 줄 알고?" 이제는 내가 믿었던 모든 것을 의심하고 있어요. 심지어 옳고 그름에 관한 믿음까지도요. 신부님은 성인들조차 의심을 품었다고 말씀하시지만, 나는 이런 상태를 참을 수가 없어요.

교회 같은 성스러운 장소에 있을 때면, 특히 그곳이 아주 조용할 때면 내가 증오로 가득한 말들을 큰 소리로 외칠 것만 같은 느낌이 들기 시작합니다.

역겨움을 유발하는 생각

이런 생각들은 당황스러움이나 역겨움을 느끼게 만들며, 삶에서 기쁨 혹은 기쁨에 대한 기대를 앗아 갑니다. 보통 이런 생각은 무언가 기쁨이나 쾌락을 느끼는 일을 하고 있을 때 떠오르지요. 예를 들어 연인과 섹스를 할 때면 부모와의 섹스를 생각하게 될 거라는 믿음 같은 것입니다. 그 결과 쾌락을 주는 그 일을 피하게 되지요.

나는 내가 레즈비언이라는 걸 알아요. 연인이 될 여자 친구가 있었으면 좋겠어요. 하지만 여자와 키스하고 성적인 관계를 맺는 걸 상상할 때마다 친언니와 섹스하는 생각이 떠올라요. 그건 너무 끔찍한 생각이고, 그 생각이 내가 원하는 관계를 맺는 걸 막고 있어요.

갑자기 이런 생각이 들기 시작했어요. 내가 여자와 관계를 맺으려 할 때마다 어머니와 구강성교를 하는 상상을 하게 될 거라는 생각이요. 어떻게든 그 생각을 없애버려야지, 그러지 않으면 그 누구와도 관계를 맺을 수 없을 것 같아 걱정입니다. 그런 걱정이 너무 심해지다 보니 여자를 만날 때마다 술에 취하고 거의 필름이 끊어질 지경이 되죠. 그러면 대부분 여자들은 나를 버려두고 가고, 실제로 여자와 밤을 보낸 얼마 안 되는 경우에도 무슨 일이 있었는지 자세한 기억이 나지 않아요.

레스토랑에 갈 때마다 누군가 음식을 내오기 직전에 내 접시에 침을 뱉는 상상이 갑자기 떠오릅니다. 말도 안 된다는 거 알아요. 몇 년 전에 어떤 영화에서 그런 장면을 봤어요. 그런 생각이 떠오르면 음식이 나와도 먹을 수가 없어요.

언젠가 여자 친구가 내 페니스가 절대 부러지지 않으면 좋겠다고 말했어요. 농담이라는 건 알지만 그런 말을 한 그녀에게 너무 화가 나고, 그 말을 머릿속에서 지울 수가 없습니다. 그 말이 모든 걸 망쳐놓았어요.

우리 집 개가 자기 은밀한 부위를 핥은 다음 내 딸을 핥았어요. 난 참을 수가 없었어요. 내 딸에게 옮겨 간 그 모든 세균과 분비물에 대한 생각을 멈출 수가 없어요.

답이 없는 형이상학적 생각

다음은 '큰 문제'라는 범주에 들어가는 유형입니다. 이 유형은 본질적으로 답을 얻을 수 없는 문제들에 관해 계속 질문하고자 하는 행위로 이어집니다. 이 유형에서 가장 흔한 것은 삶의 불확실성, 현실의 본질, 삶의 목적, 그리고 자신이 무언가를 정말로 믿거나 느끼는 것인지 어떻게 확신할 수 있는가와 같은 문제에 관한 것입니다. 정말 중요한 것처럼 보이고, 대부분 여러 차원에 걸쳐 있지만 결정적인 답은 없는 질문들이지요.

불확실성과 불가지성에 관한 생각

우리 인간이 미래를 알거나 보장할 수 없다는 것을 받아들이지 않으려는 데서 이런 종류의 집착이 생겨납니다.

나는 내 아이들이 안전할 것임을 알아야만 해요. 사람이 이런 확신 없이 어떻게 살 수 있죠? 아이들에게 어떤 일이 일어날 수 있다는 생각조차 참을 수 없어요.

현실에 대한 의심

현실의 본질에 관해 철학적인 호기심을 지니는 것과, 분명한 답이 없는 질문에 끊임없이 몰두하고 극도로 불안해하는 것은 전혀 다른 일입니다.

현실의 본질은 무엇일까요? 당신의 현실이 나의 현실과 같은 현실이라는 걸 어떻게 알 수 있죠?

이 현실이 사실은 우리가 공유하는 환상일 수도 있고, 우리가 현실이라고 생각하는 모든 것이 하나의 정신적 투사일 수도 있으며, 이에 대해 가타부타 단언하는 것은 불가능하다는 생각을 머릿속에서 지울 수가 없습니다. 나는 이 생각에 꼼짝없이 붙들려 있고, 계속해서 그 생각을 증명할 방법을 찾으려 노력하고 있어요.

삶의 목적에 관한 생각

어떤 사람들은 우리가 언젠가 죽는다는 사실과 그 함의를 알고 받아들이는 걸 극도로 그리고 끊임없이 힘들어합니다. 그래서 그에 관한 생각이 떠오를 때마다 반복적으로 그 질문에 대해 생각해야만 한다는 강박을 느끼지요.

삶의 목적은 무엇일까요? 내세는 존재할까요? 존재하지 않으면 어쩌죠? 사람들은 자기가 죽을 것임을 알면서, 그리고 그 후에는 어떤 일이 일어나는지도 모르면서 어떻게 살아가고 있는 것인지 이해가 안 돼요. 나는 천국의 존재를 믿고 싶지만, 아무리 믿으려 해도 나 자신이 그걸 믿게 만들 수가 없네요. 그러니까 만약 이 세계가 존재하는 전부라면 우리는 매 순간을 의미 있게 보내야겠지만, 그 모든 것에 어떤 의미가 있는지 도저히 모르겠어요. 나는 철학과 종교에 관한 글들을 읽어 왔고, 이 모든 걸 받아들이고도 평화롭게 살아가는 방법을 발견한 것처럼 보이는 사람들과 이야기도 나누어보았지만, 이런 생각을 멈출 수가 없고 길을 잃은 것 같은 느낌도 떨칠 수가 없습니다. 지금 나는 심리치료사라면 삶의 목적에 관한 통찰을 얻었을지도 모른다는 생각을 하고 있어요. "이 모든 게 다 의미 없어."라는 생각이 계속 머릿속에 떠올라요. 그 말이 맞을지도 모르죠.

믿음에 대한 의문

우리의 마음은 비일관적인 것들과 양가적인 감정, 끊임없는 변화로 가득합니다. 어떤 사람들은 이런 가변성을 매우 불편해하며 계속해서 확실성을 찾으려고 하지요.

내가 정말로 믿거나 느끼는 건 뭘까요? 내게는 많은 시간을 함께 보냈고 정말로 사랑하는 친구가 있어요. 그런데 때로 친구가 나를 정말 짜증 나게 할 때가 있고, 어떤 때는 친구에게서 온 부재 중 전화를 확인하고도 전화 걸기가 싫을 때도 있어요. 하지만 그 친구를 만나면, 그렇게 좋은 사람인 친구에게 화를 내고 있던 나 자신 때문에 항상 화가 납니다. 어쩌면 나는 그 친구를 질투하고 있는지도 몰라요. 아니면 내가 그 친구만큼 괜찮은 사람이 아니라 는 점 때문에 그 친구에게 위협을 느끼는 걸 수도 있고요. 그 친구 와 함께 있지 않을 때 계속 이런 생각을 하고 있는 걸 보면 말이에 요. 내가 자신을 속이고 있는 거라고 생각하세요? 그 친구와 많은 시간을 함께 보내지 않는 게 좋을까요? 아니면 그 친구가 어떤 때 나를 짜증 나게 하는지 말해주는 게 좋을까요? 하지만 그러면 친 구가 당황할 텐데…….

비합리적 망상과 의심

침투하는 생각의 셋째 유형은 전혀 터무니없어 보이는 생각, 또 는 전혀 그럴 이유가 없어 보이는데도 철저한 정신적 검토를 요구 하는 것 같은 생각, 끊임없는 의심을 일으키는 생각입니다.

제정신이 아닌 것 같은 생각

어떤 침투하는 생각은 명백히 아무런 이유도 없이 머릿속으로 슥 뛰어들어 오는 완전히 말도 안 되는 생각입니다. 이런 생각은 미치기 직전 상태에서 만들어진 것처럼 느껴지지요.

어떤 생각은 너무 기괴해서, 도대체 어디서 그런 생각이 튀어나왔는지 모르겠어요. 예를 들어서 기차를 탔을 때 내가 더러운 차창 유리를 핥기 시작할 거라는 생각이 드는 거예요. 또 우리 집 강아지의 물그릇을 씻을 때는 내가 거기 담긴 더러운 물을 마실 거라는 생각도 들었어요. 이런 생각이 들면 너무 괴로워요. 내가 정말 그런 짓을 할 것 같은 충동이랄까 강렬한 감정이 느껴지거든요. 마치 내가 그런 행동을 정말로 하는지 안 하는지 시험하려고 나를 몰아대는 것 같아요.

주방에서 유리잔을 깨뜨려서 그걸 깨끗이 치웠어요. 그런데 지금은 사방에 부서진 유리 조각들이 널려 있는 것 같은 생각이 듭니다. 말도 안 되는 거 알지만, 어제는 냉장고 안에 있던 아직 뚜껑도 따지 않은 푸딩 용기에 유리가 있을 것 같다는 생각이 들어 그걸 통째로 내다버렸답니다. 제가 미쳐 가고 있는 걸까요?

운전할 때 이따금 아무 이유도 없이 내가 누군가를 치었고 그 사람이 길 위에 쓰러진 채 죽어 가고 있다는 생각이 들고는 합니다. 무슨 소리가 들리지 않았는지 뭔가 부딪히는 게 느껴지지 않았는지 기억을 더듬어보려고 애쓰지만, 도저히 확신이 들지가 않아요. 차를 돌려 왔던 길을 되짚어 가보려는 나 자신을 억누르려면 있는 힘을 다해야 합니다. 그건 그냥 생각일 뿐이라고, 아무 증거도 없다고 나 자신에게 말하지만 그래도 계속 의혹이 가라앉지 않습니다.

정신적 점검

이 생각은 뭔가가 맞지 않는다는 느낌, 그래서 그걸 점검해봐야만 한다는 욕구와 함께 일어납니다.

책을 읽을 때면 내가 읽고 있는 내용을 제대로 이해하지 못하고 있다는 생각이 들고, 그래서 정말로 이해했는지 확인하기 위해 읽었던 문장을 반복해서 다시 읽습니다. 그 때문에 책 읽기가 몹시 느리고 고통스러워져서, 때로는 그냥 읽기를 그만둬버리죠. 내 독해력에 뭔가 문제가 있다는 생각이 들어요.

전화 통화를 끝내고 나면, 나도 모르는 사이에 상대방에게 모욕적인 말을 했는지도 모른다는 생각이 듭니다. 그렇지 않다는 걸 알고 있을 때조차, 한마디씩 되새기며 전체 대화를 재구성해보고 정확한 어조까지 기억해내어 아무런 문제가 없었다는 걸 확인하지 않고는 못 배깁니다. 그런 다음에도 미묘한 뭔가가 잘못되었다는 생각이 다시 드는데, 정확히 뭐가 잘못되었는지 나도 알 수가 없습니다.

관계에 대한 의심

잘못되었다는 증거가 없는데도 침투하는 생각이 떠오르는 자체가 뭔가 잘못되었다는 신호일 거라 생각하며 두려움을 품습니다.

나는 관계에 대한 불안으로 가득 차 있습니다. 내가 나의 파트너를 올바른 이유에서 사랑하고 있는지 의문이 들기 시작했고, 그 질문에 완전히 사로잡혔어요. 내가 그 사람을 사랑한다는 걸 분명히 알고 있는데도 나는 두려움에 압도되어 있어요. 내 뇌가 미쳐가는 모양이에요. 덜덜 떨리고 그냥 울고만 싶습니다. 관계강박장애Relationship Obsessive Compulsive Disorder에 관해 읽은 적이 있는데요, 그런 병이 정말 존재하나요?

솔직히 말해서 남편이 나에게 충실하다고 믿고 있어요. 하지만 그가 매일 몇 시간 동안 실제로 무엇을 하는지 나로서는 알 수 없다는 생각이 계속 떠올라요. 그러지 않으려고 노력은 하는데도 남편의 주머니와 휴대폰, 이메일을 체크하고 남편에게 하루를 어떻게 보냈는지 시시콜콜 물어보게 돼요. 남편이 바람을 피우지 않는지 확인하려고 그러는 거죠. 남편이 예쁜 여자를 쳐다보거나 웨이트리스에게 친절하게 굴면 온갖 의심이 차오르면서 "이 사람 저 여자랑 정말 아는 사이 아나?" "이 사람 왜 이렇게 상냥한 거야?" 같은 바보 같은 질문들이 떠올라요. 내가 나도 남편도 미치게 만들고 있어요.

옳고 그름에 집착하는 생각

이런 생각은 자신 또는 타인의 행위, 의도, 성격 등에 관한 판단으로 이루어집니다. 이 범주에는 종교적인 것이든 비종교적인 것이든 옳고 그름에 관한 생각에 지나치게 신경 쓰는 일, 자신도 타인도 완전히 순수하고, 선하고, 친절하고, 공정하고, 관대하도록 노력해야 한다는 판단이 포함됩니다.

동생이 얼마 전 약혼을 했어요. 동생에게는 나도 기쁘다고 말했고 언니로서 마땅히 해야 할 좋은 말을 했지만, 솔직히 마음속으로는 동생에게 정말 질투가 나고 약혼은 내가 먼저 했어야 한다는 생각을 지울 수가 없어요. 난 정말 나쁜 인간이에요. 너그러운 사람이 되고 싶지만 질투가 멈추지 않네요.

기도할 때면 내가 기계적으로 기도의 말만 읊조리고 있다는 느낌이 들고, 경배하는 마음은 없이 오직 말뿐이라는 생각이 듭니다.

나는 큰 특권을 누리고 있으면서 불쌍한 사람들을 위해 해야 할 일을 충분히 하지 않고 있어요. 자선 기부금도 내고 교회에도 헌금을 하지만 정확히 얼마나 내야 하는 건지 모르겠고, 아무튼 내가 충분히 기부하지 않는 건 분명하다는 생각이 듭니다. 내가 테레사 수녀가 아니란 건 알지만 필요하지 않은 무언가를 살 때마다 항상 내가 이기적이라는 생각이 들고, 그냥 내 돈을 모두 남을 위해 써야 한다는 생각이 들어요. 과식할 때도 늘 죄책감을 느끼죠. 굶어 죽어 가고 있는 사람도 있는데 나는 또 한 그릇을 더 먹고 있으니까요. 이런 생각 때문에 그 무엇도 즐기기가 어렵습니다.

성적 지향과 성정체성에 대한 생각

이 유형의 침투하는 생각에서는 자신의 진짜 성정체성 또는 성적 지향과 다른 삶을 살고 있는지도 모른다는 걱정이 주를 이룹니다. 이런 생각은 진정으로 자신의 섹슈얼리티를 탐색하려고 노력하는 사람들의 생각과는 다릅니다. 호기심이 아닌 공포로 가득 차 있다는 점에서 그렇고, 게다가 확실히 알아야 한다는 급박한 욕구도 함께하죠. 아마 당신은 그 생각 때문에 당황하고 있을 겁니다. 심지어 당신이 이성애든 동성애든 다 괜찮다고 생각하는 사람이라도, 그 무엇으로도 두려움은 가라앉지 않습니다. 당신은 그 생각에 사로잡힌 겁니다.

내가 사실은 동성애자면 어쩌지?

이 생각은 대개 당신이 항상 자신에 관해 떠올리던 가정과 반대되는 것 같은 당황스러운 생각이 갑자기 닥치면서 시작됩니다.

내가 룸메이트에게 끌리고 있다는 생각이 들면서 끔찍한 시간을 보내고 있습니다. 그는 이성애자이고, 나 역시 그렇다고 생각했고 사랑하는 여자 친구도 있는데 말입니다. 하지만 내가 이런 감정을 느낀다는 걸 고백하면 우리의 친구 관계는 엉망이 될 테고, 그 친구도 나를 다시는 편하게 대하지 않을 겁니다. 내가 정말로 그에게 끌리고 있는 건지 계속해서 나 자신을 시험하고 있습니다. 심지어 내가 그런 걸 좋아하는지 알아보려고 게이 포르노도 찾아봤습니다. 하지만 그걸 봐도 답은 나오지 않더군요. 오히려 괴로움만 더 심해졌죠. 이 생각을 머릿속에서 지울 수가 없습니다.

나는 남자 친구와 결혼했고, 그는 나의 가장 친한 친구이기도 해요. 하지만 작년에 갑자기 내가 그를 사랑하지 않는다는 생각이 들기 시작했는데, 그 생각이 온통 나를 사로잡아 너무나 불안해졌어요. 그렇게 불안해하던 어느 즈음 내가 레즈비언일지도 모른다는 생각이 떠올랐고, 이 생각이 나를 가장 괴롭혀요. 잠시 동안은 그 생각을 지울 수 있었지만 지금은 아예 머릿속에 들러붙어버렸어요. 그렇다고 레즈비언인 것이 잘못된 일이거나 나쁜 일이라고 생각하는 건 아니에요.

내가 사실은 이성애자면 어쩌지?

이런 생각은 자연스러운 자기 발견 과정에서 나오는 것이 아니며, 일반적인 생각과는 다른 느낌이 듭니다.

나는 게이이고 한 남자 친구와 13년을 함께했는데, 이따금 그에게 정나미가 떨어질 때가 있어요. 사람들은 이런 게 정상이라고 하지만, 오랜 세월 내내 내가 여자와 데이트를 시도하기에는 너무 못난 사람이라 게이라고 자신을 속여 온 게 아닌가 하는 생각이 듭니다. 그러다가 내가 여자에게 끌리면 어쩌나, 스티브에게 어떻게 그럴 수 있나 하는 생각이 들기 시작했어요. 그러니까 내 말은, 나도 정말 여자들이 좋거든요. 그러다가 온갖 의심에 괴로워하며 나자신을 시험하기 시작했어요. 이성애 포르노까지 봤어요. 내가 그걸 보고도 흥분하는지, 거기서 내가 남자와 여자 중 누구를 보고 있는지 알아보려고요. 정말 시간 낭비였지만, 그래도 걱정이 멈추지 않습니다. 오랜 세월 아무렇지 않다가 왜 갑자기 이런 게 문제가 되는 걸까요?

내가 트랜스젠더면 어쩌지?

트랜스젠더는 늘 자신의 성별 정체성과 타고난 신체가 일치하지 않는다는 것을 느끼며 살아온 사람들입니다. 반면 성별 정체성과 관련된 침투하는 생각은 누구에게라도 일어날 수 있습니다.

한동안 트랜스젠더에 관한 글들을 잔뜩 찾아 읽어봤어요. 요즘에는 내 가슴이 너무 커서 거추장스럽다는 느낌이 반복적으로 듭니다. 그러다가 내가 가슴이 없기를 바라는 거라면, 내가 여자의 몸에 갇힌 남자일 수도 있고 원래 나는 남자였어야 할 사람이라는 무서운 생각이 들었어요. 인터넷에서 검색을 더 해봤는데, 이게 내 경우일 수도 있겠다 싶어 걱정이 됩니다. 아무리 나 자신에게 바보 같은 생각이라고 말해도 그 생각을 멈출 수가 없어요. 그런데 내가 왜 이런 생각을 하는 걸까요?

이미지로 떠오르는 이상한 생각

우리는 두 가지 방식으로 사고할 수 있습니다. 하나는 단어들로 된 방식인데, 머릿속에서 혼잣말을 하는 것과 비슷하죠. 또 다른 방식은 머릿속에 이미지나 그림이 떠오르는 것입니다. 침투하는 생각은 불편한 '자기와의 대화' 형식을 띠는 경우가 많지만, 거의 시각적 이미지만으로 이루어지는 경우도 있습니다.[1] 당신도 이런 경우를 경험해봤는지도 모르겠네요.

다음은 침투하는 시각 이미지의 가장 흔한 종류들입니다. 침투하는 이미지는 정지된 그림일 수도 있고 짧은 영상일 수도 있어요. 실제 기억이 담겨 있을 수도 있고 완전히 만들어진 것일 수도 있습니다.

정신 나간 행동이나 창피한 행동

자신이 사교적 상황에서 뭔가 정신 나간 것 같은 행동이나 몹시 창피한 행동을 하는 이미지가 떠오를 때면 환각을 보고 있다고 생각하는 사람들이 많은데, 사실 그건 환각이 아닙니다. 이런 시각

이미지는 대개 사회적으로 불안한 상황에 떠오르며, 달라붙은 생각이 단어 대신 이미지로 번역된 상상의 산물일 뿐입니다.

나는 공식적인 행사에 참석할 때마다 내가 토해서 나 자신과 다른 사람들에게, 이를테면 부시 대통령 같은 다른 참석자들에게 토사물을 다 쏟아내는 모습이 계속 떠오릅니다.

나는 면담을 하거나 파티에 참석할 때마다 얼어붙은 듯 꼼짝 못하는 내 모습이나, 뭔가 이치에 맞지 않는 말을 고래고래 소리치며 하는 내 모습과 그걸 보고 사람들이 "저 여자 왜 저래? 미친 여자잖아!" 하고 말하는 장면이 떠올라요.

사람들이 내게 질문을 하면 머리가 하얘져서 아무 말도 못하거나 통제력을 잃게 되는 모습이 자꾸 상상돼서 파티에는 가지 않습니다.

나는 때로 모르는 사람을 처음 만날 때면 내가 손가락으로 그 사람의 눈을 찌르는 장면이나 갑자기 방 안을 가로질러 달려가 그 사람의 목을 조르는 장면을 보게 됩니다. 그리고 이건 더 미친 생각인데요, 때로는 내 앞 허공에 단검이 둥둥 떠 있는 것도 보입니다. 마치 나에게 그 칼을 잡으라고 유혹하는 것처럼요.

병, 죽어 감, 죽음의 장면

이런 충격적인 장면은 편히 쉬고 있을 때든, 즐거운 시간을 보내고 있을 때든, 운전을 할 때든, 무언가에 불안해하고 있을 때든 언제라도 머릿속으로 침투할 수 있습니다.

때때로 내가 에볼라바이러스에 감염돼 피를 흘리며 죽어 가는 모습이 갑자기 떠오르는데, 안 보려고 노력할수록 이미지는 점점 더 오싹해집니다. 속이 메스꺼워져요.

아무 이유도 없이 내가 죽어서 관에 누워 있는 모습이 떠오릅니다. 그럴 때면 어쩐지 내가 사실은 죽지 않았다는 사실을 알고 있어서 내 장례식에 모인 사람들에게 나를 꺼내 달라고 소리치려고 기를 쓰고 있어요.

때때로 다리 위로 차를 몰고 달릴 때면 내가 난간 위로 차를 돌려 물에 빠지는 모습이 보입니다. 그 장면이 너무 생생하다 보니 뭔가 나쁜 일을 알리는 흉조가 아닌가 싶습니다.

트라우마의 기억

트라우마의 이미지와 기억으로 이루어진 침투하는 생각은 외상후스트레스장애가 있는 사람들에게 자주 나타나지만, 어떤 생각이나 기억 또는 상상한 이미지 때문에 불안해져 마음이 끈적끈적한 상태인 사람들에게도 나타날 수 있습니다. 이런 생각은 난데없이 그 트라우마 사건이 지금 다시 일어나고 있는 것처럼 느껴지게 할 수 있으며(이를 보통 플래시백이라고 합니다), 당시 느꼈던 공포나 온갖 감정도 고스란히 함께 따라옵니다. 또는 트라우마 사건 당시에 실제로 일어났거나 상상했던 일들의 기억이 생생하게 고착된 것일 수도 있습니다.

그 차가 나를 향해 달려오는 모습이 계속해서 보입니다.

나를 강간했던 그 남자의 얼굴이 계속 떠오르고, 그러면 나는 옴짝달싹도 못하게 얼어버립니다.

내가 어디에 있든, 그 군인들이 내 방 문 앞에 왔을 때 바닥에 쓰러지던 내 모습이 갑자기 떠올라요.

비행기 추락에 관한 뉴스 기사들을 봤어요. 지금은 그 비행기가 하늘에서 추락할 때 기내의 끔찍한 광경이 '내 눈에 보입니다'. 모든 사람이 비명을 지르고 울고 있어요. 내가 거기 없었다는 건 알지만, 그래도 계속 그 장면이 보이는 걸 막을 수가 없습니다.

사실 플래시백과 트라우마의 기억은 그냥 생각과 이미지일 뿐이어서 그 자체로 위험하지는 않지만, 원래의 경험이 준 엄청난 충격 때문에 남다른 방식으로 뇌에 저장되었을 수도 있습니다. 단순히 마음이 끈적끈적한 상태인 것이 아니라 실제로 외상후스트레스장애가 있는 경우라면, 이 책에는 실리지 않았지만 도움이 되는 다른 치료 방법들이 있습니다. 흔히 플래시백과 힘든 기억이 동반하는 외상후스트레스장애 증상이 있다면 트라우마 전문가와 상담해보는 것이 좋습니다.

꼬리에 꼬리를 무는 걱정

걱정이 뭔지는 누구나 압니다. 극심한 걱정이 몰아칠 때의 불안을 경험해보지 않은 사람은 아무도 없을 테지요. 그렇듯 걱정은 보편적인 것이지만, 사실 걱정에는 생산적인 걱정과 해로운 걱정이라는 두 유형이 있기 때문에[2] 침투하는 생각의 한 유형으로 걱정을 포함시켰습니다.

생산적인 걱정은 일종의 계획 세우기입니다. 하나의 문제에서 출발해 그 문제에 대한 해법을 찾고 행동 계획을 세우는 것이죠. 더 중요한 건 해법과 행동 계획이 서면 걱정이 멈춘다는 겁니다. 아주 단순한 예를 하나 들어볼게요. 당신이 차를 몰고 가다가 기름이 얼마 남지 않았다는 사실을 깨닫게 됩니다. 기름이 떨어질까봐 걱정이 되고, 그래서 당신은 '저기 있는 주유소에서 기름을 채워야지.' 하고 해결책을 생각해내겠죠. 이런 행동 계획이 문제를 해결하고 걱정도 끝내주지요.

반면 걱정 때문에 문제를 해결하려고 노력을 해보지만 어떤 결과가 나올지도 알 수 없고 행동 계획을 세울 만한 해법도 나오지 않을 때, 이는 해로운 걱정에 해당합니다. 당신은 일단 그 문제를 '푸는' 일에 착수하지만 도저히 쓸 만한 답이 나오지 않습니다. 그러니 다시 걱정이 시작되고, 이런 과정이 계속 반복되지요. 한마디로 달라붙어버리는 겁니다. 해로운 걱정은 '~하면 어떨까' 하는 가정에서 시작되어, 만족스럽지 못한 '해결책'의 끊임없는 순환으로 이어집니다. 자신을 안심시키기 위해 문제를 풀고자 했던 시도가 실패로 돌아가는 것입니다.

해로운 걱정은 친구 관계나 돈 문제나 일정 같은 평범한 일에 관한 것일 수도 있고, 희귀한 질병이나 재난과 같은 일어날 가능성이 매우 낮은 일에 관한 것일 수도 있습니다. 해로운 걱정인지 아닌지를 결정하는 것은 걱정의 대상이 아니라 그 걱정이 펼쳐지는 방식입니다. 요컨대 달라붙고, 반복되고, 강화되고, 집착이 되는지 여부입니다. 아무 해결책을 찾을 수 없는데도 걱정은 가라앉지 않고 접어 둘 수도 없습니다. 그래서 머릿속으로 문제를 풀어보려고 시도하지만 떠오르는 거라고는 또 다른 부정적 결과의 가능성뿐이죠.[3] 말하자면 가짜 위안이 걱정하는 목소리에게 어떤 말을 해주든 그 말이 아무리 합리적이거나 안심되거나 주의를 다른 데로 돌려주더라도, 걱정하는 목소리는 또 다른 무언가로 '만약'에 관한 질문들을 계속 떠올리는 것입니다.

해로운 걱정에는 세 종류가 있습니다. 단일 주제, 다중 주제, 그리고 메타 걱정(걱정에 대한 걱정)입니다.

도움이 되는 사실: 해로운 걱정인지 아닌지를 결정하는 것은 걱정
의 주제가 아니라 걱정이 펼쳐지는 방식입니다.

단일 주제 걱정

때로는 단 한 가지 일에 관해 걱정하면서, 그 주제와 관련된 모
든 가능성과 잠재적 결과를 하나하나 검토합니다.

나는 매일 우리 아이들을 걱정합니다. 스쿨버스 타는 곳에 내려
줄 때면 버스를 타고 가다가 사고가 날까 봐 걱정해요. 기침하는
소리를 들으면 천식이나 폐렴이 아닌지 걱정하고요. 예방 접종을
받을 때면 접종 때문에 병에 걸릴까 봐 두려워하죠. 방과 후에는
다칠까 걱정이 되어 운동도 못하게 합니다. 치과용 엑스선 촬영을
할 때도 아이들이 아플까 봐 걱정이 돼요.

다중 주제 걱정

걱정은 확장성이 있어서 창의적으로 한 주제에서 다른 주제로
번져 가는 경우도 많습니다.

지금은 내 팔에 있는 검은 점 하나가 흑색종이 아닌지 걱정되고,
생체 검사 결과도 걱정이 됩니다. 그러다가 이번에는 남편 걱정으

로 넘어갑니다. 그 사람의 전립선 특이 항원 수치가 올라갔을지도 모르니까요. 남편이 없으면 내가 어떻게 살지 모르겠어요. 그리고 15살인 우리 딸은 임시 운전면허증을 따기 직전이에요. 딸이 혼자서 도로에 나갈 생각을 하면 공포가 몰려와요. 그리고 이 모든 스트레스가 나의 면역계를 망치고 있을까 봐 걱정이 되네요. 내가 없으면 우리 애들은 어떻게 살아갈 수 있을까요?

세상이 너무 위험해졌어요. 테러리스트들이 우리를 위협하니 쇼핑몰에 가는 것조차 두려워요. 대부분의 쇼핑은 온라인으로 할 수 있지만, 뉴스를 보지 않는 내 친구들이 여전히 걱정돼요. 나를 걱정시키는 것들은 점점 더 많아집니다. 예컨대 독성 물질도 그렇고요. 위험은 어디까지 늘어날까요?

어젯밤에는 내가 한 말이 친구의 마음을 상하게 했을지도 모른다는 생각에 한숨도 못 잤어요. 내가 물어본다고 해도 친구는 너무 예의가 바른 사람이라 사실대로 말해주지 않을 거예요. 그 친구가 나한테 화가 나 있을까요? 이제는 내가 기분을 상하게 했을지도 모를 다른 사람들에 대해서도 걱정이 되네요. 남의 마음을 상하게 하고도 자각하지 못하는 일은 너무 쉽게 일어나요. 또 다른 친구에게서도 몇 주 동안이나 연락을 받지 못했는데, 그 친구도 나 때문에 화가 난 게 아닌지 모르겠어요.

다음 주에 시험을 쳐야 하는데 집중을 못할까 봐. 그래서 시험을 망치고 이 과목 성적이 엉망이 될까 봐 걱정입니다. 그러면 로스쿨에 들어갈 가능성에 큰 영향을 끼치겠죠. 나는 꼭 로스쿨에 들어가야만 합니다. 생각하면 할수록 이 시험을 잘 치러내는 데 내 미래 전체가 걸려 있다는 느낌이 들어요. 그러니까 걱정은 더 깊어지고요. 지금 이렇게 집중을 못하면 내 인생 전체가 실패할지도 모릅니다.

자기도 모르게 떠오르는 비극적이거나 부정적인 가능성에 대한 생각이 꼬리를 물고 이어진다면 그게 바로 다중 주제의 해로운 걱정입니다. 대부분의 사람들은 그런 생각은 자기가 어쩔 수 없는 것이라고 느끼지요.

메타 걱정(걱정에 대한 걱정)

이것은 걱정 때문에 자신의 건강이 나빠질까 봐 걱정하거나, 그렇게 걱정하는 건 자신이 바람직한 사람이 아니라는 신호이거나 자신의 어떤 부정적인 측면을 암시하는 거라고 걱정하는 것입니다.

잡지에서 읽었는데 걱정하는 것이 면역계에 스트레스를 주고, 스트레스는 당뇨병과 심장병의 원인이 될 수도 있다고 하더라고요. 걱정이 나를 병들게 할 수도 있다니까 걱정을 통제하려고 할 수 있는 일은 다 합니다. 친구들은 걱정이 너무 많은 게 내 수명을 단축한다고 말해요. 필라테스도 하고 있고 녹차와 석류 주스도 마시지만 별 도움은 안 됩니다. 혹시 직장을 그만둬야 할까요? 내 일은 정말 스트레스가 심하거든요.

항상 걱정하고 있는 게 진절머리가 나요. 나는 분위기 망치기 선수고, 이렇게 걱정이 많은 것 때문에 친구들과 남자 친구들을 많이 잃었다는 것도 알고 있어요. 사람들은 나 같은 사람과 어울리기 싫어해요. 그 사람들을 탓할 수도 없죠. 나는 항상 잘못될 수 있는 부분만 보고, 모든 게 잘못되지 않도록 확실히 해 둬야만 직성이 풀려요. 내겐 삶의 기쁨도 없고, 주변 모든 사람들의 기쁨마저 내가 다 망쳐버리죠.

내 생각이 통제가 안 될 때면 미쳐버릴 것 같은 기분이 들고, 내가 온전한 정신을 언제까지 유지할 수 있을지 걱정이 됩니다. 사촌이 조현병에 걸렸는데, 대학에 다닐 때부터 이상하게 행동하기 시작했고 그때부터 악화일로를 걸었다고 하더라고요.

자려고 누워 있으면 떠오르는 생각을 멈출 수가 없어요. 그날 한 모든 일을 돌이켜보면서 내가 실수한 게 없는지 찾아봅니다. 아니면 다음 날에 대한 계획을 세우기도 하고요. 소변을 봐야 해서, 아니면 적어도 소변을 봐야 한다고 생각해서 자리에서 일어나야 할 때도 있습니다. 그리고 시계를 보죠. 그때부터는 이런 생각을 해요. 아, 안 돼. 잘 시간이 서너 시간밖에 안 남았어. 잠을 자야만 해. 잠을 못 자면 내일 일을 못 할 거야. 그러고는 또 자꾸만 시계를 보고, 내일 밤에 잠들 일까지 걱정합니다.

스스로 불러들인 생각

때로는 느닷없이 떠오른 당황스럽거나 불편한 생각 또는 상상의 장면들이, 그것들과 무관한 성가시거나 고통스러운 다른 일들에 우리 마음이 대처하도록 도와주는 것 같을 때가 있습니다. 옴짝달싹할 수 없는 상황일 때 기분을 전환해주는 역할을 하거나, 우리 처지의 막막함을 덜어주는 어떤 환상 같은 역할을 해주지요. 이런 생각에 정신을 빼앗기는 건 집중해야 할 때 집중을 방해하기도 하지만, 그 내용은 적어도 처음에는 스스로 불러들인 것입니다.

보복
다음은 처음에는 스스로 불러들인 생각이었지만, 그 생각이 위험하거나 잘못되었다고 판단한 뒤로 불러들이지 않아도 침투하는 생각으로 바뀌는 예입니다.

상사가 내가 있는 쪽 통로에 서 있을 때마다 그가 지난주에 내게 한 말에 대해 내가 한바탕 퍼붓지 않을까 하는 생각이 듭니다. 물론 실제로 그렇게 하지는 않겠지만, 어제는 주차장에서 그의 자동차 타이어 공기를 빼놓는 상상을 했어요. 그랬더니 이젠 내가 정말 자제력을 잃고 그렇게 하는 게 아닐까 하는 의심이 들기 시작했습니다.

사별

세상을 떠난 사람의 이미지나 그에 대한 생각은 꼭 원치 않는데 떠오르는 생각이라고는 할 수 없습니다. 하지만 어서 잊고 삶을 이어 가려고 애쓰거나, 자신의 애도가 건강하지 못한 방식이라고 걱정한다면 그때부터 마음의 격동이 시작되지요.

밤에 누워 있으면 기억 속에 남아 있는, 아직 병을 앓기 전의 어머니 얼굴이 눈에 선해서 도저히 잠을 잘 수가 없어요. 너무 슬픕니다. 낮에는 늘 사진을 들여다봅니다. 생뚱맞은 순간에 어머니가 내게 말하는 목소리가 들려오기도 하고요. 항상 어머니를 생각하고 있어요.

사랑의 열병

나이에 상관없이 사랑에 빠지면 누구나 집착할 수 있습니다. 생각을 억제할 수 없다고 느낄 때, 특히 주위 사람들이 그런 당신의 상태를 알아차린다면 더욱 난처해질 수 있지요. 그럴 때면 자신이 객관적인 시각을 잃어버렸거나 통제할 수 없는 상태가 된 느낌이 들 수도 있습니다.

나는 그 사람에게 완전히 집착하고 있어요. 어떤 것에도 집중할 수가 없어요. 매 순간 그가 어디서 무얼 하고 있는지 알고 싶습니다. 그가 내 곁에 없을 때는 모든 게 무미건조하고 따분해요. 우리는 하루 종일 문자 메시지를 주고받습니다. 이건 정도를 지나쳤어요. 그 사람에 대한 생각을 멈추지 않는다면 직장도 잃고 말거예요.

시기심

때때로 우리는 즐거워하지 않았으면 싶은 생각에 즐거워하기도 하지요. 이럴 때는 그 생각에 즐거워하면서도 동시에 그 생각을 밀어내려고 합니다.

내 친구는 큰 재산을 상속받은 데다가, 몸매도 마르게 타고나서 먹고 싶은 건 뭐든 다 먹을 수 있어요. 그 친구가 며칠 전에 직장에서 징계를 받았는데, 솔직히 '마침내 네게도 순탄치 않은 일이 일어났네!' 하는 생각이 들었어요. 그런 생각을 한 나 자신이 부끄럽습니다.

침투하는 생각이 어느 정도 스스로 불러들인 것이더라도 당신이 그 생각을 힘들어하기 시작하거나, 그 생각이 지닌 의미가 무엇일지 염려하거나, 불건전하거나 나쁘다고 판단하지만 않으면 아무 문제도 아닙니다. 분노나 슬픔, 연애 초기의 감정, 시기심 등 그런 생각을 초래한 감정이 시간이 지나면서 가라앉으면 그런 생각도 사라집니다. 그 생각은 인격을 드러내는 신호도 아니고 저항해야 할 충동도 아닙니다. 단지 풍부한 상상력이 작용한 결과일 뿐이지요. 침투하는 생각에도 자기 마음이 어느 정도 반영될 수 있습니다. 그런 생각에서 문제가 되는 건 그 생각을 물리치려는 노력뿐입니다.

돌이킬 수 없는 실책에 대한 생각

과거나 미래의 실책을 두고 일어나는 침투하는 생각도 여러 가지가 있습니다. 그런 생각이 '불합리'하거나 지나치게 과장된 것처럼 느껴질 수도 있지만, 그래도 자신이 실제로 돌이킬 수 없는 끔찍한 실수를 저질렀다는 의식은 분명히 존재합니다. 바로 이런 의식이 당신을 불안하게 만들지요. 이는 구체적인 사건에 대한 생각일 수도 있고, 단순히 무언가 중요한 것을 놓쳤거나 기억하지 못하고 있다는 느낌일 수도 있습니다.

변호사로 일할 때 내가 맡은 사건 중에 언론에 많이 보도되고 결국 승소한 사건이 있었습니다. 그런데 요즘 그때 내가 상대방에게 사소한 세부사항 하나를 알리지 않았던 것이 계속 생각나는 겁니다. 20년이 다 된 일인데도 혹시 누군가 그 사실을 알아내면 내 평판이 무너질 수도 있다는 생각이 계속 들어요. 파트너에게 그게 얼마나 중요한 일 같으냐고 물으니 사소한 일이라며 걱정하지 말라고 하는데, 그래도 밤이고 낮이고 계속 그 생각이 납니다.

남자 친구와 절대 헤어지지 말았어야 한다는 생각이 계속 들어요. 그는 내게 몹시 못되게 굴었고, 우리 관계는 희망이 없어 보였고, 나는 아주 비참했는데도 말이에요. 적어도 내가 보기에는 완전히 실패한 관계였어요. 그런데도 나는 계속 어떤 식으로든 상황이 호전될 수도 있지 않았을까 하는 생각을 하는 거예요. 계속 내가 관계를 망쳐버린 순간을 기억해내려고 애쓰고 있어요.

출판할 논문을 제출하자마자 내가 한 통계 분석이 틀렸거나, 핵심적인 데이터를 빠뜨렸거나, 아니면 연구 과정에서 무언가 비윤리적인 면이 있었다는 생각이 들었습니다. 그 때문에 내 경력이 망쳐질까 봐 걱정이 되고, 밤에도 잠을 잘 수가 없어요.

확실히 기억나지도 않는 일에 변상하는 것이 옳은 일일까요? 중학교 때 친구에게서 1만 원을 훔쳤던 것 같은 생각이 들어요. 그런데 솔직히 말하자면 정말 그랬는지 그냥 내 기억이 날조된 건지 확신이 서지 않습니다. 34년 전 일이지만, 정말 그랬던 게 사실이라면 그 친구에게 사과하고 돈을 보내줘야 하지 않을까요? 별로 중요하지 않은 일이라고 나 자신을 설득하려고 하지만 계속 같은 생각이 반복되니 해결을 봐야만 하는 게 맞겠죠?

내가 그 돈을 잃지 않았더라면 가족을 더 잘 보살필 수 있을 겁니다. 내가 은퇴해도 될 형편인지 몰라 걱정스러워요. 그 생각을 밀어내려고 하지만, 그 괴물 같은 생각은 계속 방 안에 버티고 있습니다.

나는 꿈에 그리던 여자를 잃었습니다. 내가 그녀를 떠나보냈다니 믿을 수가 없어요. 이제 다시는 사랑하지 못할 거예요. 내가 너무 어리석었고, 그녀가 돌아오게 하기에는 이제 너무 늦어버렸습니다. 이 생각 때문에 너무 슬픈데 생각을 멈출 수가 없네요.

몸에 스며드는 이상한 감각

어떤 사람들은 침투하는 생각 대신 침투하는 감각을 경험하는데, 이 역시 침투하는 생각과 침투하는 이미지와 매우 비슷한 방식으로 작용합니다. 심리학자들은 이런 감각적 침투를 과잉지각적 강박장애의 일종으로 보기도 하지요. 이런 경우 감각에 관한 생각과 관찰에 저항하려는 욕망 또는 욕구를 느낍니다. 강박장애를 다룬 책들 중에도 이 문제를 다룬 책들이 있습니다.[4]

나는 침이 너무 많이 만들어지는 느낌이 듭니다. 계속 침을 삼키고 또 삼키죠. 침이 더 남아 있는지 체크해보면 항상 더 있어요. 이걸 멈출 수가 없고, 이것 때문에 미칠 것 같아요. 이젠 목구멍 안에 무슨 덩어리 같은 게 있는 듯한 느낌까지 듭니다.

속옷 때문에 고통스러워 죽겠어요. 내게 딱 맞는 속옷을 도저히 찾을 수가 없어요.

자려고 침대에 누워 있으면 몇 분 전에 소변을 보았는데도 꼭 소변을 보러 가야 할 것 같은 느낌이 들어요. 그러다 보면 화장실에 다시 갔다 오기 전에는 잘 수 없을 거란 생각이 들죠. 이런 일이 몇 시간이나 계속될 때도 있습니다.

한 친구가 자기는 시선을 내리면 자기 코의 옆 부분까지 볼 수 있다고 말했어요. 그 후로 난 내 코를 쳐다보는 걸 멈출 수가 없는데, 코가 내 시야를 가리는 것 같고, 그게 너무 싫어요. 나 말고도 이런 사람이 또 있나요?

밤에 누워 있으면 내 심장 뛰는 소리가 귀에 들립니다. 도저히 긴장을 풀 수가 없어요. 심박을 세고 그 소리에 귀를 기울이고 걱정하는 것도 멈출 수가 없고요. 언제부턴가는 계속 일어나서 혈압과 맥박을 재기 시작했습니다. 나는 대체 뭐가 잘못된 걸까요?

걱정하는 목소리: 나 왜 이러지. 내 귀에 내 맥박 소리가 들려. 너무 거슬리고 짜증스러워. 게다가 이건 내 심장에 무슨 문제가 있

다는 의미란 생각을 지울 수가 없어.

가짜 위안: 네 심장 걱정은 하지 마. 두 달 전에 병원에 갔다 왔잖아. 심장에 대해선 생각도 하지 마. 다른 소리에 초점을 맞춰. 냉장고 소리 같은 거 말이야.

걱정하는 목소리: 그러려고 해도 그렇게 안 돼. 시도해봤다고. 그리고 나니까 '심지어 주의를 돌리는 것도 못하네. 나 뭐가 잘못된 거지?' 하는 생각까지 들기 시작했어. 내 생각에는 심장에 무슨 문제가 있거나, 아니면 이게 절대 끝나지 않고 영원히 계속될지도 모른다는 걱정에 사로잡혀 있거나 둘 중 하나야.

가짜 위안: 그런 부정적인 생각은 좀 그만두라고. 너 그럴 수 있잖아. 노래를 부르거나 텔레비전을 켜 두거나 하면 네 심장 소리는 묻힐 거야.

걱정하는 목소리: 그것도 해봤는데 소용없어. 계속 맥박 소리가 들리는지 체크하게 되고, 그러다 보면 혈압도 재봐야 한다는 생각까지 들어. 나도 이게 미친 생각인 거 알아. 그러니까 이런 말도 안 되는 문제를 안고 있는 나는 얼마나 괴상한 인간인가 하는 생각까지 든다고. 난 대체 어떤 인간이기에 이런 문제를 겪는 걸까?

지혜로운 정신: 믿을지 모르겠지만, 너희가 계속 티격태격 주고받는 말이 계속 그 소리가 들리게 만드는 거야. 들리든 말든 내버려둬. **소리가 그냥 들리도록 허용하라고.** 그리고 맥박과 혈압을 재는 행동 때문에 계속 네가 무서운 생각에 집중하게 되는 거야. 어떤 생각이 들었다고 해서 그 생각이 사실인 건 아니야. 주의를

딴 데 돌리려는 노력도 하지 않는 게 좋아. 그리고 그렇게 짜증스럽고 위험한 느낌이 드는 건 그 소리 자체가 아니라 네가 그 소리에 반응하는 방식 때문이라는 것도 잊지 마.

걱정하는 목소리: 소리가 들리도록 허용하는 게 어떻게 도움이될 수 있단 말이지?

지혜로운 정신: 한번 시도해봐. 네가 쓰는 방법이 효과가 없는건 분명하니까.

도움이 되는 사실: 당신이 느끼는 대부분의 괴로움은 당신의 생각이나 느낌 때문이 아니라 그 생각이나 느낌에 대해 당신이 느끼고반응하는 방식 때문에 생깁니다.

지금까지 원치 않게 침투하는 생각의 넓은 범위에 관해 살펴보았습니다. 우리는 아주 구체적이고 명확한 예들을 제시했는데, 독자들이 이런 예를 읽을 때 불안이 치솟는 일도 드물지 않았을 겁니다. 하지만 그런 불편함은 일시적인 것이니 안심하세요. 또 그런불편함은 이것이 당신 혼자만 겪는 일이 아니라는 것을 알고, 자신의 침투하는 생각이 어떤 유형인지 알아낼 기회를 얻은 것에 따르는 작은 대가라는 걸 알 수 있을 겁니다.

당신 머릿속에 달라붙어 반복되는 생각이 어떤 종류든, 이런 이야기가 이렇게 책장에 적혀 있는 걸 보면 처음으로 어느 정도 안도감을 느낄 겁니다. 그리고 당신처럼 침투하는 생각에 시달렸던 사람들이 회복하여 평범한 삶을 살아가고 있다는 사실은, 당신이 처한 상황이 지금 당신이 느끼고 있는 것만큼 심각하거나 절망적이거나 미칠 것 같은 상황은 아니라는 증거이기도 하지요. 다음 장에서는 생각 일반과 원치 않게 침투하는 생각 모두에 관해 바로잡아야 할 잘못된 믿음에 관해 이야기합니다.

3장

생각에 관한
잘못된 생각 아홉 가지

*
*
*

침투하는 생각이 머릿속에 달라붙는 데 큰 역할을 하는 생각에 관한 오해 아홉 가지가 있습니다. 사실을 밝힘으로써 그러한 오해를 타파하면 마음에 관한 태도를 바꾸는 데 아주 큰 도움이 됩니다.

우리는 누구나 생각에 대해, 그리고 생각이 우리에 관해 말해주는 것에 나름의 믿음이 있지요. 마음속을 흘러가는 생각이 그 사람의 내면에 관해 무언가를 알려준다고 믿는 사람이 많습니다. 생각에 관해 우리가 지닌 관념 중에는 정확한 것도 있을 겁니다. 하지만 사람들이 공통적으로 지닌 믿음 중 많은 것이 잘못되었으며, 그 잘못된 믿음이 상당한 불행을 불러올 수 있음을 지금 우리는 알고 있습니다.

연구자들은 생각에 관해, 생각의 내용이 그 사람에 대해 말해주는 바에 관해 하루가 다르게 새로운 사실을 알아내고 있습니다. 최근에 밝혀진 사실은 생각이 무엇을 의미하며 어떤 생각이 정상적인지에 관한 오래된 관념과 상충합니다. 이 장에서는 원치 않게 침투하는 생각을 만드는 데 일조해 온 생각에 관한 아홉 가지 오해를 타파할 겁니다. 각각의 오해는 원치 않게 침투하는 생각의 들러붙는 경향을 강화하기 때문에, 각 오해를 검토해보고 자신이 그 관념을 얼마나 강하게 고수하고 있었는지 돌아보면 도움이 될 거예요. 그 관념이 잘못된 것임을 뒷받침하는 심리학 연구의 결정적 증거도 존재합니다.

도움이 되는 사실: 생각에 관한 사실들로써 생각에 관한 오해를 바로잡으면 침투하는 생각의 달라붙는 점성이 줄어듭니다.

오해 1: 나의 생각은 내가 통제할 수 있다

우리의 생각은 우리의 의식적 통제 아래 있고, 그러므로 우리는 자신의 생각을 통제할 수 있어야 한다는 잘못된 믿음을 지닌 이들이 많습니다.

사실: 사실은 우리 생각의 많은 부분이, 혹은 일부 연구자들에 따르면 생각의 '대부분'이 의식적 통제 아래 있지 않습니다. 우리가 이 사실을 반갑게 받아들일 때도 있습니다. 어떤 통찰이나 영감이 문제 해결에 도움을 줄 수 있지요. 시인에게 시를 어떻게 썼

는지 물어보면 그냥 시가 자기에게 다가왔다고 말할지도 모릅니다. 때로는 어떤 생각이 마치 정신의 경련이나 딸꾹질처럼 불쑥 튀어나올 때도 있죠. 명상을 하는 사람 아무에게나 물어보세요. 우리는 생각을 통제할 수도 없고, 생각에 책임도 없습니다. 생각은 그냥 일어나는 거예요. 또 생각은 마구 돌아다니고 여기저기 뛰어다닙니다. 생각은 우리 명령을 따르지 않아요.

이따금은 우리가 생각을 통제할 수 없다는 사실이 그리 달갑지 않을 때도 있습니다. 따분한 이야기를 듣고 있을 때면 누구나 생각이 이리저리 배회하지요. 시끄러운 실내에 있으면 생각의 흐름이 끊어집니다. 당신도 직장에서 누군가와 이야기를 나누면서 집에서 가족과 했던 말다툼에 관해 생각한 적이 있을 거예요. 자신감 있게 생각하자고 스스로 다짐하고 돌아서면 이내 자기 비판과 걱정이 스멀스멀 스며들어 온 적은 또 얼마나 많았나요?

어떤 생각을 의도적으로 떠올릴 수 있다고 해서 그 생각을 통제할 수도 있는 건 아닙니다. 생각을 쫓아버리고 싶다고 해서 그럴 수 있는 것도 아니죠. 어떤 생각에 주의를 집중할 수 있다는 것이 그 생각을 사라지게 할 능력도 있다는 의미는 아닙니다.

걱정하는 목소리: 내가 내 생각을 통제할 수 있으면 좋겠어. 특히 나쁜 생각이 떠오를 때는 말이지. 난 병적인 것 같아.

가짜 위안: 네게 필요한 건 정신 단련이야. 더 노력하라고!

걱정하는 목소리: 노력하고 있지만 난 안 되는 것 같아. 난 고장

났나 봐.

지혜로운 정신: 누구나 생각은 어디로든 움직여 가는 거야. 가만히 보고 있으면 아주 흥미롭기도 하지. 나는 어떤 생각도 멈출 필요가 없어. 너희도 마찬가지고. 생각은 그냥 생각일 뿐이고, 그냥 그렇게 일어나는 거야.

걱정하는 목소리와 가짜 위안은 모두 생각의 통제, 특히 마음을 불편하게 하는 생각을 통제하는 일이 가능할 뿐 아니라 정신 건강을 위해 필수적이라는 말을 믿고 있군요. 상당히 잘못된 관념이에요. 지혜로운 정신은 그 관념이 잘못임을 알고 있네요.

자신의 생각을 통제할 수 있다는 관념을 곧이곧대로 믿으면 긍정적인 생각으로 부정적인 생각을 대체할 수 있고, 그러면 자기 생각을 통제하는 데 도움이 될 거라는 흔하지만 쓸모없는 생각을 하게 됩니다. 사실 일시적으로는 의도적으로 긍정적인 생각을 함으로써 원치 않는 생각에서 자신이 선택한 생각으로 주의를 돌릴 수도 있습니다. 하지만 우리가 치워버리고 싶어 하는 생각은 끈질기게 버티고 남는 경향이 있고, **대개는 다시 돌아와 더욱 강력하게** 우리의 주의를 사로잡습니다. 어떤 생각을 밀어내려고 노력하면 곧바로 다시 떠오른 적이 얼마나 많았습니까?

오해 2: 나의 생각은 나의 인격을 드러낸다

생각에 관한 또 하나의 오해는 생각이 인격 또는 잠재적 의도를 드러내는 증거이며, 어떤 사람들은 생각을 통해서만 드러나는 어두운 면을 지니고 있다는 것입니다.

사실: 우리는 생각이 인격과는 아무 상관도 없다는 것을 알고 있습니다. 인격은 삶을 살아가는 방식이 반영된 결과입니다. 실제로 당신이 어떤 행동을 하고 어떤 행동을 하지 않기로 선택하는지와 관련된 것이죠. 생각은 마음속을 지나가는 거예요. 생각이 그냥 일어날 때 그것은 우리가 선택한 것이 아닙니다. 선택의 여지가 없는 일에서는 인격의 문제를 거론할 여지도 없지요. 생각은 사실도 아니고 당신 자신에 관한 진술도 아닙니다. **인격은 머릿속에 그냥 떠오르는 것이 아니라 우리가 살면서 내린 선택과 관련된 것입니다.**

대중 문화는 종종 정교한 은유로 이 오해를 표현합니다. 가장 무서운 예는 완벽하게 선량한 사람이 자신의 어두운 측면에 사로잡히는 이야기입니다. 늑대 인간이든, 귀신 들리는 경우든, 지킬 박사와 하이드 씨든 착한 사람들이 살인자로 변하는 것이죠. 〈엑소시스트〉나 〈아메리칸 사이코〉, 〈금지된 세계〉 같은 영화는 아무리 순수하고 선의를 지닌 사람이라도 내면에는 그를 사로잡을 채비를 갖춘 사악한 힘이 존재한다는 두려운 생각을 사람들에게 주입합니다. 이런 판타지는 내면의 악마가 그 사람의 의지를 거슬러 튀어나올 수 있기라도 한 것처럼, 아무리 부정한다 해도 사람의 진짜 의도 혹은 본성은 잠재되어 있는 생각에 의해 폭로된다는 잘못된 관념을 더욱 부추기지요.

이와 유사하게 《파리 대왕》이나 〈매드 맥스〉를 비롯하여 종말 이후의 악몽 같은 상황이나 사회 붕괴를 다룬 영화와 책 들은 생존 본능이 우리를 도덕을 짓밟는 괴물로 바꿀 수 있다고 암시합니다. 우리의 문명은 쉽게 무너질 수 있는 불안정한 수준일 뿐이라고요. 한걸음 더 나아가 야만적인 생각은 빙산의 일각일 뿐이며 한 사람의 진정한 본성 또는 인격은 겉으로 보이는 것과는 아주 다르다고 말입니다.

흥미로운 점은 사람들이 이 오해를 주로 자기 자신과 자신의 생각에만 적용한다는 것입니다. 친구가 무모하거나 혐오스럽거나 말도 안 되는 생각을 말하면 우리는 즉각 마음은 원래 변덕스러운 것이라고, 그런 생각은 아무 의미가 없다고, 그런 생각을 한다고 친구를 존중하는 마음이 사라지지는 않는다고 안심시킵니다. 다른 사람의 침투하는 생각에 대해서는 가볍게 말하고 넘어가기가 더 쉽죠.

걱정하는 목소리: 난 항상 변태적인 생각이 떠올라. 심지어 아이들을 그렇게 생각하기도 해. 내면 깊은 곳에서 나는 아주 나쁜 인간인 게 분명해. 항상 그런 생각이 떠오른다니까.

가짜 위안: 바보 같은 소리 하지 마. 우리 둘 다 네가 좋은 사람

인 거 알고 있어. 변태 같은 생각은 몰아내버려. 그런 생각 해봐야 자신을 의심하게 될 뿐이야.

걱정하는 목소리: 나도 그러려고 해. 하지만 계속 생각나는걸 어떻게 해. 내가 기억하지 못하는 어떤 나쁜 일이 내게 일어났고, 그게 내 무의식에 박혀 있는 게 아닌가 싶기도 해. 학대당한 사람들이 학대자가 된다잖아.

가짜 위안: 사람은 나쁜 생각을 극복할 수 있어. 넌 그냥 긍정적인 태도를 유지하기만 하면 돼.

이 대화에서 걱정하는 목소리와 가짜 위안 모두 생각은 인격을 보여준다고 믿고 있고, 그 믿음에 어떻게 대처해야 할지 몰라서 쩔쩔매고 있네요. 둘 다 그 오해의 피해자들입니다.

도움이 되는 사실: 생각은 인격과 무관합니다. 우리가 선택한 행동만이 우리의 인격과 관계가 있습니다.

오해 3: 생각은 내면의 나를 반영한다

이것은 생각이 곧 내면의 자기와 이어진 통로라는 믿음입니다. 눈이 영혼을 보여주는 창문이라는 믿음과 좀 비슷하죠. 여기에는 마음속에 있는 건 무엇이든, 본인이 아무리 그렇지 않다고 항변해도 자신의 진짜 생각과 감정이 반영된 것이라는 믿음도 포함됩니다. 즉 침투하는 생각은 우리 자신에 관한 어떤 특별한 진실, 아마도 숨은 진실을 말해주는 것이 분명하다고 믿는 것이죠.

사실: 사실 괴상하거나 공격적이거나 미치광이 같은 생각은 누구에게나 일어납니다. 모든 생각이 인격을 드러내는 것이라면, 90퍼센트의 사람들은 괴상하거나 공격적이거나 미친 사람이라는 말이 됩니다. 괴상하거나 공격적이거나 무섭거나 미치광이 같다고 표현할 수 있는 침투하는 생각이 일어난다고 인정하는 사람이 90퍼센트 정도 되기 때문이죠. 요즘 큰 인기를 누리는 공포 영화나 텔레비전 시리즈를 생각해보세요. 너무나 큰 공포심을 자극해서 그런 것을 못 보는 사람도 있을 겁니다. 하지만 그 소름 끼치고 기괴하고 공격적이고 미친 것 같은 시나리오는 모두 정상적이고 창의적인 사람들이 생각해낸 것이에요. 그들은 단순히 사람들이 보고 싶어 할 만한 대본을 쓸 따름입니다.

이 오해는 괴상하거나 터무니없는 생각은 곧 자신의 정신에 대한 통제력 상실이나 심지어 정신질환을 가리킨다고 암시하고 있어요. 게다가 혐오스러운 침투하는 생각은 그 사람이 변태적이거나 혐오스러운 사람이어서 일어난다는 또 다른 그릇된 암시도 담고 있지요.

원치 않는데도 공격적이거나 폭력적인 생각이 드는 사람들은 사실 공격적이거나 폭력적인 감정은 전혀 느끼지 않으면서도 자신이 공격적이거나 폭력적인 사람일까 봐, 그리고 그 생각이 자신의 진짜 감정을 드러내는 것일까 봐 두려울 수 있습니다. 내면을 들춰

보면 자신은 나쁜 사람이 분명하다고 믿게 될 뿐 아니라, 그런 생각을 엄격히 통제해야 한다는 중압감까지 더해질 수 있지요.

우리의 정신은 우리가 의식하지 못하는 영역에서도 항상 활동하고 있으며, 그중에서 특정한 정신 활동이 어떻게 의식의 표면으로 솟아오르는지는 아주 흥미로운 주제이지요. 그러나 침투하는 생각과 이미지는 근원에 깔린 진실을 드러낸다는 관념, 생각은 의미심장한 동기와 감정과 의도를 드러낸다는 관념, 혹은 **그 생각이 의식적 생각, 감정, 의도와 다를 경우** 처리해야 할 어떤 메시지를 담고 있다는 관념은 전혀 진실이 아닙니다.

오해 4: 무의식은 행동에 영향을 줄 수 있다

이것은 무의식이 우리의 생각과 행동을 지휘하는 강력한 힘이며 때로는 우리가 모르는 사이에도, 우리의 의식과 의지에 반해서도 작동하는 힘이라는 믿음입니다. 즉 무의식의 힘은 우리의 소망에 반해서도 튀어나와, 실제로 우리가 원하지 않을 때도 충동적으로 화내고 폭력을 쓰고 비열한 행동을 하도록 이끌 수 있다고 보는 것입니다.

사실: 프로이트식 말실수*와 자유 연상, 꿈의 내용을 분석하는

프로이트식 말실수(Freudian slips) 실언 혹은 말실수는 남에게 감추고 싶은 생각이 무의식중에 밖으로 드러나는 것이란 의미의 심리학 용어. 프로이트는 말실수를 억눌린 무의식이 입 밖으로 나와 속마음을 들키는 것이라고 해석했다.

것은 무의식의 복잡한 작동을 이해하려는 시도로서 인기를 끈 방식입니다. 그러나 순간적으로 아기를 떨어뜨리는 생각이 드는 것은 아기를 해치려는 무의식적 바람이 드러난 것이 결코 아니지요. 또 난간이 낮아서 발코니에서 뛰어내릴 수도 있겠다는 갑작스런 생각이 무의식에 감춰진 자살 소망을 드러내는 것도 아닙니다.

걱정하는 목소리: 나는 매일 전철을 타고 출근하는데, 매일같이 누군가를 철로 쪽으로 밀쳐 떨어뜨릴 것만 같은 생각이 들어. 이렇게 나쁜 생각을 하는 게 나에 관해 뭘 말해주는 걸까? 어쩌면 나의 무의식이 내가 그런 짓을 하도록 만들지도 몰라.

가짜 위안: 너는 절대 그런 폭력적인 행동은 하지 않을 거라고 너 자신에게 말해. 그런 생각이 너를 온통 사로잡게 방치하지 말라고. 주의를 다른 데로 돌려서 다른 걸 생각해. 마음이 편해지도록 기도도 하고.

걱정하는 목소리: 나도 그러려고 하는데 그 생각이 계속 들어.

여기서 가짜 위안은 걱정하는 목소리를 안심시키려고 안달하고, 그 불편한 생각을 처리하기 위한 대처 기술을 제안합니다. 대처 기술은 일시적으로 안도감을 줄 수는 있지만 장기적인 효과는 없어요. 안타깝게도 가짜 위안과 걱정하는 목소리 모두 그런 생각은 무의식의 의미 있는 부분이며 그에 대해 어떤 반응이든 보여야 한다는 잘못된 믿음을 지니고 있네요.

이 오해의 또 다른 예는, 의심스러운 생각이 드는 것은 더 현명하고 통찰력 있는 무의식이 메시지나 신호나 경고를 보내는 것이라고 믿는 겁니다. 여러분 중에는 어떤 결정에 확신이 서지 않아 마음이 불편할 때면 그것이 곧 그 결정이 실수였다는 의미라고 믿고, 여기에 반드시 해결해야 할 중요한 문제가 있는 거라고 생각하는 사람도 있을 겁니다. 의심스러운 생각이 드는 건 당신이 한 일이나 하려 하는 일을 다시 생각해보라고 무의식이 반복적으로 보내는 메시지라 여기는 것이죠.

그러나 끔찍한 생각은 내면에 감춰진 소망이 부채질하는 것이라거나 귀 기울여야 하는 경고라는 건 한마디로 사실이 아닙니다. "소망은 두려움의 아버지다."라는 식으로 표현되는 해묵은 가정이 있습니다. 이는 어떤 끔찍한 일을 저지를 것 같은 두려움은 그 일을 하고 싶은 욕망 때문에 생기는 거라고 암시하는 말이죠. 이 가정은 아무 근거도 없는 오해일 뿐입니다. 이 잘못된 믿음이 하는 일은 딱 하나예요. 그건 바로 원치 않게 침투하는 생각을 겪는 사람들에게 공포심을 안기는 것이죠.

오해 5: 무언가를 생각하면 그 일이 일어날 가능성이 커진다

무언가를 생각하는 것이 어떤 식으로든 그 일이 일어날 가능성 혹은 그 일이 사실일 가능성을 키우는 것이라는 믿음이 이 오해의 기반입니다. 부정적인 생각을 하면 부정적인 일이 더 많이 일어날 거라고 믿기 때문에 부정적인 생각 자체를 싫어하는 사람이 많지요. 부정적인 것이 부정적인 것을 끌어당기고 긍정적인 것이 긍정적인 것을 끌어당긴다고 믿는 사람들도 있습니다.

사실: 이것은 생각에 관한 순전한 오해입니다. 심리학자들은 이 오해를 사고-행동 융합[1] 혹은 마술적 사고라고 부릅니다. 생각은 앞으로 일어날 일에 관한 메시지가 아닙니다. 미래에 일어날 끔찍한 행동이나 사건에 대한 예언이나 경고도 아니고요. 생각은 비행기 추락이나 자동차 사고, 자연재해를 경고해주지 않습니다. 예감이란 어떤 생각에 따라오는 느낌이지, 미래에 대한 정확한 예언이 아니에요. 우리는 예감이 실제로 맞아떨어진 드문 경우만 기억하고 실현되지 않고 지나간 수많은 의심이나 느낌은 잊어버리는 경향이 있습니다.

더 중요한 사실은 당신의 생각은 원치 않는 행동이나 사건을 일어나게 만들 능력이 없다는 것입니다. **실제 세계에서 생각이 가능성을 바꾸는 일은 없습니다.** 생각은 대상을 움직일 수도 없고 사람들을 다치게 할 수도 없어요. 그뿐 아니라 생각은 우리가 경계를 풀고 있을 때면 감방을 탈출해 우리의 통제력을 빼앗아 가는 무의식의 조각도 아닙니다. 어떤 사람이 죽을지도 모른다는 생각이 든다고 해서 그 사람이 죽을 가능성이 커지지도 않고, 바람을 피우는 건 어떤 느낌일까 하는 스치는 생각이 당신으로 하여금 바람피울 상대를 찾아 나서게 하지도 않습니다. 갑자기 끔찍한 생각이 든다고 해서 실제로 위험한 일이나 재난이 발생할 가능성이 커지는 것도 아니에요. 부디 생각과 사실을 혼동하지 마세요. 생각은 그저 생각일 뿐이에요. 많은 경우 생각은 우리를 둘러싼 세상과 그 세상이 작동하는 방식에 관한 우리의 짐작일 뿐입니다. 생각 자체는 세상에 아무런 실질적 힘도 발휘하지 못합니다.

도움이 되는 사실: 실제 세계에서 생각은 가능성을 바꾸지 못합니다.

하지만 이렇게 생각할 사람도 있을 겁니다. '그래도 내가 부정적인 생각을 하고 있다면 부정적인 일을 더 많이 하게 되는 거 아닐까?'

어느 정도는 그런 생각도 맞습니다. 때로는 기분이나 동기에 따라 당신의 생각과 믿음에 대한 반응이 달라질 수도 있죠. 예를 들어봅시다. 만약 당신이 어떤 일이 아주 무서울 거라고 믿는다면 더 큰 공포감을 느끼고 그 일에 접근할 테고, 아니면 그 공포를 감당할 자신이 없어서 그 일을 멀리하기로 결정할 수도 있겠죠. 화요일에 아들의 축구 결승전을 보러 가려고 일찍 퇴근할 경우 상사가 당신을 몹시 괴롭힐 거라는 생각이 든다면 그날은 아예 병가를 내거나 경기를 보러 가는 걸 포기할 수도 있을 테고요. 다시 말해서, 때로 우리의 믿음과 생각은 우리가 어떤 행동을 할지 선택하는 데 영향을 끼칠 수 있습니다. 그러나 이는 무언가에 대한 생각이 그 일이 일어날 가능성에 영향을 끼친다는 잘못된 믿음과는 상당히 다른 것이죠.

오해 6: 무언가를 생각하면 그 일이 일어날 가능성이 줄어든다

여섯 번째 오해는 다섯 번째 오해와 정반대입니다. 요컨대 무언가를 생각하는 것이 그 일이 일어날 가능성 혹은 **그 일이 사실일 가능성을 줄일 거라는 오해**입니다. 사랑하는 사람에 관해 생각(특히 걱정)하는 것이 그 사람을 보호하고, 사랑과 의리를 보여주며, 그 사람에게 나쁜 일이 일어나는 걸 막아줄 거라 믿고 있을지도 모르겠네요. 계속 걱정 어린 생각을 하는 것이 위험에 대한 경계를 유지하고 어떻게든 더 준비된 상태로 만들어주는 방법처럼 보일 겁니다.

사실: 다시 말하지만 생각은 실제 세계에서 가능성을 바꾸지 못합니다. 당신이 어떤 사람을 걱정하면 그 사람을 보호하려는 어떤 일을 하고 있는 듯한 느낌이 들 수는 있겠지만, 이때 실제로 당신이 하는 일은 끊임없는 걱정의 악순환을 강화하도록 당신의 뇌를 훈련하는 것일 뿐입니다. 느낌은 사실이 아니라는 걸 잊지 마세요. 누군가를 끊임없이 생각함으로써 계속 관심을 유지하고 있어야 한다고 느낀다면 그것은 불안이 울리는 가짜 경보에 속아 넘어가는 것입니다.

오해 7: 괴상한 생각은 정신이 혼란한 사람에게만 일어난다

이것은 정신이 혼란한 사람들만이 침투하는 생각이나 괴상한 생각을 한다는 잘못된 믿음입니다.

사실: 머리를 스치는 괴상한 생각, 역겨운 생각, 혼란스러운 생각이 전혀 일어나지 않는 사람은 아무도 없습니다. 당신의 친구, 직장 동료, 선생님, 의사 등 당신이 아는 거의 모든 사람이 침투하는 생각을 경험한다는 말이에요. 사실 테레사 수녀도 원치 않게 침투하는 생각을 경험했다고 합니다.[2] 그러니까 당신이 좋아하는 유명인이나 성직자 들도 그럴 가능성이 매우 높지요.

큰 차이는 거의 대부분의 사람은 침투하는 생각이 일어나도 **그냥 흘려보낸다**는 것입니다. 당신의 침투하는 생각이 아주 남다르게 느껴지는 이유는 그 생각이 반복되고 때로는 아예 달라붙어 떨어지지 않기 때문이에요. 그래서 유난히 불온하게 느껴지고, 혼란한 정신의 산물처럼 느껴지는 겁니다. 하지만 그런 생각의 끈적끈적한 정도는 당신의 인격이나 한 인간으로서 당신의 가치와는 아무런 상관도 없습니다. 그리고 정신이 혼란한 사람인 것과도 명백히 아무 상관이 없어요. 오히려 그 끈적끈적함은 당신이 그 생각에 대해 생각하고 느끼는 방식, 그 생각을 없애고자 하는 강도와 방법과 많은 관련이 있답니다.

우리는 5장에서 누구나 겪는 스쳐 지나가는 침투하는 생각이 어떻게 머리에 달라붙어 원치 않게 침투하는 생각이 되는지 그 과정을 보여주고, 그리고 그것이 당신의 잘못이나 성격적 결함이나 정신 질환과 무관하다는 것을 보여줄 것입니다.

오해 8: 모든 생각은 생각해볼 가치가 있다

여덟 번째 오해는 모든 생각은 생각할 가치가 있으므로, 머리에 떠오르거나 주의를 끄는 모든 생각의 내용을 심사숙고하는 것은 가치 있고 합리적인 일이라는 것입니다.

사실: 당신에게는 마치 유선 텔레비전처럼 동시에 머릿속을 가로지르는 여러 생각의 채널들이 있습니다. 그 모든 생각을 다 생각하는 것은 불가능하며, 어떤 채널은 순전히 허섭스레기로 가득합니다(텔레비전 채널도 그렇잖아요). 모두가 다 생각할 가치가 있는 생각은 아니라는 말이죠. 이렇게 상상해봅시다. 당신이 라디오를 듣고 있는데 뭔가 잘못돼서 한 번에 한 방송만 듣는 것이 아니라 동시에 둘, 셋, 다섯, 심지어 열 가지 방송을 동시에 듣고 있다고요. 한 채널에서는 당신이 듣고 싶은 멋진 음악이 나올 수도 있고, 또 다른 채널에서는 흥미진진한 토론이 나올 수도 있겠죠. 또 따분한 재방송이나 당신이 몹시 싫어하는 노래, 백 번도 더 들은 이야기가 나오는 방송도 있을 거예요. 그러면 그리 깊이 고민해보지 않고도 당신은 흥미로운 방송에 주의를 집중하고 나머지 채널은 그냥 흘려보내려 할 겁니다.

이와 비슷하게 당신에게도 머릿속을 지나가는 '생각의 채널'이 여러 개 있습니다. 대개는 그리 큰 노력을 들이지 않고도 집중하고 싶은 한 채널을 골라 선택할 수 있지요. 척 봐도 다른 생각보다 더 흥미롭게 보이는 생각이 있으니까요. 그런데 만약 모든 생각은 생각해볼 가치가 있다고 믿는다면(다시 말해서 당신의 머릿속에는 허섭스레기 같은 채널이 하나도 없다고 믿는다면) 내용이 무엇이든 침투하는 생각이 하나 떠올랐을 때 당신은 그 생각에 초점을 맞추기로 선택하고, 그럴 가치가 없음에도 그 생각에 의미를 부여하고 주의를 기울이게 되겠죠. 그러면 허섭스레기에 주의를 빼앗길 수 있어요. 그 침투하는 생각이 정말로 중요하다고 믿거나 당신이 어떤 신호나 메시지나 경고를 받은 거라고 믿는다면 특히 더 그럴 가능성이 큽니다. 이럴 경우 그 생각은 당신에게 달라붙고, 계속 당신의 마음속에서 맴돌며 주의를 기울이라고 요구할 겁니다. 사실을 말하자면, 모든 사람의 마음에는 진지하게 받아들일 가치 없는 허섭스레기 같은 생각이 잔뜩 들어 있습니다. 마음이 허섭스레기 같은 생각을 만난다면 의미를 부여하지 말고 그냥 스쳐 지나가면 됩니다.

도움이 되는 사실: 허섭스레기 같은 생각에 주의를 빼앗긴 것인지도 모릅니다.

생각의 자연스러운 흐름에 더욱 집중하는 상태를 유지하는 방법을 7장에서 설명할 겁니다. 침투하는 생각에 관심을 주지 않으면 그 생각은 저 멀리 물러나 전혀 주의를 끌지 않게 된답니다.

걱정하는 목소리: 지금 난 공부를 하려고 하는데, 남자 친구와 결혼을 해야 할지 말아야 할지 하는 생각밖에 안 들어.

가짜 위안: 너희 서로 안 지 아직 몇 주밖에 안 됐잖아. 지금 그런 생각을 왜 하니. 네가 해야 하는 건 공부야.

걱정하는 목소리: 그래, 나도 그건 알아. 하지만 꼭 그걸 생각해야만 할 것 같아. 그가 나한테 청혼할 것 같다는 생각이 들었거든.

가짜 위안: 너한테 그런 생각이 들었다는 게 정말 그가 청혼할 거라는 의미라고 생각해?

걱정하는 목소리: 뭐, 그럴지도 모르지. 어쨌든 준비되어 있는 게 낫지 않아? 그가 정말 청혼하면 어쩌지? 나 정말 공부해야 하는데. 내일 시험 결과가 안 좋으면 장학금을 못 받을지도 몰라.

가짜 위안: 지난번 남자 친구를 사귈 때도 네가 어떤 꼴을 자초했는지 기억해?

걱정하는 목소리: 하지만 이번에는 진짜 진지한 거 같다니까.

지혜로운 정신: 얘들아, 너희 둘 다 허섭스레기 채널에서 나는 소리를 귀담아듣고 있구나. 단지 머리에 떠오른 거라고 해서 다 주의를 기울여야 하는 건 아니야. 누군가 네게 축구공을 차 보냈다고 해서 그 공을 꼭 잡아야 하는 건 아니라고. 허섭스레기 채널은 우리에게 항상 허섭스레기만 집어던지지.

오해 9: 자꾸 떠오르는 생각은 중요한 생각이다

당신은 반복되는 생각은 분명 중요한 생각일 거라고 믿고 있을지도 모릅니다. 중요하지 않은 생각이라면 금세 머리에서 빠져나가 잊힐 거라는 생각이 들 거예요. 어떤 생각이 계속 다시 떠오른다는 것은 그게 중요하다는 의미일 수밖에 없다고요.

사실: 어떤 생각의 중요성은 그 생각이 반복되는 횟수와는 그다지 관계가 없습니다. 사실 생각은 저항하거나 밀어내려 하면 더 반복되는 경향이 있지요. 그러니까 저항하는데도 반복되는 생각이 있다면, 저항하려는 노력을 멈추면 희미해지기 시작할 겁니다. 무엇이든 당신이 억누르려 하는 생각이 계속 반복될 가능성이 큽니다. '그 가려운 데를 자꾸 생각하지 마.' '머릿속으로 자꾸 그 광고 음악을 반복하지 말라고.' '저 사람 잇새에 낀 음식 찌꺼기에 신경 그만 써.' 이런 생각 말이죠.

1장에서 언급한 '어떤 대상에 저항할수록 그 대상은 더욱 끈질기게 버티며 남는다'는 이야기와 당근 실험을 기억하시나요? 그게 실제로 뇌가 작동하는 방식입니다. 우리가 어떤 생각에 에너지를 쏟으면, 그 생각의 신경 연결이 더욱 강화되어 그 생각이 일어날 확률이 더 커지는 것이죠.[3] 이는 어떤 생각에나 해당되며 생각의 중요성과는 아무 상관도 없어요. 간단히 말해서 어떤 생각이 떠오르는 걸 막으려는 노력이 그 생각을 계속 다시 불러들이고 달라붙은 느낌이 들게 만드는 겁니다. 자려고 누웠을 때 생각을 멈추려고 노력하면 벌어지는 일이 그런 경우이지요. 생각을 없애고 '생각을 멈추려고' 노력할수록 그 생각이 더욱 강력하고 정교해지고 반복된다는 것을 누구나 경험해보았을 것입니다. 자연스럽게 잠들려면 마음과 싸우지 말고 마음이 원하는 대로 돌아다니도록 그냥 내버려두어야 합니다.

도움이 되는 사실: 반복되는 생각은 달라붙은 것이지 중요한 것이 아닙니다.

이제 생각이 마음속에서 움직이는 방식에 관한 흔한 오해와 착각에 대해 당신이 좀 더 잘 이해하게 되었기를 바랍니다. 그랬다면 이제 당신은 지금 당신을 불편하게 만드는 원치 않게 침투하는 생각에 관해, 그 생각이 어떻게 달라붙는지에 관해, 그 생각에 반응하는 방식을 어떻게 바꿔야 하는지에 관해 이해하기 위한 준비를 잘 갖춘 셈입니다. 그 생각에는 당신이 짐작하는 의미가 담겨 있지 않고, 그 생각을 두려워할 이유도 없으며, 저항하는 것으로는 그 생각이 사라지지 않습니다. 평범하던 침투하는 생각이 머릿속에 달라붙어버렸다면, 그건 지금까지 살펴본 오해 중 몇 가지라도 믿고 있었기 때문일 것입니다. 이 아홉 가지 오해에 대해 올바른 사실을 알게 되면 침투하는 생각이 달라붙을 가능성도 줄어듭니다. 이제 잘못된 믿음을 밝혀냈으니 다음 장에서는 사람들이 자주 물어보는 공통 질문들에 답해보려 합니다.

4장

생각에 시달리는 사람들이
자주 하는 질문들

*
*
*

　지금까지 우리는 생각에 관한 전반적인 사실을 이야기하고, 원치 않게 침투하는 생각의 다양한 유형을 설명했습니다. 걱정하는 목소리와 가짜 위안이 생각을 놓고 어떻게 서로 아웅다웅하는지, 그리고 지혜로운 정신이 어떻게 그 다툼의 해결책을 제시하는지도 소개했지요. 하지만 여전히 대부분의 사람들에게는 각자 유난히 성가시게 느껴지는 문제에 관한 매우 구체적인 질문들이 남아 있을 겁니다. 그런데도 그런 마음속 갈등을 드러내는 것이 두렵거나 창피해서 남들에게 물어보기는 어려웠을 테지요. 그래서 이 장에서는 우리의 내담자들이 가장 자주 물어보는 질문에 대한 단도직입적이고도 구체적인 답변을 제시합니다. 불안은 무지를 사랑한다는 걸 기억하세요. 침투하는 생각에 관해 더 많은 사실을 알게 될수록 그 생각에 대처할 준비를 더 잘 갖추게 될 거예요. 아래의 구체적 답변을 통해 우리가 앞에서 소개했던 일부 주제도 다시 살펴보게 될 겁니다.

내가 내 아이들에게 해를 입히는 생각이 떠오르는 건 나의 '내면 깊숙한 곳'에 분노와 공격성이 있다는 의미인가요?

그렇지 않습니다. 당신이 그렇게 생각하는 건 아마도 끔찍한 생각은 무의식적 소망과 관련이 있다는 정신분석학의 케케묵은 믿음에서 비롯되었을 겁니다. 1950년대 이전까지는 그런 관념이 꽤 인기를 끌었고, 전통적인 정신분석학 문헌에 그에 관한 언급이 많이 등장하는 것도 사실입니다. 당신은 여러 형태로 변형된 그 견해를 접했을 것이고, 그러는 와중에 그 견해를 진실로 받아들이게 되었을 것 같군요. 심리치료사가 그런 말을 넌지시 암시했을 수도 있고요.

하지만 지금은 그 관념에 한 톨의 진실도 없다는 것이 분명히 밝혀졌습니다. 그런 관념이 특히 더 불온한 이유는, 고통과 죄책감을 느껴야 할 이유가 전혀 없는 사람들에게 그 감정을 너무나 강하게 떠안기기 때문입니다. 안타깝게도 아직도 그 분석을 진실이라고 믿는 심리치료사들이 꽤 있습니다. 침투하는 생각을 '치료'하는 방법이라며, 무의식에 묻혀 있는 억눌린 감정을 밝혀내겠다고 당신의 소망에 초점을 맞추려는 치료사들이 있지요. 더 나쁜 점은, 어떤 심리치료사들은 당신의 생각이 실제로 당신이 아이들에게 무언가 해로운 일을 할 수도 있다는 암시라고 잘못 믿고 있다는 겁니다. 이들은 당신에게 당신 자신의 생각을 이해하고 '받아들이고 해결하라'고 부추기는데, 그건 그 생각을 더욱더 달라붙게 만들 뿐입니다.

끈적끈적하게 달라붙은 생각은 소망과는 정반대라는 걸 잊지 마세요. 그 생각이 끈적끈적해지고 마구 침투하게 되는 이유는 바로 당신이 그 생각을 거부하고 맞서 싸우기 때문입니다. 침투하는 생각은 쾌락을 주는 판타지가 아닙니다. 무의식적인 욕망도 아닙니다. 깊이 탐색해봐야 할 당신에 관한 진실을 암시하는 것도 아니지요.

다른 한편으로 당신의 자녀에게 때로는 사랑하는 감정을 느끼고 때로는 화난 감정이나 죄책감, 원망, 답답함, 자랑스러움 등 모든 범주의 감정을 느끼는 것은 지극히 정상입니다. 모든 부모가 느끼는 감정의 정상적인 부분이지요. 우리가 이야기하는 것은 기괴하고 달갑지 않은 침투하는 생각과 그 생각에 따라붙는 공포에 휩싸인 감정입니다. 이런 생각과 감정은 당신이 선택하여 행하는 행동, 감정의 정상적인 오르내림, 실제 삶에서 이뤄지는 행동과는 근본적으로 다릅니다.

어린아이들을 해치거나 성적으로 학대하는 일에 관해서 원치 않게 침투하는 생각이 일어납니다. 내가 자신도 모르는 아동 성추행자나 소아성애자인 걸까요?

아닙니다. 그러나 여기서 분명히 해 둘 게 있습니다. 지금 우리는 실제로 강한 분노에 사로잡혀 있거나, 화가 나거나 술이나 마약에 취했을 때 폭력적 행동이나 학대 행동을 한 전력이 있는 사람들에 대해 말하는 것이 아닙니다. 또 어린아이와 성적 접촉을 하거나 그런 상상을 하는 데서 쾌락을 느끼는 사람들에 관해 말하는 것도 아닙니다. 지금 우리가 말하는 것은 당신에게 터무니없고 낯설게 느껴지며 당신의 본성을 거스르는 폭력적이고 성적인 생각입니다. 그런 생각은 참을 수 없이 불쾌하고 끔찍하며 무서운 느낌을 줍니다. 난데없이 튀어나와 당신의 주의를 돌리는 것처럼 느껴집니다. 당신은 그런 생각 때문에 아이들과 접촉을 피하고 있을지도 모르는데, 우리는 당신이 그렇게 회피하는 것을 그만두기를 바랍니다. 당신은 위험한 사람이 아니며, 어린아이들을 당신에게서 보호해야 할 필요도 없습니다. 피하는 행위가 오히려 당신의 불안을 지속하고 강화한다는 것을 기억하세요.

어떤 생각이 충동처럼 느껴지는 이유는 뭘까요?

원치 않게 침투하는 생각은 충동이 아닌 과잉 통제의 신호이기는 하지만, 당신은 그 생각을 행동에 옮기지 않으려면 많은 노력을 기울여야만 한다고 느낄지도 모릅니다. 그러나 그것은 착각입니다. 충동처럼 느껴지더라도 그것은 충동이 아닙니다.

실제로 당신이 느끼는 것은 변화된 의식 상태 중 하나인 **불안 사고**anxious thinking의 결과입니다. 일단 뇌가 불안 경보 신호를 내보내면 많은 것들에 대한 당신의 지각이 현저하게 달라집니다. 그중

일관적으로 나타나는 한 가지 변화는 심리학자들이 **사고-행동 융합**이라 부르는 것인데, 생각과 행동의 경계선이 모호하고 흐릿해지는 것입니다. 통상적으로 생각과 행동은 차이가 뚜렷하며, 생각은 구체적 결과를 초래하지 않으면서도 행동을 예행연습해볼 수 있는 안전한 방법이지요. 하지만 불안한 상태에서는 그 차이가 흐릿하게 느껴집니다. 어떤 생각을 회피하려고 열심히 노력하면 불안이 급격히 치솟습니다. 그러면 내면의 생각과 실제 행동은 전혀 다른 것이라는 확신도 흔들리게 되지요. 하지만 불안으로 인해 지각이 왜곡되었더라도 그 생각이 실제로 충동이라는 의미는 아니며, 그 생각이 당신으로 하여금 스스로 선택하지 않은 행동을 하게 만들 힘이 있다는 의미도 아닙니다. 뇌가 어떻게 해서 잘못된 경보 신호를 내보내는지에 관해서는 5장에서 더 자세히 설명하겠습니다.

그래도 너무 겁이 납니다. 충동에 휩쓸리지 않으려고 자신을 다잡는 노력이 너무나 현실적인 싸움처럼 느껴집니다. 왜 그런 걸까요?

생각이 충동처럼 느껴질 수 있는 또 하나의 이유는 그 생각이 공포를 촉발하기 때문입니다. 그 과정은 이렇습니다. 우리가 뭔가에 놀랐거나 아연실색했을 때, 혹은 위험하다는 착각을 일으키는 어떤 일이 벌어졌을 때 우리 뇌에서 경보를 담당하는 부분인 편도체가 위험 신호를 보냅니다. 그러면 우리 몸속에서는 실제로 위험이 생겼을 경우 달아나거나 맞서 싸울 수 있게 하는 여러 가지 일이 순식간에 벌어지지요. 투쟁-도피 반응*이라 불리는 이 반응에 대해 아마 들어보셨을 거예요. 경보 신호가 진짜든 가짜든 상관없이 이 반응은 자동적으로 일어납니다. 편도체는 그리 똑똑한 편이 아니라서 위험이 진짜인지 허구인지 판단하지 못하기 때문이에요. 실제든 상상이든 불안을 촉발하는 게 있으면 자신이 할 수 있는 유일한 방법으로 반응할 뿐이죠. 그 방법이 바로 경보를 울리는 것입니다. 만약 우리가 불쑥 떠오른 어떤 생각에 깜짝 놀라면 편도체는 자동적으로 위험 신호를 내보내고, 그러면 우리는 정말 위험한 일이 벌어졌을 때처럼 감정적으로 반응하지요. 우리 몸속에서 느껴지는 감각이 그 생각을 정말로 위험하거나 충동적이거나 중요하다고 느끼게 만드는 겁니다. 이 주제에 관해서는 5장에서 더 자세히 이야기할 겁니다.

그러나 우리 뇌의 더 고차원적 부분인 피질에는 '잠깐 있어봐. 이건 그냥 생각일 뿐이잖아.'라고 판단할 수 있는 능력을 지닌 또 하나의 메커니즘이 존재합니다. 피질은 생각하고 추론하고 판단하는 곳입니다. 문제는 고차원적 뇌가 보내는 메시지는 최초의 자동 경보가 울리고 0.5초 정도 지나서야 도착한다는 것입니다. 그러니까 우리는 고차원적 뇌가 개입하기도 전에 우리 자신이 위험에 빠져 있다고 느끼게 되는 거죠. 우리의 삼총사가 이 과정의 예를 보

투쟁-도피 반응(fight-or-flight response) 스트레스를 일으키는 환경에 노출될 때 교감 신경계에서 공격, 방어, 도피 등에 필요한 에너지를 동원하기 위해 일어나는 생리학적 반응.

여줄 겁니다.

걱정하는 목소리: 나 아까 교회에서 벌떡 일어나 불경스러운 말을 내지를 것 같은 기분이 들었어. 있는 힘을 다해서 간신히 참았다니까.

가짜 위안: 교회에 갔을 때는 라디오라도 들어서 주의를 딴 데로 돌리는 게 좋겠어. 너도 정말 그런 짓을 하고 싶지는 않을 거 아냐.

걱정하는 목소리: 정말 미쳤어. 내가 뭐라고 외치려고 했는지 말해도 넌 못 믿을걸. 차마 입에 담지도 못하겠다.

가짜 위안: 이런 충동은 정말 끔찍해! 너 그냥 교회에 가지 말고 집에서 라디오로 예배 방송을 듣는 게 나을 것 같아. 네가 정말 못 참고 무슨 말을 내뱉더라도 적어도 남들은 몰라야 하잖아.

지혜로운 정신: 그게 충동이라고 느껴질지도 모르지만, 사실 그건 원치 않게 침투하는 생각일 뿐 충동이 아니야. 그 생각과 싸우면 싸울수록 그 생각이 더 강해지는 느낌이 들지? 그러니까 그게 아무런 문제도 아닌 것처럼 행동하려고 노력해봐. 실제로 그건 정말 아무 문제도 아니니까 말이야.

걱정하는 목소리는 편도체가 보내는 가짜 위험 신호를 대표한다고 보면 되겠습니다. 가짜 위안은 편도체의 속임수에 넘어가 진짜 위험이 닥친 것으로 알고 어떻게 해야 할지 대책을 세우려 애쓰고 있군요. 지혜로운 정신은 그 경보가 가짜이며 아무 반응도 할 필요가 없다는 것을 알고 있네요.

왜 항상 이런 생각과 싸워야 할까요?

정말 좋은 소식이 있는데요, 바로 싸울 필요가 없다는 겁니다! 그래요. 그 생각은 맞서 싸울 필요가 없을 뿐 아니라, 애초에 그 생각이 당신에게 달라붙고 크나큰 심리적 고통을 안겨주는 핵심 원인은 바로 당신이 그 생각과 싸우는 데 있습니다. 당신이 그 생각을 차단하려 애쓰는 건 그 생각이 주는 메시지가 도저히 받아들일 수 없는 것이기 때문이죠. 그런데 당신이 계속 싸울수록 그 생각은 더욱 끈질겨지고 더 많은 불안을 초래합니다. 참 역설적인 과정이죠.

난 뭐가 잘못된 걸까요?

당신에게 잘못된 것은 원치 않게 침투하는 생각이 떠오른다는 것입니다. 더도 덜도 말고 딱 그뿐입니다. 심리학자들은 사람들 열에 아홉은 이따금씩이라도 침투하는 생각을 경험한다는 것을 알고 있습니다. 그러니까 당신은 그 아홉 명 중 한 사람인 거죠. 당신의 상황에서 잘못된 것은 당신이 그 생각을 너무 심각하게 받아들이고 그 생각의 내용이 당신이라는 사람에 관해, 혹은 당신이 하는 행동에 관해 무언가 중요한 의미를 전달한다고 믿어버린 것입니다.

침투하는 생각을 촉발하는 것들을 피하려고 노력하고 있습니다만, 도저히 피할 수 없는 것도 있거든요. 내가 어떻게 하면 될까요?

당신이 시도해볼 수 있는 건, 그렇게 회피하는 행동을 회피하는 것입니다. 폭력적인 행위에 관한 글을 읽으면 그런 행위에 관한 생각을 하게 되겠죠. 자살을 다루는 라디오 프로그램을 듣는다면 원치 않는 장면들이 떠오를 수도 있을 테고요. 하지만 그런 것들은 당신의 행동과는 무관합니다. 8장에서 이야기하겠지만, 실제로 곤혹스럽지만 아무 해도 입히지 않는 생각을 의도적으로 유발하는 것이 치료의 한 부분입니다. 그렇게 하면 그 생각에서 힘을 빼버릴 수 있고, 그러면 당신은 앞으로 회피하거나 통제하려는 노력을 하지 않아도 되지요.

생각은 어떤 종류의 행동도 초래하지 않습니다. 언제나 우리 머릿속에서는 여러 주제에 관한 광범위한 생각이 동시에 일어나고 있습니다. 우리의 뇌는 광대역 회선입니다. 방송되는 채널 대부분을 당신이 의식하지는 못하더라도 말이죠.

그러나 당신이 실제로 행하는 일도 물론 있습니다. 바로 당신의 의지와 기분, 기호, 성격 유형에 따라 당신이 할 행동을 **선택하는 것**이죠. 생각 때문에 겪는 고통은 당신이 생각을 평가하고 거기 반응하는 방식 때문이지, 생각 자체의 내용 때문이 아닙니다. 생각을 회피하려고 열심히 노력하면 이런 깨달음을 얻기가 어려워집니다.

강박장애 진단을 받았습니다. 침투하는 생각도 강박장애의 일부인가요?

네, 그럴 가능성이 매우 큽니다. 원치 않게 침투하는 생각에 시달리는 사람들 중 상당수가 강박장애를 겪고 있다는 증거가 있습니다. 그리고 여기엔 그럴 만한 이유도 몇 가지 있습니다.

강박장애에 시달리는 사람들은 강박 사고obsession를 경험합니다. 강박 사고란 위험하거나 받아들일 수 없다는 느낌을 주며 강렬한 감정과 상당한 괴로움을 초래하는 생각으로서, 동시에 그 생각을 제거하거나 약화시켜야 한다는 강렬한 욕구도 함께 몰고 옵니다. 한마디로 원치 않게 침투하는 생각이 반복되는 한 유형이지요. 원치 않는 생각이 떠올라 불안을 키우는 강박 사고와 그 불안을 줄이려는 강박 행동compulsion이 끊임없이 반복되며 강박장애의 주기를 형성합니다. 강박장애에서 강박 행동은 하지 않으면 안 될 것처럼 느껴지는, 겉으로 드러나는 의례적 행위일 수 있습니다. 예컨대 씻기, 점검하기, 정돈하기, 숫자 세기 같은 행동이죠. 그러나 전적으로 마음속에서만 일어나는 강박 행동도 있는데, 여기에는 스스로 자기를 안심시키는 말을 반복하는 일이나 강박 사고를 회피하거나 없애거나 무시하기 위한 방법이 포함됩니다. 강박장애를 겪는 사람들은 자신의 생각에 합당한 수준 이상으로 힘을 부여합니다. 당신이 강박장애를 겪는 사람이라면 불확실성을 무척 불편해하는 편일 겁니다. 그리고 걱정하는 목소리와 가짜 위안의 존재도 아마 눈치챘을 테고요. 걱정하는 목소리는 원치 않게 침투하는 생각을 담고 있는데, 엄밀히 말해서 그런 생각 중 다수가 강박 사고입니다. 그리고 가짜 위안은 걱정하는 목소리를 진정시키거나 생각을 멈추게 하겠다는 헛된 노력을 계속하는 목소리이지요. 가짜 위안이 제안하는 것 중 다수가 사실상 강박행위입니다.

생각이 달라붙으면 미치게 되나요? 아니면 이미 미쳐버렸다는 뜻인가요?

당연히 아닙니다! 달라붙은 생각이 주는 괴로움 때문에 미칠 수도 있다는 잘못된 생각을 하게 되는 이유는 아마도 실제로 무슨 일이 벌어지고 있는지 이해하지 못하기 때문일 겁니다. 달라붙은 생각이 정신증psychosis을 일으키지는 않으며, 어떤 생각이 달라붙어 반복된다고 해서 그 사람이 미쳤다는 의미는 결코 아닙니다.

하지만 원치 않게 침투하는 생각은 너무나 끈질기고, 너무 심한 불안을 만들어내고, 도저히 떨쳐지지 않아 답답하게 하고, 내용이 너무 창피하기 때문에 때때로 사람들은 그 생각이 "나를 미치게 만든다."고 말합니다. 물론 여기서 그 말은, 예컨대 당신 아이들이 말을 안 듣고 짜증 나게 해서 몹시 화가 났을 때 "너 때문에 내가 미치겠어."라고 말할 때와 똑같은 의미입니다. 이 경우 그 말이 의미하는 바는 아이들이 당신을 속 터지게 만들고 협조를 안 해주며 바르게 행동하게 하려면 너무 많은 에너지가 든다는 뜻이지요. (원치 않게 침투하는 생각과 아주 비슷하게 들리지요?)

게다가 어떤 침투하는 생각의 내용은 무척 기괴해 보이기도 해서(예컨대 개 물그릇의 더러운 물을 버리는 게 아니라 마셔버릴 것 같다는 생각), 그런 '미친' 생각이 드는 게 정말로 자신이 미쳐 간다는 뜻이 아닌지 궁금해할 수 있어요. 하지만 침투하는 생각은 정신증과 아무 관계가 없다는 걸 꼭 기억하세요. 알다시피 별나고 괴상하고 미친 것처럼 느껴지는 달라붙은 생각은 딱 그런 생각, 별나고 괴상하고 미친 것처럼 느껴지는 생각일 뿐입니다.

이 문제의 근본 원인은 무엇인가요?

여기서 진짜 문제는 이 질문이 잘못된 가정에 근거하고 있다는 겁니다.

예를 들어보죠. 누군가 열병을 치료하기 위해 피를 뽑으려고 하는데 가장 좋은 방법이 뭐냐고 묻는다면 당신은 뭐라고 대답하겠습니까? 물론 피를 뽑는 것은 열병을 치료하는 방법이 아니라고 말하겠지요. 옛날에는 이 방법으로 병자를 치료할 수 있다고 잘못 믿었던 때도 있었어요. 하지만 그건 5백 년 전의 일입니다. 그러니 그 질문에 곧이곧대로 답하는 건 케케묵은 오해만 더 키우는 일이 되겠지요.

마찬가지로 이 맥락에서 근본 원인에 관해 이야기하는 것은, 인간의 감정에 관한 케케묵은 오해를 더 키우는 일입니다. 근본 원인이라는 말을 생각하면, 문제를 깊이 파고 들어가서 문제의 모든 부분을 하나하나 다 뽑아냄으로써 자신의 정신에서 문제를 제거하거나 소멸시키는 이미지가 떠오를 겁니다. 50년 전에는 그런 관념이 널리 받아들여졌지만, 지금 우리는 정신과 뇌가 그렇게 작동하지 않는다는 것을 알고 있습니다.

이제 우리는 심리적 문제 대부분이 우리가 물려받은 것들(유전)의 복잡한 상호 작용에, 평생에 걸쳐 이루어지는 성숙의 과정이 더해지고, 양육 방식, 삶의 중요한 사건들, 스트레스 요인 등을 포함한 개인의 역사까지 더해지는 것임을 알고 있지요. 우리가 알고 있는 더 중요한 사실은, 원치 않게 침투하는 생각을 일으킨 개인사의 요인들이 무엇인지 밝혀내는 일은 그 생각을 없애는 데 아무 도움도 안 된다는 것입니다.

그렇습니다. 당신에게 침투하는 생각이 **왜** 일어났는지 알아내는 것은 그 생각을 멈추는 데에도, 괴로움을 줄이는 데에도 도움이 되지 않습니다. 하지만 당신이 자기도 모르게 침투하는 생각을 **어떻게** 계속 유지해 왔는지, 침투하는 생각에서 벗어나기 위해 **무엇**을 해야 하는지 아는 것은 회복을 향해 가는 중요한 단계입니다. 즉, '왜'가 아니라 '어떻게'와 '무엇을'에 초점을 맞춰야 한다는 말입니다.

나는 솔직히 진심으로 삶을 사랑하고, 지금 내가 살고 있는 인생이 좋습니다. 그런데 왜 이렇게 끊임없이 자살에 관한 생각이 드는 걸까요?

원치 않게 침투하는 생각이 달라붙는 이유는 바로 그 생각이 당신이 원하지 않거나 동의하지 않는 생각이기 때문이라는 걸 기억하세요. 온화한 사람들이 폭력적인 생각에 불쾌감을 느껴 그 생각에 맞서 싸우다가 결국 뜻하지 않게 그 생각이 달라붙어버리는 것과 똑같이, 삶을 가치 있게 여기는 사람들도 뜻하지 않게 자기가 동의하지 않는 생각을 강화하게 됩니다. 믿든 믿지 않든 자살에 관한 순간적인 생각은 평범한 사람 누구에게나 아무 때고 떠오를 수 있습니다. 예를 들면 이런 식이지요. '저 칼은 잘못하면 진짜 큰 해를 입힐 수 있겠는걸. 저걸로 나를 벨 수도 있지 않을까?' '내가 이 난간에서 그냥 뛰어내린다고 상상해봐.' '내가 갑자기 핸들을 확 꺾어서 달려가는 차들을 향해 돌진한다면 어떻게 될까?' '로빈 윌리엄스가 목을 맸다면 나도 충동적으로 그럴 수 있지 않을까?'

대부분의 사람은 이런 스쳐 지나가는 생각에 주의를 기울이지 않고, 그래서 그 생각은 곧바로 잊힙니다. 하지만 만약 자신에 대해 불안하거나 걱정을 하거나 다른 사람을 보살피는 일에 극도의 책임감을 느낀다면, 또 그런 생각에는 꼭 주의를 기울여야 한다고 생각한다면 그런 무해한 생각이 갑자기 위협적이거나 비정상적으로 느껴질 수도 있습니다. 그러면 그 생각에 저항하려고 용을 쓰게 되고, 그 결과 그 생각이 끈질기게 지속되는 것이죠.

자살을 원하지 않고 우울증이 있는 것도 아니며 미치지 않은 사람에게도 충분히 자살에 관한 생각이 떠오를 수 있습니다. 우리는 그런 생각을 자살에 관한 생각이라는 말보다는 원치 않게 침투하는 생각이라는 말로 부르는 게 더 낫다고 생각합니다. 실제로 정확히 바로 그런 생각이기 때문이지요.

심리치료사가 생각 멈추기*에 관해 알려줬어요. 왜 효과가 없는 걸까요? 주의 돌리기는요? 무얼 해도 생각이 다시 돌아옵니다. 명상도 해보았고, 평화로운 장소를 찾거나 그 생각을 하지 않으려는 노력도 해보았지만 다 소용이 없었습니다.

당신의 심리치료사가 이 문제에 관한 전문가가 아니어서, 뇌가 작동하는 방식과 원치 않게 침투하는 생각에서 회복하는 방법에 관한 최신 연구 결과를 다 알지 못할 수도 있습니다. 과거에 인기를 끌었던 이른바 불안 관리 기법과 대처 기술 대부분은 침투하는 생각에 시달리는 사람들에게는 도움이 안 됩니다.

생각 멈추기가 효과가 없는 데는 큰 이유가 있습니다. 그건 당신이 해야 하는 일의 정반대이기 때문이죠. 사고 중지는 정확히 당신이 하지 말아야 할 일입니다. 사고 중지 방법을 써서 침투하는 생각을 통제하려는 것에 대해서는 이렇게 말할 수 있습니다. "그래요. 지금까지 당신은 그 생각이 머릿속에 침범하지 못하게 막으려 노력해 왔지만 성공하지 못했어요. 실제로 당신의 그런 노력은 그 생각이 달라붙어버린 원인의 큰 부분이고요. 그런데 이제 생각을 멈추는 또 다른 방법을 시도해보려고 하는군요. 그것도 이번에

생각 멈추기(thought-stopping) '사고 중지(思考中止)'라고도 한다. 인지 행동 치료에서 부정적인 사고 과정을 멈추고 긍정적인 사고로 바꾸기 위해 내적으로 '멈춰!' '그만둬!'라고 외쳐서 생각을 멈추는 기법을 말한다.

는 '사고 중지'라는 방법으로 그 생각을 없애버리겠다는 말이죠?"
생각을 멈추는 게 과거에도 되지 않았고 지금도 되지 않는데, 지금
이 방식으로 시도하면 될 거라고 생각하는 이유가 도대체 무엇인
가요? 그 방법은 통하지 않습니다. 효과가 없으며, 한 번도 효과가
없었고, 미래에도 효과가 없을 거예요. 당신은 치료사가 시킨 대로
생각 멈추기 연습을 하고 있을지도 모르겠군요. 문제는 당신이 아
닙니다. 문제는 그것이 잘못된 방법이라는 것이죠.

핵심은 생각을 멈추려고 더 맹렬히 노력하는 것이 아닙니다. 그
생각과 당신의 관계, 그리고 그 생각에 관해 당신이 지닌 믿음과
당신의 관계를 바꾸는 것이 해결의 열쇠입니다. 그렇게 되면 그 생
각을 멈춰야 할 필요도 없어지지요. 그 생각을 유지하던 에너지가
이제 더는 공급되지 않을 테니까요.

주의 분산 기법에 대해서도 똑같이 말할 수 있어요. 문제는 이
거예요. 침투하는 생각에서 다른 데로 주의를 돌리려고 노력할 때
당신은 그 생각을 막아내야만 한다는 생각을 더욱 강화하는 것입
니다. 이는 그 생각이 어떤 식으로든 위험하며 뭔가 좋지 않은 일
로 이어질 수도 있다고 암시하는 일이기도 하지요. 그것은 침투
하는 생각을 바라보는 잘못된 방식입니다. 게다가 주의를 분산하
는 것은 일시적으로 도움이 될지는 모르지만, 그러기 위해서는 정
신의 한 부분이 항상 그 생각이 다시 들어오지 못하게 문을 지키
고 있어야 하고, 또 어디서 다시 솟아나지 않는지 정신 전체를 감
시하고 있어야 한다는 말입니다. 고도의 경계 상태인 이러한 내면

의 감시자는 사실상 그 생각을 다시 불러들이게 됩니다. 그보다는 침투하는 생각이 끔찍한 느낌이 들더라도 실제로 위험하지는 않다는 사실에 주의를 기울이는 것이 훨씬 더 도움이 됩니다. 생각에 관해 밝혀진 사실에도 이 방법이 훨씬 더 잘 부합합니다. 그러니까 그 생각에서 주의를 돌리는 법을 배우는 게 아니라, 그 생각이 촉발하는 괴로움을 줄이는 법을 배우는 걸 목표로 삼아야 합니다. 중요하지 않은 생각에는 아무 힘도 없습니다.

또한 명상을 해서 생각을 지워버리는 것, 즉 명상을 활용해 의도적으로 정신에서 원치 않게 침투하는 생각을 치워버리는 것도 가능한 일이 아닙니다. 마음챙김의 태도(판단하지 않기, 호기심 품기, 자기 관찰)가 해결책의 일부임은 분명하지만, 생각을 없애버리기 위한 기법으로 명상을 이용하는 건 효과가 없을 겁니다. 규칙적으로 명상 수행을 하는 것은 마치 운동처럼 여러 면에서 도움이 될 수 있지만, 명상은 생각을 정복하기 위한 기술이 아닙니다.

내 생각의 내용인데 어떻게 나와 무관할 수 있나요? 그럴 수는 없을 것 같은데요.

그 말이 아주 이상하게 들린다는 거 우리도 잘 알고 있습니다. 실제로 당신의 생각에 담긴 내용은 대부분 꽤 중요하지만, 아무 의미가 없을 때도 분명히 있습니다. 일반적인 생각과 언뜻 중요해 보이는 '원치 않게 침투해 달라붙은 생각'을 구별하는 방법을 나중에 같이 배워볼 것입니다. 또한 어떤 생각이 주는 **느낌**과 그 생각이

움직이는 방식을, 생각해볼 가치가 있는 생각과 달라붙은 무의미한 생각을 구별하는 수단으로 활용하는 방법도 알아볼 거예요. 그럼으로써 당신은 생각의 내용, 즉 그 생각이 말하는 것**처럼 보이는** 무언가에 전혀 연연해하지 않게 될 것입니다.

생각해볼 가치가 없는 침투하는 생각은 누구에게나 일어난다는 것을 이해하는 것도 중요합니다. 사실 누구나 이런저런 생각이 두서없이 흘러갈 때가 많은데 그럴 때 우리 마음은 상당 부분 그냥 지나가는 흥미로울 것 없는 의견, 반응, 골똘한 생각, 이런저런 기억의 조각들, 조건화된 연상, 계획 세우기 등으로 채워집니다. 어떤 생각은 우리가 의도적으로 집중하거나 궁리하는 내용처럼 보이지만, 대부분은 그저 아무 의미 없이 떠올라 흘러가는 생각이지요. 때로는 마음의 한 부분(우리는 이를 채널이라고 표현합니다)에서 나온 생각 하나가 다른 부분에 침투하여 일시적으로 우리의 주의를 돌리기도 하고요. 이 모두가 다 정상적인 일입니다. 대체로 침투한 생각의 내용에 집중하지 않으면 그 생각은 그냥 지나가버립니다. 한마디로 그에 관해 생각해볼 가치가 없기 때문이지요. 하지만 침투한 생각 중 하나가 머릿속에 달라붙어 반복되면서 싫은 마음과 거부감과 저항감을 일으키면 갑자기 그 생각의 내용이 중요한 것 같은 **착각**이 일어납니다.

다음 장에서는 당신을 가장 어리둥절하고 짜증 나게 하는 문제에 관한 또 하나의 폭넓은 관점을 제시합니다. 그 생각은 왜 그렇게 끈질겨지는지, 왜 충동처럼 느껴지는지, 왜 그렇게 큰 불안과 죄책감을 불러일으키는지 하는 문제 말이지요. 우리는 신경학적 관점에서 원치 않게 침투하는 생각이 일어날 때 뇌와 마음에 어떤 일이 벌어지는지 설명하고, 그때 벌어지는 일 중 많은 부분이 당신의 통제 밖에 있는 이유와 노력할수록 역효과가 나는 이유도 이야기해볼 거예요.

5장

뇌는 어떻게 이상한
생각을 만들어내나

*
*
*

어떤 친구가 아무 경고도 없이 갑자기 당신 뒤에서 펄쩍 뛰며 "워!" 하고 크게 소리를 질렀다고 상상해봅시다. 아마 당신은 깜짝 놀라며 겁을 먹고 순간 움찔하겠지요. 그러나 곧 두려워할 게 아무것도 없다는 걸 깨닫고는 떨림도 멈추고 빨라졌던 심박도 안정을 찾으며 진정하기 시작할 겁니다. 몇 분이 지나면 아무 일도 없었던 것 같아지겠죠.

이 장에서는 이렇게 겁을 먹을 때 뇌에서 어떤 일이 벌어지는지, 어떻게 안정을 되찾게 되는지 이야기하겠습니다. 또 겁을 먹었다가 곧바로 안정을 되찾지 못할 때 뇌에서 벌어지는 일에 대해서도 설명할 겁니다. 그걸 알고 나면 당신이 침착을 되찾으려고 쏟는 노력이 원하는 만큼 효과를 내지 못하는 이유도 이해하게 될 것입니다.

불안을 부르는 뇌

원치 않게 침투하는 생각을 반복하게 하는 신경학적 엔진을 좀 더 자세히 살펴봅시다. 뇌가 당신에게 그 생각이 위험하다고 말하고, 그 생각이 때로 충동과 아주 비슷하게 느껴지는 데는 납득할 만한 이유가 있습니다.

한때 원치 않게 침투하는 생각에 시달리는 사람들이 나약하다거나 미쳤다거나 통제력이 없다거나 의지력이 부족하다는 말을 들었던 시절이 있었습니다. 안타깝게도 그리 오래전 일도 아니지요. 지금 우리는 그런 말들이 전혀 사실이 아니며, 뇌가 뜻하지 않게 그런 생각을 반복해 떠올리도록 프로그래밍되었다는 것을 알고 있어요. 그리고 가장 반가운 사실은 그 작동을 끝내도록 **뇌를 재배선하는 방법**을 알고 있다는 것입니다.

원래 위험한 순간에 우리를 안전하게 지켜주도록 만들어진 뇌 부위는 가끔 사태를 혼동하거나 잘못된 지시를 내리는 실수를 저지르기도 합니다. 너무 당황해서 안전한 것을 위험하다고 오인하는 경우도 생깁니다. 이런 상태를 우리는 불안이라고 부르지요. 아주 안전한 것을 걱정하고 그것이 객관적으로 위험한 일인 양 반응하는 것을 말합니다. 우리의 뇌가 본의 아니게 어떤 생각에 대해 위험한 생각인 것처럼 반응할 때, 뇌는 원치 않게 침투하는 생각이 활개 칠 무대를 마련해주는 것이나 다름없습니다. 앞에서도 여러 번 이야기했듯이 생각 자체는 결코 위험하지 않습니다. 생각은 그냥 생각일 뿐입니다. 하지만 어쨌든 뇌는 어떤 생각을 두려워하도록 프로그래밍될 수 있지요. 그리고 이런 일은 누구에게나 일어날 수 있습니다.

우리는 뇌가 경험의 결과로 학습한다는 것을 알고 있습니다. 두려웠던 경험은 유난히 생생하게 기억되고 저장되지요. 공포의 경로가 자주 활성화되면 공포 반응이 자동화됩니다. (신경학자들은 이를 "함께 활성화되는 신경은 함께 배선된다."라고 즐겨 표현하곤 합니다.) 우리가 '위와 아래', '왼쪽과 오른쪽'같이 두 가지를 함께 연상하는 것처럼 잘 닦인 뇌 속의 경로는 연달아 일어나는 두 가지를 연관 짓는데, 그러고 나면 그 둘은 서로 연결됩니다. (심리학자들은 이를 '조건화'된다고 말합니다.) 어떤 생각에 뒤이어 불안한 경험을 했다면 생각에서 두려움으로 이어지는 경로가 확립됩니다. 이런 일이 반복해서 일어나면 뇌는 그 생각에 자동적으로 불안하게 반응하도록 조건화되지요. 이것이 원치 않게 침투하는 생각이 정착할 조건을 마련해주는 것입니다.

하지만 반가운 소식이 있습니다. 최근 과학자들이 뇌가 예전에 했던 생각보다 새로운 경로를 훨씬 쉽게 학습하며, 새로운 반응이 과거의 반응을 압도해버릴 수 있다는 것을 알아냈습니다. 그러니까 늙은 개에게는 새로운 재주를 가르칠 수 없다는 속담은 이제 믿지 마세요. 개가 나이를 얼마나 먹었는지는 상관없습니다. **어떤** 뇌든 다 배울 수 있습니다. 원치 않게 침투하는 생각을 이겨내려면 두렵게 느껴지지 않는 새로운 경로를 만들어야 합니다. 이 장에서는 어떻게 이런 일이 일어나는지 이해하기 위한 토대를 닦아 봅시다.

경보 반응

원치 않게 침투하는 생각이 어떻게 작동하는지 이해하려면 먼저 모든 사람의 뇌에 장착된 경보 반응부터 알아봐야 합니다. 이 반응은 때로 스트레스 반응이라 불리기도 하고, 투쟁-도피 반응, 더 정확히는 투쟁, 도피 또는 경직 반응이라고도 하지요. 이 반응에 따라 우리의 몸은 잇따른 각성 상태를 거치는데, 이는 모두 우리가 위험에 빠졌을 때 도움이 되는 과정입니다. 여기에는 아드레날린 분비, 심박수 증가, 호흡 변화, 잠재적 위험에 대한 과다 경계, 터널 시야, 그 밖의 여러 지각의 변화가 포함됩니다. 우리는 이를 순식간에 닥쳐오는 두려움 또는 공포로 느끼게 되지요. 경보 반응은 아몬드만 한 뇌 구조물 두 개로 이루어진 편도체를 중심으로 일어납니다. 편도체는 켜져 있을 수도 있고, 꺼져 있을 수도 있어요. 즉 편도체가 경보 반응을 촉발할 수도 있고, 하지 않을 수도 있다는 말입니다. 경보 반응은 딱히 언어로 전달되지는 않아요. 그냥 찌리링 하고 울어대는 위험 경보 종소리와 비슷하다고 보면 될 겁니다. 부분적으로만 반응한다거나 하는 미묘한 구분도 없어요.

원래 편도체가 맡은 역할이 위험에 대한 경보를 울리는 것이므로, 편도체는 **잠재적인 위험의 아주 사소한 단서**만으로도 자극을 받습니다. 편도체가 맡은 임무는 우리를 (불편하게 하는 게 아니라) 보호하는 것이기 때문에, 진짜 위험에 대한 경보를 한 번이라도 놓치느니 아무 문제가 없을 때도 가짜 경보를 천 번이라도 울려서 두려움을 불어넣는 게 더 낫다는 입장일 거예요. 처음에 편도체는 원시 시대에서 생존하기 위해 만들어졌습니다. 위험이 없을 때도 경보의 종을 울리는 것을 **거짓 양성***이라고 합니다. 편도체가 수많은 거짓 양성 반응을 내보내는 건 단 한 번이라도 **거짓 음성***의 위험을 감수하고 싶지 않기 때문이에요.

고속도로에서 자동차가 우리를 향해 돌진해 오거나 바위가 굴러떨어지는 것처럼 진짜 위험한 상황일 때 우리의 반응 시간이 빨라지고 근육이 강해지며 혈류 속도가 증가하는 것은 모두 경보 시스템이 우리에게 유리하게 잘 작동하고 있기 때문입니다. 호흡이 즉각 빨라지는 것도 위급한 상황에서 재빨리 달리기 위해 필요한 조건이지요. 땀이 나는 것도 달리는 동안 올라가는 체온을 조절해주기 위해서이고요. 편도체는 우리의 목숨을 구하도록 설계되었고, 따라서 위협에서 우리를 보호하기 위해 아주 빠른 속도로 반응하는 것입니다.

그림 1은 편도체가 자극을 받았을 때 사람들이 느끼는 쇄도하는 공포를 보여줍니다. 자극은 당신을 향해 달려오는 자동차일 수

거짓 양성(false positive) 실제로는 위험이 없는데도 위험이 있는 것처럼 반응하는 것.
거짓 음성(false negative) 위험이 있는데도 없는 것처럼 반응하는 것.

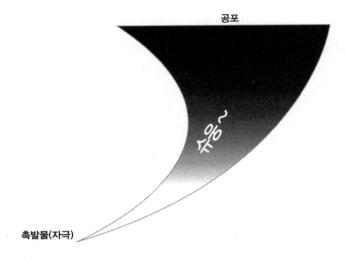

공포

슝~

촉발물(자극)

그림 1 자극을 받은 결과로 쇄도하는 공포

도 있고, 갑자기 친구가 내지르는 '워!' 소리일 수도 있지요. 순식간에 일어나는 이런 반응의 속도는 아주 빠릅니다.

공포를 학습하는 편도체

편도체는 공포를 아주 쉽게 학습하는데, 이는 우리를 보호하는 게 목적이기 때문입니다. 우리가 태어났을 때는 경보를 울리는 촉발물이 비교적 적습니다. 신생아들의 공포 촉발물 두 가지는 큰 소음과 보호의 부재이지요. 아기들은 아직 뜨거운 난로를 두려워하지 않지만 성인의 편도체는 이미 난로를 두려워해야 한다는 걸 배웠습니다. 우리가 성숙해 갈수록 편도체는 학습을 통해 온갖 다양한 촉발물에 반응해 경보를 울릴 줄 알게 됩니다. 우리도 실제 위험을 두려워할 줄 알게 되고, 또 피하려고 노력합니다. 이는 모든 사람이 지닌 선천적이고 정상적인 보호 메커니즘이지요.

그런데 특정한 동물, 장소, 목소리의 어조, 사회적 상황, 교통수단 등 그 자체로는 객관적으로 전혀 위험하지 않은 것들이 어떤 사람들에게는 경보 신호를 촉발할 수도 있습니다. 심지어 함정에 빠진 것 같은 느낌이나 거부당할 것 같은 예감, 의심처럼 감정적 반응도 경보를 울릴 수 있어요. 즉 우리의 편도체는 전혀 위험할 것 없는 촉발물 때문에 쇄도하는 공포를 일으키기도 합니다. 심리학자들은 이를 '조건화 학습'이라고 부릅니다. 공포 반응은 이렇게 해서 뇌의 습관으로 자리 잡습니다.

원치 않게 침투하는 생각에 시달리는 사람들의 편도체는 특정한 생각을 두려워하도록(즉 위험 경보를 울리도록) 학습된 것입니다. 태어날 때부터 그 생각을 두려워했던 것도 아니고, 그 생각을 두려워해야 할 **객관적** 이유도 전혀 없지만, 편도체가 그 생각이 머릿속에 나타날 때마다 그렇게 반응하도록 조건화된 것이죠. 그런데 이 복잡한 세상에는 객관적으로 위험하지 않지만 위험하게 보이거나 위험하게 느껴지는 상황이 무수히 많습니다. 아무 해도 끼치지 않는 어떤 생각에 반응해 편도체가 경보를 울린다면 우리는 위험에 대한 **가짜 경보**를 받게 되지요. 경보음이 울리면 우리는 즉각 밀어닥치는 공포를 느끼고, 그러면 십중팔구 **진짜로** 위험하다고 생각할 수밖에요. 그 결과 그 생각은 위험하다는 **느낌을 주고**, 그러면 우리는 그 생각을 싸워서 물리치려 들게 되고, 그 생각은 (당연히!) 달라붙게 되는 거죠.

멈출 수 없는 뇌의 자동 경보

편도체가 촉발한 쇄도하는 공포는 **일차 공포**라고도 합니다. 1950년대에 호주 의학자 클레어 위크스가 도입한 용어지요.[1] 위크스는 일차 공포를 자동적인 공포라고 설명했습니다. 지금 우리는 경보(일차 공포)를 촉발하는 것이 편도체의 기본 설정값이라고 말할 수 있습니다. 일차 공포는 우리가 의식적으로 통제할 수 없는 뇌의 반응이라는 걸 알고 있으니까요. 그건 우리가 제지할 수 없습니다.

그러나 편도체는 가짜 경보도 아주 많이 울린다는 사실을 잊지 맙시다. 실제로 대부분의 일차 공포는 가짜 경보입니다. 그중 실제 위험을 알리는 경보가 차지하는 비율은 아주 낮지요. 우리의 경보 시스템은 아주 작디작은 위험의 실마리만 감지해도 무조건 반응합니다. 달라붙은 생각이, 마치 친구가 갑자기 내지른 "워!" 소리처럼 경보를 촉발하는 이유는 그렇게 하도록 이미 조건화되었기 때문이에요.

그림 2는 누군가 "워!" 하고 소리칠 때 뇌에서 일어나는 일을 표현한 것입니다. 촉발물은 "워!" 하는 소리고, 그 소리는 귀에서 출발해 시상thalamus이라 불리는 뇌의 '배전반'으로 가고, 시상은 그

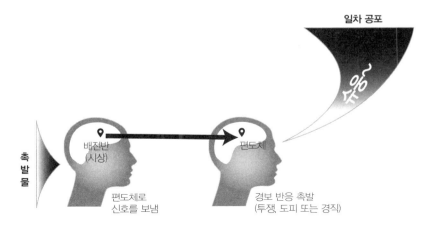

그림 2 시상이 편도체로 촉발 신호를 보내면 편도체가 활성화하며 일차 공포를 만들어냅니다.

걸 아주 잽싸게 편도체로 보냅니다. 그러면 편도체가 활성화하고 우리는 일차 공포를 느끼죠. 이 모든 일이 약 5분의 1초, 눈 깜빡할 사이에 벌어집니다.

그렇다면 일차 공포는 왜 멈출 수 없는 자동적인 반응인 걸까요? 그것은 우리 뇌가 배선된 방식과 관계가 있습니다. 더 자세히 살펴봅시다.

공포가 작동하는 방식

1990년대에 조지프 르두를 비롯한 신경과학자들이 뇌에서 공포가 작동하는 방식에 관해 놀라운 사실을 발견했습니다.[2] 그들은 편도체가 전혀 별개인 두 가지 경로에서 신호를 받도록 뇌가 배선되어 있음을 알게 되었지요. 우리의 감각이 (예컨대 큰 소음 같은) **잠재적 위험**을 감지할 때마다, 편도체는 그 잠재적 위험에 대한 두 가지 신호를 받습니다. 시상이라 불리는 우리 뇌 속의 '배전반'은 동시에 두 방향으로 신호를 내보내는데요. 하나는 그림 2에 표시된 직접적이고 매우 신속한 경로입니다. 다른 하나는 뇌에서 생각을 담당하는 부분인 피질을 거친 다음 편도체로 가는 경로입니다. 피질을 경유하는 더 긴 경로는 직통 경로보다 약 0.5초 정도 더 걸립니다. 그래서 첫 신호가 도착한 지 0.5초 뒤에야 편도체에 도착하지요.

시상에서 편도체로 가는 경로를 그림으로 표현하면 그림 3처럼 보일 겁니다.

그림 3은 그 두 길을 보여줍니다. 뇌에서 생각을 담당하는 부분인 피질을 거치지 않고 바로 편도체로 가는 빠른 경로가 하나 있지요. 더 느린 길로는 신호가 피질에 들렀다가 편도체로 갑니다. 우리가 그 신호의 의미를 생각할 수 있는 것은 신호가 이렇게 피질을 경유하는 덕분이에요. 빠른 경로는 빠르지만 흐릿하고, 느린 경로는 더 확실합니다. 하지만 그 확실함의 대가로 우리는 어느 정도의 시간을 지불해야 하지요. 긴 경로는 빠른 경로보다 0.5초 정도 **늦게** 편도체에 도착합니다. 그 결과 뭔가 잘못됐을지도 모른다는 알림을 전하는 전령이 먼저 도착하고, 그 후에 사실이 도착하게 되는 것이죠.

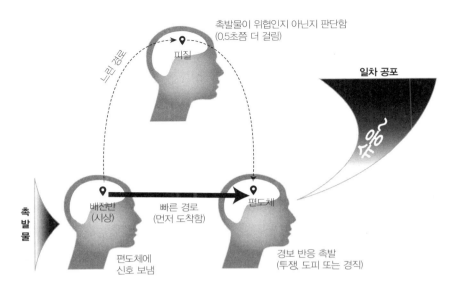

그림 3 편도체로 가는 두 갈래 길

　친구가 튀어나오며 "워!" 하고 소리쳐서 놀랐던 경험을 다시 살펴봅시다. 당신은 순간 움찔하며 쇄도하는 공포를 경험하지만, 이내 다시 차분해지지요.

　갑작스런 "워!" 소리가 그림 2에 표현된 빠른 경로를 통해 편도체에 전달되었고, 그래서 경보 반응이 일어난 거예요. 이 빠른 경로는 **뇌의 생각하는 부분에는 들르지 않고** 아주 재빨리 편도체에 도착하는 거라고 말했지요. 실제로 경보 반응은 인체에서 일어나는 모든 반응 중 속도가 제일 빠릅니다. 그래서 친구가 "워!" 하고 소리치면 즉각 반응하게 되는 것이죠. 이게 바로 일차 공포의 예입니다.

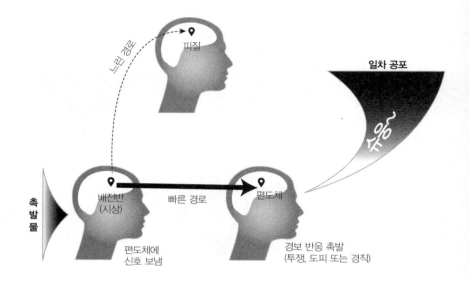

그림 4 생각이 일어나기 전 순식간에 쇄도하는 일차 공포

   그림 3은 일차 공포도 보여주지만 동시에 신호의 두 번째 부분, 즉 생각하는 뇌인 피질을 지나가는 신호에서 어떤 일이 벌어지는 지도 알려주지요. 그림 4는 "워!" 소리를 듣고 0.5초 뒤에 일어나는 반응을 보여줍니다.

   신호는 이미 빠른 경로를 통해 편도체에 도착했고, 그래서 일차 공포가 촉발되었음을 눈여겨보세요. 또한 더 느린 경로를 통해 생각하는 뇌 부위로 먼저 갔던 또 다른 신호는 **아직 편도체에 도착하지 않았다**는 것도 잘 보시고요. 편도체는 피질에서 오는 메시지를 받기도 전에 이미 활성화된 것입니다. 실질적인 표현으로 말하자면 "워!" 소리가 순식간에 공포를 끼었은 다음에야 우리가 그 소리

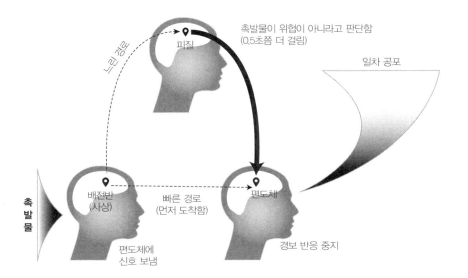

느린 경로

촉발물이 위협이 아니라고 판단함
(0.5초쯤 더 걸림)

피질

일차 공포

촉발물

배전반
(사상)

빠른 경로
(먼저 도착함)

편도체

편도체에
신호 보냄

경보 반응 중지

그림 5 피질은 위협이 없다고 판단하고, 편도체는 경보음을 멈춤. 일차 공포 사라져 감.

에 대해 생각할 수 있게 되는 거예요. 겁이 나는 이유를 알기도 전에 겁부터 먹고 보는 것이죠. 이 반응은 매우 신속하고 자동적이며 멈출 수도 없습니다.

그로부터 약 0.5초 뒤 편도체는 피질에서 오는 메시지를 받습니다. 그 메시지는 그냥 누가 "워!" 하고 소리친 것일 뿐, 전혀 위험하지 않다고 말해줍니다(알아보기 전에는 총소리일지도 모르는 거잖아요). 그 메시지는 편도체에게 계속 경보음을 울릴 필요가 없다고 알려주고, 그제야 우리는 마음을 놓습니다. 그리고 몇 초만 지나면 아무 일도 없었던 것처럼 되지요.

그림 5는 편도체가 피질에서 신호를 받은 뒤에 공포가 가라앉는 과정을 보여줍니다. 그 신호는 요컨대 "경보 해제! 경보 울릴 필요 없음. 그냥 장난치는 소리였을 뿐, 이제 경보음을 멈춰도 됨."이라는 내용을 담고 있습니다.

그림 5에서 편도체가 그 촉발물은 위협이 아니라는 메시지를 피질에서 전해 받자, 좀 전에 쇄도했던 공포가 재빨리 멈추고 일차 공포가 희미하게 사라지는 것을 눈여겨보세요.

우리가 여기서 강조하고 싶은 요점은 두 가지입니다. 먼저 일차 공포는 의식적 의지가 개입할 기회를 얻기도 전에 도착하므로 우리가 멈출 수 없다는 것입니다. 의지력이 개입할 기회를 얻기 전에 촉발되는 공포이므로 그 공포심은 의지력과는 전혀 무관한 것이죠. 또 하나는, 위험하지 않다는 걸 깨달으면 일차 공포는 재빨리 사라져 간다는 사실입니다.

공포를 부풀리는 내면의 목소리

하지만 때로는 일차 공포가 빨리 사라지지 않을 때도 있지요. 오히려 일차 공포가 연속해서 일어나는 잇따른 공포 반응을 촉발하는 도화선 역할을 할 때도 있습니다. 이럴 때 바로 **이차 공포**가 원치 않게 침투하는 생각이 일어날 멍석을 깔아주는 역할을 합니다.

친구의 장난에 움찔하는 것과는 아주 다른 상황을 상상해봅시다. 생각하는 뇌, 즉 피질이 편도체에 경보를 해제하라고 말하는 게 아니라 실제로 무서워해야 할 일이 있다고 말했다고 가정해봅시다. 그럴 경우 편도체는 또다시 경보를 울릴 것이고, 피질이 위험 경고를 하는 한 계속해서 경보를 울리겠지요.

구체적인 예를 들어볼까요. 당신이 '나 이 발코니에서 뛰어내릴지도 몰라.'라는 침투하는 생각에 일차 공포로 반응했다고 해봅시다. 그리고 이어서 '내가 정말로 뛰어내리면 어쩌지?' 또는 '내가 뛰어내리지 않을 거라고 어떻게 확신할 수 있겠어?' 또는 '이거 혹시 나도 깨닫지 못했지만 실은 내가 자살을 원하고 있다는 의미 아닐까?'라고 생각하거나 심지어 '내 문제가 뭐든 간에 엄청 심각한 문제임에 틀림없어.'라는 식으로 생각할 수도 있을 겁니다. 바로 이런 내면의 목소리들이 공포를 계속 주입하는 것이죠. 당신의 편도체는 이런 목소리들에 자극되어 계속해서 경보를 울릴 테고, 그 결과 당신은 계속 무서움을 느낄 겁니다.

우리의 내면에서 걱정하는 목소리와 가짜 위안이 주고받는 대화는 침투하는 생각에 이차 공포를 추가함으로써 공포를 더욱 부풀리는 순환을 형성합니다. 이 둘의 대화 대신 지혜로운 정신이 말하기 시작할 때 공포를 줄이는 순환이 생겨나지요.

공포를 부풀리는 순환

내면의 목소리가 뇌 속에서 어떻게 작동하는지 더 자세히 살펴봅시다. 먼저 세 목소리 모두 뇌의 생각하는 부분인 피질에 자리 잡고 있다는 사실을 기억하세요. 세 목소리 모두 일차 공포를 만들어내는 과정에서는 아무 역할도 하지 않아요.

하지만 셋 모두 순간적으로 덮쳐 오는 일차 공포를 분명히 느낍니다. 걱정하는 목소리는 본성에 맞게 항상 속아 넘어가지요. 공포가 닥치면 위험한 게 분명하다고 단번에 확신해버립니다. 걱정하는 목소리에게는 대부분의 경보가 가짜 경보이며, 살아가면서 진짜 긴급 상황이 발생하는 일은 그리 많지 않다는 생각 같은 건 전혀 떠오르지 않습니다. 걱정하는 목소리는 경보가 울린 것이 문이 삐거덕거린 소리 때문이든, 심장이 덜컹한 때문이든, 침투하는 생각 때문이든 상관없이 모든 경보를 자동적으로 심각하게 받아들이죠. 게다가 걱정하는 목소리가 잘못될 가능성이 있는 또 다른 뭔가를 생각할 때마다 편도체는 또다시 경보 신호를 내보냅니다. 걱정하는 목소리가 "~하는 일이 벌어지면 어쩌지?"라고 질문을 던지는 한 편도체는 계속해서 쇄도하는 공포를 만들어내는 것입니다.

이런 일이 일어나면 곧바로 가짜 위안이 앞으로 나서서 걱정하는 목소리를 잠재우려고 노력합니다. 아무것도 아닌 일로 취급하거나, 이유를 둘러대거나, 진정시키거나, '만약의 상황을 위한' 계획을 세우면서 말입니다. 하지만 이런 노력은 걱정하는 목소리에게 그 경보가 유효한 것이며 반드시 대처해야 하는 것임을 다시 한번 확인시켜줄 뿐이에요. 앞에서도 이야기했듯이 가짜 위안이 걱정하는 목소리에게 간섭하면, 걱정하는 목소리는 만약의 경우에 대한 가정을 계속해서 떠올립니다. 그 순환에서 도저히 빠져나오

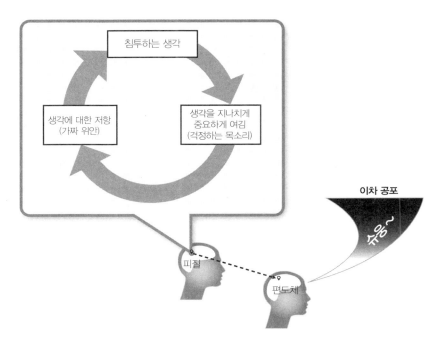

그림 6 걱정하는 목소리와 가짜 위안이 함께 공포를 부풀리는 순환을 만드는 과정

지 못하죠. 가짜 위안은 돕고 있는 게 아닙니다. 이럴 때 우리는 끊임없는 두려움에 완전히 붙잡힌 상태지요.

이것이 바로 이차 공포이며, 그 생각을 물리치려 애쓰는 과정에서 원치 않게 침투하는 생각이 뿌리를 내릴 비옥한 토양이 마련됩니다.

그림 6은 피질 안에서 걱정하는 목소리와 가짜 위안이 어떻게 공포를 부풀리는 순환을 만들어내는지를 나타낸 것입니다.

공포를 줄이는 순환

이차 공포를 피하는 가장 좋은 방법은 지혜로운 정신에게 주도권을 넘겨줌으로써 공포를 부풀리는 순환을 끝내는 것입니다. 두 목소리와 달리 지혜로운 정신은 편도체가 자신이 맡은 임무를 충실히 수행할 뿐이며, 침투하는 생각은 그냥 하나의 생각일 뿐이고, 경보는 거짓 양성일 가능성이 높아서 시간이 지나면 저절로 멈출 것임을 알고 있습니다.

우리 뇌에서 지혜로운 정신은, '만약 내가 발코니에서 뛰어내리면 어쩌지?'라는 최초의 생각은 쇄도하는 공포를 초래하기는 했지만 전혀 위협이 아니라고 말하는 피질의 목소리입니다. 일차 공포는 자동적인 것이지만 이차 공포는 우리가 선택으로 바꿀 수 있는 것임을 지혜로운 정신은 기억하고 있어요. 또한 불안을 느끼는 것과 위험에 처한 것은 엄연히 다르다는 것도 알고 있고요. 이런 지혜로운 정신이 나서면 두려움은 자연스럽게 저절로 진정되고 침투하는 생각은 생각의 흐름에 휩쓸려 가버립니다.

그림 7은 우리가 지혜로운 정신을 발견하고 지혜로운 정신에게 걱정하는 목소리를 설득하는 일을 맡겼을 때 뇌의 피질에서 일어나는 공포를 줄이는 순환을 나타낸 것입니다.

도움이 되는 사실: 지혜로운 정신은 불안을 느끼는 것이 곧 위험에 처한 것은 아님을 알고 있어요.

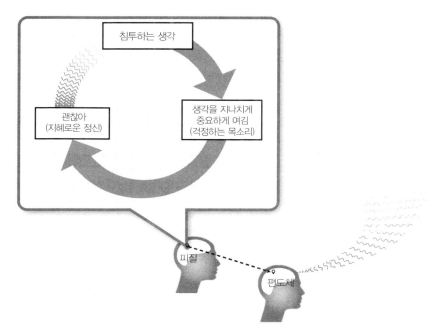

그림 7 걱정하는 목소리에 반응하지 않음으로써 지혜로운 정신이 공포가 줄어드는 순환을 작동시키는 과정

불안에 빠졌을 때 나타나는 증상

편도체가 경보 반응을 촉발합니다. 그러면 당신은 위협에 대처할 준비를 하지요. 그 위협이 실제(당신을 향해 돌진해 오는 맹수나 운전자의 통제를 벗어난 차)라면 경보 반응은 정확히 제가 해야 할 일을 합니다. 근육과 심장과 호흡을 자극하여 자신을 방어하는 데 추가적으로 필요한 신체 능력을 이끌어내는 것이죠. (공포 상황에

빠진 엄마들이 아기를 구하기 위해 거의 초인적인 힘을 발휘했던 이야기를 들어본 적 있지요?) 우리의 몸과 뇌에 비상 전원이 켜지는 셈입니다.

그런데 공포를 유발하는 것이면 무엇이든 비상 모드를 켤 수 있습니다. 사회적 소외든, 건강이나 금전 문제에 대한 걱정이든, 아니면 단순히 상사에게서 인정받지 못할 것 같은 예감이든 이 모든 게 경보 신호를 울리는 촉발물로 조건화될 수 있죠.

이런 경우, 즉 촉발물이 실제 위험이 아니라 과거의 원치 않는 생각을 상기시켜 불안을 안기는 것이거나 거부를 암시할 수도 있는 누군가의 모호한 표정 혹은 자신이 사랑하는 아기를 다치게 하는 일에 관한 생각 같은 것일 때 켜지는 비상 모드는 도움이 되지 않을 뿐 아니라 오히려 해롭습니다. 실제로 이런 비상 모드는 자기 정신이 제대로 작동하고 있는지 의혹을 품게 만들지요. 이런 마음 상태를 불안 사고라고 합니다. 불안 사고는 뇌의 과잉 경계 상태가 초래하는 직접적인 결과로서 생물학적 원인으로 인한 각성 상태입니다.

편도체가 경보 반응을 촉발하면 세상이 달라 보입니다. 이런 변화가 일어나고 불안 사고 상태에 있을 때, 우리는 원치 않게 침투하는 생각에 극도로 취약해지지요. 이러한 인식의 변화는 연속되는 경보 반응의 핵심적인 부분입니다. 불안 사고 상태를 감지할 수 있는 중요한 특징 몇 가지를 살펴봅시다.

사고-행동 융합

보통 때는 생각과 행동의 차이가 명확하지요. 하지만 불안 사고는 무서운 생각이 무서운 행동처럼 오싹하게 느껴지는 변화된 의식 상태를 초래합니다. 마치 생각과 행동이 하나로 융합된 것 같은 느낌이지요. 공포를 촉발한 것은 생각일 뿐인데도, 자신이 위험한 경험을 단지 생각만 하는 것이 아니라 직접 체험하고 있는 것처럼 느끼는 겁니다. 사고-행동 융합은 어떤 일을 생각하는 것과 실제로 그 일이 일어나는 것 사이에 거의 차이가 없는 것처럼 느껴지게 만들어요. 이제 생각은 아무 결과도 초래하지 않으면서 행동을 예행 연습할 수 있는 안전한 방법이 아니게 되죠. 만약이라는 가정이 짐작이나 상상이 아니라 미래에 일어날 일을 실제로 보는 것 같은 느낌을 주는 겁니다. 생각은 실제로 예언처럼 느껴지고요. 게다가 사고-행동 융합은 무언가를 생각하는 것은 어쩐지 도덕적으로는 그것을 행하는 것과 똑같은 일이라 여겨지게 만듭니다. 따라서 생각은 그 생각을 하는 사람에 관한 어떤 중요한 의미를 지니는 것처럼 느껴지고, 결국 나쁜 생각을 하는 것은 그가 나쁜 사람임을 폭로하는 것으로 여겨지게 되죠.

위험한 건 모두 지나치게 위험해 보임

편도체가 경보 반응을 촉발하지 않을 때 우리는 위험에서 완전히 자유로운 일은 없다는 것을 알고 있습니다. 살아가면서 우리가 하는 행동에는 합당한 정도라 여겨지는 위험성이 따르죠. 이와 대조적으로, 불안 사고 상태일 때 우리는 어떠한 위험성도 용납하지 못합니다. 무언가를 생각하는 것이 곧 그 일이 일어날 확률을 크게 높인다고 여기기 때문이죠. 만약 재난이 벌어지면 어쩌나 하는 생각이 들면 그 재난이 일어날 가능성이 높다고 느낍니다. 무엇이든 경보 반응을 촉발하는 생각은 평범한 위험성도 과도한 위험으로 느껴지게 만들죠. 불안 사고는 그 어떤 재난도 결코 일어나지 않을 거라는 절대적인 보장을 요구합니다. 완전한 안전함을 보장받아야 한다는 강박을 느끼고, 위험한 느낌을 촉발하는 상황은 모두 피하려고 노력합니다. 물론 불안 사고는 그런 보장을 얻지 못하죠.

생각이 끈적끈적하게 느껴짐

불안 사고는 당신이 무서워하는 그 생각을 피하기 어렵게 만듭니다. 마치 머릿속에 달라붙은 느낌이 들지요. 다른 생각을 하라고 아무리 자신을 타일러도 재앙적 사고는 바로 다음 순간 다시 당신의 의식으로 침투하지요. 주의를 딴 데로 돌리는 것은 다른 주제를 생각하게 만드는 데 부분적으로만 도움이 되며, 전혀 도움이 안 될 때도 있습니다. 이것이 바로 1장에서 처음 이야기했던 마음의 역설적 작용의 신경학적 기반입니다. 어떤 생각을 생각하지 않으려고 들이는 노력은 실제로 그 생각이 더욱더 침투하게 만듭니다.

불확실성을 참지 못함

인생은 불확실함으로 가득하고, 아무도 미래를 예측할 수 없습니다. 평소에 우리는 인생에 조금도 위험하지 않은 일은 없다는 사실을 받아들이고 그러면서도 별 걱정 없이 할 일을 계속해 나갈 수 있지요. 하지만 불안 사고는 불확실함을 위협으로 느끼게 합니다. 게다가 생각도 위협적으로 느끼게 만들죠. 특정한 생각을 하는 것이 그 자체로 위험한 경험으로 느껴지는 겁니다. 생각과 감정은 사실이 아니라는 뻔한 말에 대한 믿음을 유지하기가 아주 어려워지죠.

도움이 되는 사실: 생각도 감정도 사실이 아닙니다.

앞에서 다룬 것들은 불안 사고가 우리를 원치 않는 생각의 침투에 취약하게 만드는 여러 방식 중 몇 가지일 뿐입니다. 우리의 뇌는 생각이 우리에게 주는 느낌을 변화시킴으로써 우리를 특정 생각에 민감하게 반응하게 만듭니다. 여기서 바로 생각이 침투하는 과정이 시작되는 것이죠. 이제 원치 않게 침투하는 생각이 어떻게 만들어지는지 알아봤으니, 다음 장에서는 왜 그렇게 마음먹은 대로 안 되고 좌절감만 느끼게 되는지 설명하겠습니다. 여러분이 (지금까지) 시도했던 방법들이 효과가 없었던 이유를 설명해보려 합니다.

6장

생각을 없애려는 노력이
늘 실패하는 이유

*
*
*

당신은 아마도 침투하는 생각을 없애려고 아주 많은 노력을 했을 것이고, 대체로 별 성공을 거두지 못했을 것입니다. 침투하는 생각이 처음 들어온 후로 시간이 제법 흘렀을 가능성이 높고, 그 생각을 통제하거나 회피하거나 몰아내거나, 여하튼 머릿속에서 없애려고 힘들게 노력하면서도 도통 마음대로 되지 않아 답답한 시간을 보내 왔을 테지요. 스스로 이겨내는 여러 방법을 시도해보기도 하고, 친구들에게 충고를 구하기도 하고, 심지어 상담이나 심리 치료를 시도해보았을 수 있겠죠. 치료사에게 당신의 생각에 관해 이야기했을 수도 있고, 그 생각이 어떤 의미를 지니고 있을지, 그리고 그 생각을 알게 되면 치료사가 어떻게 나올지 너무 두려워 말하지 못했을지도 모르겠네요.

세 가지 방해 요인

당신의 노력이 효과를 내지 못했던 이유를 설명해주는 세 가지 요인이 있습니다. 바로 끈적끈적한 마음, 노력의 역설, 얽힘입니다. 이 장에서는 이 셋을 각각 살펴볼 거예요. 꼭 이해하고 넘어가야 하는 끈적끈적한 마음은 아마도 타고난 성향일 가능성이 높은데, 생물학적 근거를 들어 설명할 수 있습니다. 다음으로는 앞에서도 다루었던 핵심 개념인 노력의 역설에 관해 이야기합니다. 마지막으로 얽힘의 개념을 소개할 텐데, 이는 한마디로 침투하는 생각을 아주 중요한 생각인 양 취급하는 것을 말합니다. 그런 다음 이세 요인이 언제 어떻게 당신의 노력을 물거품으로 만드는지 이해를 돕기 위해 실제 사례들을 제시할 겁니다.

끈적끈적한 마음

당신은 살면서 시기마다 각기 다른 생각이 침투한 것을 기억할 것입니다. 침투하는 생각은 마음이 유난히 '끈적끈적'해지고, 자신의 생각에 지나치게 깊은 관심을 기울이기 시작할 때 일어나지요. '끈적끈적한' 마음이란 평소라면 그냥 머릿속을 스치고 지나갔어야 할 생각이 계속 다시 돌아와 반복되는 경험을 묘사하기 위해 우리가 쓰는 용어입니다. 같은 생각이 다시 돌아올 때마다 굳이 주의를 기울일 만한 가치가 없는 그 생각에 과분한 관심이 쏠리고, 그러다 보니 그 생각이 달라붙은 듯한 느낌이 드는 것이죠.

당신이 좋아하든 싫어하든 당신의 마음은 *끈적끈적한* 상태이니, 그런 상태에 영향을 주는 요인이 무엇인지 알아야겠지요. *끈적끈적한* 마음에는 생물학적 기반이 있습니다. 그런 상태를 만드는 요인은 두 가지가 있는데, 하나는 유전적인 것입니다. *끈적끈적한* 마음의 성향은 가계에 내력으로 이어지며, 유전 가능한 다양한 특징과 뇌 회로나 생화학과 관련된 조건으로 설명할 수 있습니다. 대부분 마음이 *끈적끈적한* 사람들의 가족 중에는 스스로 인정하든 인정하지 않든 역시나 그런 특성을 지닌 이들이 있습니다. 또 다른 요인은 스트레스예요. 마음은 피로할 때, 너무 좋거나 너무 나쁜 일로 인해 압도감을 느낄 때, 질병이나 스트레스가 심한 상황일 때, 감정적 갈등에 대처해야 할 때 더 *끈적끈적해지는* 경향이 있습니다. 숙취에 시달릴 때도 더 *끈적끈적해지는데,* 아주 적은 양의 음주로도 *끈적끈적함이* 심해지는 사람들이 많습니다. 마음이 *끈적끈적한* 상태라고 걱정하거나 *끈적끈적한지* 아닌지 확인할 때도 마음은 곧바로 더 *끈적끈적해집니다. 끈적끈적함은* 불편하게 느껴질 수는 있지만 위험한 것도 아니고 의미심장한 것도 아닙니다. 그리고 정말 반가운 소식은, 유전이든 스트레스든 원인이 무엇이든 *끈적끈적함을* 줄이는 쪽으로 뇌에 변화를 주는 방법을 배울 수 있다는 것이지요.

끈적끈적한 마음과 불안을 느끼는 상태는 서로 잘 붙어 다닙니다. 우리가 불안 사고라고 부르는 변화된 의식 상태의 한 가지 명백한 양상은, 위협적인 생각은 엄청나게 *끈적끈적해진다는* 것입니

다. 마치 당신이 위험을 예상하고 찾아다니는 것처럼, 위험하게 느껴지는 생각이 머릿속에 붙어버리는 것입니다. 머릿속이 파리 잡는 끈끈이 테이프가 된 것처럼요.

끈적끈적한 생각의 주제는 늘 같을 때도 있고 다를 때도 있습니다. 끈적끈적함은 놀이 공원에 있는 뽑기 기계와 비슷한 데가 있어요. 그 기계는 잡동사니가 쌓여 있는 상자 안에서 로봇 팔이 이리저리 헤매다가 아무렇게나 잡히는 걸 줍기도 하고 잡았던 걸 떨어뜨리기도 하는데, 무엇을 집든 당신이 기계에 집어넣는 돈만큼의 가치도 안 되지요.

노력의 역설

당신은 원치 않는 생각과 관련해 아주 이상하고 답답한 점을 분명 느껴보았을 겁니다. 생각하지 않으려고 애쓰면 애쓸수록 그 생각이 더 또렷하고 집요해진다는 것을요. 노력이 역효과를 내는 것 같지요. 앞에서 우리는 이를 머릿속에 있는 것을 통제하려고 노력할 때 벌어지는 역설적 효과라고 설명했는데요. 더 일반적인 법칙으로는 '노력의 역설'이라고 합니다.

끈적끈적한 마음을 마음의 파리 끈끈이에 비유한다면, 노력의 역설은 중국식 손가락 트랩과 비슷하게 볼 수 있겠네요. 대나무를 엮어 만든 튜브 모양의 이 장난감은 양쪽 끝에 손가락을 하나씩 밀어 넣게 된 것인데요. 넣었던 손가락을 다시 빼려고 양쪽으로 잡아당기면 당기는 힘이 셀수록 손가락은 더 단단히 끼어 빼기가 더 어려워지지요. 이때 손가락을 빼는 비결은 양쪽으로 잡아당기는 것이 아니라 가운데로 손가락을 더 밀어 넣는 것이에요.

삶의 여러 측면에도 이와 똑같은 규칙이 적용됩니다. 노력의 역설을 보여주는 예를 더 들어봅시다.

- 졸리는 상태든 아니든 잠들기 위해 온갖 노력을 기울이는 것
- 텔레비전 소리를 듣지 않으려 노력하면서 숙제를 마무리하려 애쓰는 것
- 언짢은 기분일 때 다른 사람들을 자연스럽게 웃기려고 노력하는 것.
- 몹시 불안한 상태에서 긴장을 풀려고 애쓰는 것
- 재미있게 느껴지지 않는 것에 웃으려 노력하는 것
- 방금 눈치챈 사실을 모르는 체하는 것
- 고약한 냄새를 못 느끼는 체하는 것
- 새로운 기술을 쉽게 익히지 못할 때 신경을 곤두세우면 더 효과가 없는 것. 예컨대 테니스에서 백핸드 스윙을 배울 때 강사는 계속 '긴장을 풀고' 심호흡을 하라고 말하지요.

억지로 몸에서 긴장을 빼려고 노력하거나, 특정한 감정을 느끼려 하거나 마음이 특정한 생각을 **하지 않게** 만들려고 노력해도 뜻대로 되지 않습니다. 그런데 원치 않게 침투하는 생각에 불쾌해지거나 두려움을 느낄 때 우리 대부분이 (적어도 처음에) 하는 것이

바로 그런 노력이지요. 그러다가 그 노력이 역효과를 내면 우리는 더욱더 노력해야 한다고 생각합니다. 이는 구덩이 안에서 삽으로 땅을 파면서 거기서 빠져나오려 하는 것과 같으며, 가속 페달을 밟아 차를 멈추려고 하는 것과 같고, 불난 데 부채질을 해서 불을 끄려는 것과 같습니다.

"덜 할수록 더 좋다."라는 경구는 노력의 역설을 잘 표현한 말입니다. 하지만 분명히 해 둡시다. 우리 삶에서 노력이 좋은 효과를 내는 경우도 많다는 것을요. 실제로 우리 대부분은 열심히 노력할수록 성공할 가능성이 더 크다고 믿으며, 그 믿음에는 충분한 근거가 있습니다. 노력이 성공을 **보장하는** 것은 아니지만, 더 열심히 일하는 사람들이 일반적으로 더 성공하고 그리 열심히 일하지 않는 사람들보다 목표를 이루는 경우도 평균적으로 더 많지요. 이는 분명 사실이지만, 모든 사람의 삶에서 '덜 할수록 더 좋은' 경우도 많습니다. 그럴 때는 어떤 목표를 달성하기 위한 직접적인 노력을 **덜 하는** 것이 성공의 가능성을 **더 높이는** 일입니다. 바로 노력의 역설이 작동하는 상황이지요.

당신은 어떤 사람의 문제를 해결해주려 하거나 싸우는 두 친구를 화해시키려 했던 적이 있을 겁니다. 때로는 당신의 노력이 완전히 곡해되었을 수도 있고, 화해나 문제 해결에 도움을 주기는커녕 오히려 상황을 악화시켰다는 원망을 들은 때도 있을 테지요. 실제로 당신이 뒷전에서 손 놓고 있었다면 상황은 저절로 해결되었을 수도 있습니다. 이런 경험이 '덜 할수록 더 좋은' 하나의 유형이지요.

　예를 하나 더 볼까요. 손을 베였을 때 그 상처는 결국 저절로 낫습니다. 피부 세포가 필요한 만큼 시간을 들여서 자라 상처를 메우고 베인 부분은 치료됩니다. 하지만 참을성 없이 계속 반창고를 떼었다 붙였다 하면서 상처가 얼마나 나았는지 살펴보면, 잘못해서 딱지가 떨어져 회복이 더뎌지기만 하지요. 실제로 노력보다 수동성이 훨씬 더 효과적입니다. 때로는 그냥 시간을 흘려보낼 방법만 생각해내면 되지요.

　예가 하나 더 있습니다. 모래 수렁에서 빠져나오는 가장 좋은 방법은 뭘까요? 빠져나오려고 몸부림을 칠수록 수렁 속으로 더 가라앉게 되지요. 언뜻 이해가 가지 않겠지만 모래 수렁에서 빠져나오는 방법은 수렁 위에 몸을 뒤로 누이고 몸부림을 멈추는 거예요! 이렇게 하면 몸의 부력이 높아져 당신은 안전한 표면으로 자연스럽게 떠오르게 됩니다.

　노력이 직접적으로 목표를 방해하는 경우는 이외에도 더 있어요. 배움도 그중 하나죠. 최대치로 배우려면 개방적이고 수동적이며 호기심을 품고 주의를 기울이는 태도가 필요합니다. 뭔가를 배울 때 자신을 가혹하게 비판하는 건 불쾌할 뿐 아니라 자신에게 불리하게 작용합니다. 농구든 프랑스어든 《햄릿》의 플롯이든 휴대폰 어플리케이션이든 뭔가를 익혀야 한다는 압박감을 느낄 때 계속 잘되지 않았던 경험이 있나요? 그 이유는 익혀야 한다며 당신이 자신을 너무 압박하고, 그 압력이 배움에 가장 유리한 개방적이고 수동적이며 주의 깊은 태도를 방해하기 때문입니다. 다시 말하지만 노력의 역설은 이런 상황일 때는 **덜 할수록 더 좋은 것**임을 뜻합니다.

> **도움이 되는 사실**: 원치 않게 침투하는 생각에 대처할 때는 노력을 안 할수록 더 좋습니다.

얽힘

하나의 생각과 얽힌다는 것은, 당신의 머릿속을 가로지르는 공격적이거나 성적이거나 비이성적이거나 어떤 식으로든 당황스러운 생각의 내용에 관해 당신이 스스로 어떤 내면의 대화를 만들어냈다는 의미입니다. 그 생각의 내용을 평가하거나 반박하고, 혹은 그 내용과 관련해 자신을 안심시키려고 노력하는 것이지요. 특정한 소리나 신체 감각, 그 밖의 것들이 지닌 침투적 특성에 대해 불안해하거나 짜증스러워하는 반응을 줄일 방법을 찾으려 노력하는 것이기도 하고요. 그 생각이나 감각에, 그리고 그것을 합리화하거나 설명하거나 의미를 이해하거나 아니면 그냥 머리에서 몰아내려는 노력에 집중하게 되는 것이지요. 얽힘은 다양한 방식으로 일어날 수 있지만, 가장 흔한 경우는 침투한 생각에 대꾸하거나 반박함으로써 그 생각을 계속 유지하는 것입니다. 원치 않게 침투하는 생각과 상대하고 얽히는 것은 그것을 더욱 강력하고 끈질기게 만들 뿐입니다.

다음 예를 생각해보면 그 이유를 이해하는 데 도움이 될 거예요. 가령 당신이 차를 세워 둔 곳을 향해 걸어가는 중이라고 상상해봅시다. 그때 당신 옆을 걸어가던 모르는 사람이 아주 혐오스러운 말을 내뱉고 갑니다. 이럴 때 당신은 "어디서 감히 그따위 소리를!" "정말 역겨운 인간이네." 같은 말로 맞받아치면서 그를 상대하기로 결정할 수 있죠. 그러면 이렇게 해서 당신의 주의를 끈 걸 알게 된 그 사람은 듣기 싫은 소리를 더 늘어놓거나 심지어 공격적으로 나올 수도 있습니다. 대부분의 사람들이 이럴 때는 그냥 계속 걸어가는 게 제일 좋은 수라는 데 동의할 겁니다. 당신이 그의 말을 들었다는 티를 전혀 내지 않고 말이죠. 정말 아무렇지도 않은 척 행동하는 것입니다. 물론 당신은 일어난 일을 알고 있고 거기서 어떤 감정을 느낀 것도 부인할 수 없지만, 이 사건을 최소화하는 가장 좋은 방법은 말려들지 않는 것입니다.

왜 그렇게 행동해야 하는 걸까요? **그 사람 말에 동의하거나 그 말이 옳다고 생각하기 때문은 아닙니다.** 그렇게 해야 그나마 그 사람이 계속 장광설을 늘어놓을 가능성을 줄일 수 있다는 걸 알기 때문이지요. 그런 상황에서 두려움을 느낄 수도 있지만, 그래도 당신은 그 말을 못 들은 척 행동하려고 노력할 겁니다. 그 혐오스러운 말을 내뱉은 사람이 침투하는 생각이라고 생각해봅시다. 그를 밀어내려 하는 건 듣기 싫은 소리를 더 많이 듣게 될 가능성만 키우는 일이지요.

어떤 생각에 얽힌다는 것은 대개 그 생각의 공격적이거나 성적이거나 혐오스럽거나 무섭거나 당황스러운 내용에 정신을 빼앗겼다는 의미입니다. 다시 말하지만 원치 않게 침투하는 생각에 말려들고 얽혀드는 것은 그 생각을 더 강력하고 끈질기게 만들 뿐입니다.

우리가 생각에 얽혀들게 되는 것은 그 생각의 메시지를 액면 그대로 받아들일 때입니다. 그 메시지를 무가치한 헛소리로 여길 수 있다면 그 생각의 내용을 무시하고 대신 그 내용 **너머에** 있는 의미에 초점을 맞추기가 훨씬 쉬워지지요. 이게 어려워 보인다면 우리 모두 잘 알고 있을 예 하나를 살펴봅시다. 이 예는 공황과 걱정에 관한 책을 여러 권 쓴 임상심리학자 데이비드 카보넬이 제시한 것입니다.[1]

당신에게 도착한 다음과 같은 이메일을 열어본다고 상상해봅시다.

축하합니다! 오늘은 당신에게 행운이 깃든 날이네요. ○○ 다이아몬드 회사 수장인 당신의 팔촌이 세상을 떠나면서 당신에게 15조 원을 남겼습니다. 이 유산을 수령하려면 아래 링크를 클릭하고 우리에게 당신의 은행 계좌 번호를 알려주세요. 그러면 우리가 곧바로 15조 원을 당신의 계좌로 이체하겠습니다. 다시 한번 진심 어린 축하의 마음을 전합니다.

이럴 때 당신이라면 어떻게 할까요? 들뜬 마음으로 요트를 사고, 전용기를 사고, 자기 소유의 섬 하나를 가지면 기분이 어떨지 상상하기 시작할까요? (물론 우린 당신이 그러지 않았기를 바랍니다.) 이런 메일에 담긴 말은 믿을 수 없기 때문이지요. 그 내용에는 실체가 없습니다. 그것은 신용 사기이지 상속에 대한 통지가 아닙니다.

'스팸메일함으로 보내기'를 클릭하는 순간 당신은 이미 그 이메일의 마수에서 해방된 것입니다. 당신은 그 말을 믿으면 안 된다는 것, 실제로 그 메일은 "나한테 네 돈을 보내란 말이다, 이 멍청아!"라는 겉보기와는 전혀 다른 메시지를 담고 있다는 것을 쉽게 판단할 수 있습니다.

그렇다면 당신에게 떠오른 원치 않게 침투하는 생각에 대해서는 똑같이 대처하는 게 왜 그렇게 어려울까요? 한 가지 이유는 당신의 생각은 당신에게 경보 반응을 촉발한다는 것, 그리고 그 생각이 맞는다는 **느낌을 준다**는 것입니다. 그러나 느낌은 사실이 아니라는 점을 다시 기억하고, 불안이 다시금 당신을 위협하고 있다는 것을 기억하세요.

생각도 사실이 아니지요. 생각은 당신 머릿속에 들어 있는 상상입니다. 생각은 가장하기의 한 형식이라고 말해도 틀리지 않을 거예요. 그러나 자신의 생각에 얽혀들면 즉각 그런 사실을 잊어버립니다. 중립적이던 생각에 감정의 영향이 더해지면 그 생각에 얽혀드는 건 훨씬 더 쉬워집니다.

도움이 되는 사실: 생각도 감정도 사실이 아닙니다.

얽힘이 어떻게 심화되는지를 알아볼 수 있는 실험이 있습니다. 한번 해보세요.

1. 'skill(기술)'과 'grape(포도)'라는 단어를 써봅니다. 1점에서 10점까지 범위에서 각 단어가 당신에게 발휘하는 감정적 영향력의 정도는 몇 점인가요?

2. 각 단어에서 첫 글자를 지워 'kill(죽이다)'과 'rape(강간하다)'로 만듭니다. 이제 이 단어들은 어느 정도의 감정적 영향을 발휘하나요?

3. 지운 첫 글자들을 다시 써서 'skill'과 'grape'로 되돌립니다. 단어들의 감정적 영향력에 변화가 생겼나요?

처음 제시한 두 단어의 감정적 영향력은 이제 원래보다 더 커진 것처럼 느껴질 겁니다. 다른 단어와 감정적 연결성이 생겼고 이젠 그걸 지워버릴 수 없게 되면서 당신은 그 단어와 얽혀버린 것입니다. 'Skill'과 'grape'는 이제 그냥 단순한 단어로 느껴지지 않고, 위험하거나 불길하거나 무언가 '나쁜' 단어 같은 느낌이 들 겁니다. 어쩌면 그리 달갑지 않은 단어로 느껴지기도 할 거예요.

여기서 핵심적인 메시지는 단어는 그냥 단어라는 것입니다. 단어 자체는 우리가 어떤 해석이나 감정을 덧붙이지 않는 한 아무런 느낌도 주지 않습니다. 하지만 그런 걸 덧붙이고 나면 단어에 얽혀들기가 아주 쉬워지죠. 내면의 대화는 한순간에 시작될 수 있어요. 우리가 내면의 대화에 더 깊이 말려들수록 얽힘은 더욱 심화됩니다. 걱정하는 목소리를 돕겠다고 그 목소리에 대답하는 것은 그 목소리가 계속 떠들도록 도와주는 일일 뿐이에요. 가짜 위안이 맡은 일은 바로 얽힘을 심화하는 것입니다.

걱정하는 목소리: 이 방법이 소용없으면 어쩌지? 내가 너무 정신이 나가서 이렇게 두려워하는 일을 실제로 저질러버리기라도 하면?

가짜 위안: 말도 안 되는 소리 하지 마. 네 머리에서 그 생각을 지워……

지혜로운 정신: 가짜 위안, 제발 걱정하는 목소리한테 대꾸하지 마. 그래봐야 아무 소용없어.

걱정하는 목소리: 맙소사! 너 정말 나 혼자 이 생각을 감당하게 만들려는 거로구나! 나 정신줄을 놔버릴지도 몰라.

지혜로운 정신: 대답할 가치도 없구나.

걱정하는 목소리: 내 말 들었어? 나 진짜 저질러버릴지도 모른다고!

지혜로운 정신: 그건 침투하는 생각이야. 생각은 생각일 뿐이야.

걱정하는 목소리: 이건 위험하다고! 신경쇠약에 걸릴지도 모른다고!

지혜로운 정신: 난 생각을 받아들이고 허용해.

걱정하는 목소리: 내가 날 통제하지 못한다면?

지혜로운 정신: 또 다른 침투하는 생각이 따라 나올 수도 있겠지.

걱정하는 목소리: 나 이거 더는 못 참을 것 같아!

지혜로운 정신: 나는 시간이 흘러가게 둘 거야.

걱정하는 목소리: 난 이게 너무 불안하다고. 내가 끝까지 진정하지 못하면 어쩔 건데?

지혜로운 정신: 내가 곁에 머물면서 관찰하고 있어.

걱정하는 목소리: 내가 정말로 그 일을 저질러버리면?

지혜로운 정신: 대답할 필요도 없는 말이야.

걱정하는 목소리: 난 분명 나 자신을 통제하지 못할 거야.

지혜로운 정신: 난 그 생각도 허용해.

걱정하는 목소리: 이건 아주 오랫동안 계속될 거야. (작아진 소리로) 절대 안 끝나면 어떻게 해?

지혜로운 정신: 난 그 생각도 허용해.

걱정하는 목소리: (거의 안 들리는 소리로) 내가 나를 통제할 수 있을지 확신이 안 서는데.

지혜로운 정신: 아무도 받아주지 않으니까 걱정하는 목소리가 얼마나 작아졌는지 봐.

도움이 되는 사실: 얽힘은 침투하는 생각이 계속 이어지게 하는 주요 요인입니다.

역효과를 내는 전략

안심시키기(자기가 하는 것이든 남에게 듣는 것이든)와 합리적 논쟁, 기도, '건강한 생활' 등 침투하는 생각을 통제하고 제거하기 위해 동원되지만 오히려 역효과를 내는 '대처 전략'에 대해 이야기해 봅시다. 안타깝게도 널리 제안되는 이런 대처법은 종종 얽힘과 노력의 역설을 초래하고, 끈적끈적한 마음의 문제도 해결하지 못합니다. 이런 대중적인 조언을 따랐다가 전혀 나아지는 게 없으면 어떤 도움으로도 도저히 벗어날 수 없는 운명이란 느낌이 들 수 있어요. 우리가 하려는 말은 당신이 **효과가 날 수 없는 방법**을 따르고 있고, 이는 당신이 비참할 운명이어서가 아니라 그 방법이 원치 않게 침투하는 생각을 길들일 수 없는 방법이라는 겁니다.

안심시키기는 원치 않게 침투하는 생각을 없애려 할 때 사람들이 제일 먼저 시도하는 방법입니다. 대부분 처음에는 내면의 목소리나 웹사이트, 책 등에 의지하여 스스로 안심을 얻으려 하다가 그게 도움이 안 되면 다른 사람들에게서 안심을 얻으려 하지요. 안심시키기는 당신으로 하여금 마치 그 생각이 가치 있거나 의미심장하거나 주목할 만한 것인 양 그 생각과 논쟁을 벌이도록 유도함으로써 얽힘을 만들어냅니다. 그리고 대체로 안심시키기는 일시적인 효과밖에 없기 때문에 계속 노력의 강도를 높이게 만들고, 당신의 마음은 계속해서 더 많은 논쟁, 더 나은 논쟁을 찾게 되므로 노력의 역설을 불러오지요. 원치 않은 생각의 근원과 의미를 오해하고 있거나 혹은 생각이 사라지지 않을 때 종교적 의심까지 끼어든다면 기도도 오히려 노력의 역설을 일으킬 수 있습니다. '건강한 생활'은 전반적으로 마음의 끈적끈적함을 줄여줄 수는 있지만 얽힘에는 아무런 효과도 없어요. 게다가 무의미한 생각을 극복하고 없애려고 건강한 생활 습관에 맹렬히 집착하다 보면 역시나 노력의 역설을 일으켜 융통성 없는 생활 방식, 불필요한 박탈감, 더 많은 걱정만 불러오게 됩니다.

자기를 안심시키려는 시도

안심시키기는 생각을 밀어내는 데 가장 흔히 사용되는 방법 중 하나입니다. 이것은 엄밀히 말하면 원치 않게 침투하는 생각에 말대꾸를 하는 것이지요. 처음에는 이 방법이 도움이 되는 것 같습니다. 불안이 약간 줄어들고 기분이 나아지지요. 그러나 곧 의심이 다시 찾아옵니다. 당신은 침투하는 생각이 당신이 통제력을 상실하고 있다는 의미가 아니라고 어떻게 정말로 확신할 수 있느냐고 자문합니다. 경계를 풀고 있을 때 무의식적 욕망이 당신을 장악하지 않을지 의심합니다. 그런 생각은 "맞아, 하지만 만약……"이라는 형식으로 돌아옵니다. 그러면 이 새로운 '만약'의 질문에 대해 또다시 안심시켜줄 말을 찾아야 하지요. 결국에는 안심시키는 데 실패합니다. 걱정하는 목소리와 가짜 위안이 주고받는 전형적인 대화를 들어봅시다. 걱정하는 목소리는 아무리 노력해도 안심할 수 있는 확실한 답은 결코 얻지 못하고, 가짜 위안은 갈수록 더 답답한 마음만 깊어 갑니다.

걱정하는 목소리: 한 번 더 말해줄래. 나처럼 온화한 사람은 절대 알면서도 누군가를 해치지는 않을 거라 믿는다는 말.

가짜 위안: 물론이지. 너는 파리 한 마리 해치지 못할 거라고 내가 몇 번이나 말하니. 넌 내가 아는 가장 다정하고 순한 사람이야.

걱정하는 목소리: 좋아. 하지만 언제나 처음이란 건 있는 거잖아. 내게 이런 생각이 떠오르는 데는 분명 무슨 이유가 있을 거야. 순간적으로 정신이 나가서 끔찍한 짓을 저지른 사람들 기사를 늘 접하잖아. 그럴 때 그 사람 이웃들은 항상 "정말 착한 사람 같았는데."라며 충격을 받았다고 말하지.

가짜 위안: 그래, 나도 알아. 나도 그런 기사 읽었어. 하지만 그건 아주 드물게 일어나는 일이야. 네가 누군가에게 분노하고 있는 것도 아니고 말이야.

걱정하는 목소리: 내가 자각하지 못하고 있는 건지 어떻게 알아. 내가 깊은 분노를 품고 있어서 순간적으로 이성을 잃을지도 모르지. 내가 절대 그럴 수 없다고 네가 증명할 수는 없잖아.

가짜 위안: 그래, 내가 그건 증명 못할 수도 있어. 하지만 난 네가 절대 그런 일을 하지 않으리란 걸 마음 깊이 알고 있어.

걱정하는 목소리: 어쩌면 네가 너무 착해서 그런 일을 상상하지 못하는 건지도 모르지.

가짜 위안: 아니야. 난 너를 진심으로 믿어.

걱정하는 목소리: 내게 필요한 건 네가 날 믿어주는 게 아니라 증거라고. 네가 내게 증거를 제시할 순 없잖아, 안 그래?

가짜 위안: 아, 정말. 네가 순간 정신이 나가서 끔찍한 일을 저지르지 않을 거라는 확답을 듣기 위해서라도 병원에 가보는 게 좋을지도 모르겠다. 의사 말이라면 믿겠니?

걱정하는 목소리: 이봐, 이럴 줄 알았어! 넌 내가 병원에 가봐야 한다고 생각하는 거잖아.

다른 사람에게서 안심을 얻으려는 시도

당신은 아마도 가까운 사람 최소한 한 명에게는 당신이 원치 않게 침투하는 생각을 행동에 옮길 거라고 생각하는지 물어보았을 겁니다. 어쩌면 가족 중 누군가가 당신의 행동이 이상해진 것을 눈치챘을 수도 있겠죠. 예컨대 그 생각을 촉발하는 상황을 피하는 당신을 보고 말이죠.

예를 들어봅시다. 당신은 예배를 보는 중에 자꾸 침투하는 생각이 든다면 그 괴로움을 참지 못하고 폭발해 불경하고 상스러운 소리를 내지를지 모른다고 걱정하고 있습니다. 그전까지는 영적인 위안과 사교의 기회를 모두 얻을 수 있어 교회에 가는 걸 좋아했습니다. 하지만 그 생각에 따라 어떤 행동을 할지 모른다는 두려움이 생긴 뒤 당신은 예배를 피하거나 늦게 가거나 뒷자리에 앉기 시작합니다. 가족들은 이런 변화를 눈치채고, 좋아하는 일을 왜 그렇게 멀리하려 하느냐고 묻습니다.

그래서 당신은 그 생각과 두려움을 털어놓고, 자기가 그런 몹쓸 짓을 할 수 있을 거라고 생각하는지 가족들에게 묻습니다. 만약 가족이 당황하거나 겁을 내는 것처럼 보이면 당신은 그 반응을 당신이 통제력을 상실할 수도 있다는 또 다른 증거로 받아들일 겁니다. 만약 그들이 "당연히 넌 그러지 않을 거야. 너무 너답지 않은 일이고, 난 네가 절대 그런 일을 하지 않으리라 확신해."라고 말한다면 일시적으로는 안도하겠죠. 하지만 그런 다음에는 아마도 처음에는 서서히, 그러나 불가피하게 그들의 안심시키는 말을 의심하기 시작할 거예요. 그리고 곧 자기 자신과 언쟁을 벌이기 시작합니다.

걱정하는 목소리: 제인이 내가 절대 그러지 않을 거라고 말했어. 하지만 제인이 그걸 어떻게 확실히 알 수 있지?

가짜 위안: 제인은 너의 제일 친한 친구이고 절대 네게 거짓말할 사람이 아니야.

걱정하는 목소리: 누가 거짓말한다고 했니? 제인도 나에 대해 모르는 게 아주 많다고. 그 친구는 이 생각이 내 정신을 얼마나 장악하고 있는지 눈치도 못 챘을걸. 통제력을 잃지 않으려면 내가 얼마나 기를 써야 하는데.

가짜 위안: 난 제인이 널 아주 잘 안다고 생각해. 제인은 네가 얼마나 선하고 믿음 깊은 사람인지 알아.

걱정하는 목소리: 그건 제인에게 보이는 모습일 뿐이지. 하지만

나는 내 내면을 들여다볼 수 있고, 거기서 내면의 혼란과 죄를 지으려는 충동이 보인다고.

가짜 위안: 그러면 목사님한테 얘기해보는 게 좋을지도 모르겠다. 신께서는 널 용서해주실 거야.

걱정하는 목소리: 그러니까 너마저 내가 신께 용서받아야 할 나쁜 사람이라고 믿고 있다는 말이잖아!

가끔은 안심을 얻기 위해 다른 사람에게 묻는 것도 괜찮으며 거의 모든 사람이 그렇게 합니다. 하지만 의심이 솟을 때마다 그러는 습관이 들면, 추가로 안심시킬 필요가 생겨나 그 순환을 계속 돌리게 됩니다. 실제로 안심 얻기에 중독되어 끊임없이 가족이나 친구, 인터넷에서 위로와 안심을 구하려는 욕구에 시달리는 사람들도 있답니다. 안심을 얻기 위해 주위 사람들과 나누는 전형적인 대화를 7장에서 이야기할 것입니다.

기도

자애롭고 너그러운 신에게 많이 의지하는 사람이라면 기도가 역효과를 낼 수 있다는 말이 유난히 당황스럽고 고통스러울 겁니다. 불안한 감정과 사건에 대처하기 위해 제일 먼저 의지하는 방법이 기도인 경우가 많으니까요. 대개 처음에는 신께서 당신의 생각을 없애주실 것이고, 신의 선한 존재가 당신을 보살펴줄 것이라는 생각에 반가운 안도감이 듭니다. 신과 연결되어 있을 때 안전하다고 느끼겠지요.

그러나 안도와 안심을 느끼려는 것은 비록 그것이 자애로운 신에 대한 믿음에서 왔다고 해도 여전히 그 생각을 밀어내기 위한 방법입니다. 그 생각을 없애 달라고 부탁하는 것은 그 생각을 진지하게 받아들이고 그럼으로써 그 생각에 가당치 않은 힘을 부여하는 일이지요. 그러면 얽힘까지 더해지고 이는 다시 침투의 빈도를 높이고 그 생각과 관련된 괴로움을 더 키우게 됩니다. 그렇게 되면 기도가 효과가 없다는 느낌이 들고, 그 결과 기도를 더 열심히 하려 하거나 신이 기도를 듣고 있는지 의심하거나 자신은 어쩐지 신에게서 용서받을 수 없다는 생각이 듭니다. 어떤 사람들은 기도로 침투하는 생각에서 벗어나지 못할 때 신앙의 위기를 겪기도 합니다. 그러나 그 전략이 실패하는 단순 명료한 이유는, 그런 식의 간청의 기도가 계속해서 생각을 밀어내려는 시도이고 따라서 생각 속으로 더 깊이 얽혀들게 만들기 때문입니다. 당신이 신에게 버려졌다는 의미가 아니에요. 원래 마음이 작동하는 방식이 그런 것뿐이죠.

원치 않게 침투하는 생각은 언제나 **당신답지 않은** 생각이라고 느껴집니다. 당신의 외부에서 왔다는 말이 아니라, 어떤 이해할 수 없는 이유로 그 생각이 어디에선가 튀어나와 당신의 머릿속을 종횡무진하는 느낌이 든다는 것이지요. 심리학자들은 이를 **자아 이질적**ego dystonic 감정이라고 부릅니다. 침투하는 생각을 경험하는 사람들은 대부분 그 생각에 이런 감정을 느낀다고 할 수 있습니다.

여기서 분명히 할 게 있습니다. 자아 이질적 감정을 느낀다는 것은 누군가가 당신을 노리고 있다거나 다른 존재의 목소리가 들려오는 느낌이 든다는 말은 아닙니다. 편집증과는 다르다는 말이지요. 그보다는 당신 머릿속에 떠오른 생각에 너무나 낯선 행동이나 감정이 반영되어 있는 느낌이 드는 것입니다. 신앙이 있는 사람들 중에는 그런 생각이 사탄의 유혹이나 사악한 영혼의 목소리가 아닐까 궁금해하는 이들도 있을 정도지요. 대부분의 종교는 정상적인 정신의 흐름에 속하지 않는 것 같은 이런 경험을 각자의 방식으로 묘사합니다. 자기 생각의 내용이 너무나 자기답지 않게 느껴지니(예컨대 '오, 신이시여. 제가 정말 그렇게 죄 없는 아이에게 끔찍한 짓을 하게 될까요?') 뭔가 사악한 힘이 자신을 지배하는 게 틀림없다고 생각하는 사람들도 있습니다. 이들은 그런 일이 일어나면 자신이 신의 은총을 잃었다고 걱정하기 시작하고 기도가 응답받지 못했다고 여기면 한층 더 불안해하지요.

도움이 되는 사실: 원치 않게 침투하는 생각은 자신의 생각이 아닌 것 같은 느낌이 듭니다.

이런 이유로 침투하는 생각에 대처하는 방법으로서 기도 의식을 활용하는 것은 역효과를 내기 쉽고 따라서 그리 추천할 만한 방법이 아닙니다.

그러나 이 제안을 종교적 신앙이나 기도를 저버리라는 의미로

받아들이지는 마세요. 자애로운 신의 존재를 믿는 사람, 또는 그저 자신이 영적이라고 여기는 사람은 당연히 평소에 하던 대로 기도와 예배를 계속할 것을 권합니다. 그러나 원치 않게 침투하는 생각이 떠오를 때마다 신에게 용서를 구하거나, 예를 들어 "선하고 자애로운 신께서 나를 보살펴주실 거야."라고 되새기는 것, 그러면서 그런 행위가 그 생각을 없애주기를 바라는 것은 실제로 그 생각에 말려들고 얽힘을 강화하는 것이고, 잠시 약간의 안도감을 느끼더라도 이후에 더 많은 침투하는 생각을 불러오게 됩니다.

그래서 실제로 기도를 할 때는, 그 생각을 없애 달라고 요청하기보다는 당신이 만나게 된 이 책을 이해하고 믿도록 도와 달라고 신께 요청해보세요. 신은 당신이 선한 사람이고자 노력해 왔음을 아실 겁니다. 신은 당신이 이 책이 제시하는 내용을 믿기를 바랄 겁니다. 침투하는 생각은 벌이 아니지만 당신이 직면한 난관인 것은 분명합니다.

건강한 생활

많은 사람들이 원치 않게 침투하는 생각을 비롯하여 또 다른 불안이나 감정적 고통의 신호가 스트레스 때문에 생긴다고 생각합니다. 그래서 기분이 나아지기 위해 스트레스를 줄이려고 노력하지요. 압도당하는 느낌이나 통제력을 상실할 것 같은 느낌이 들 때마다 건강에 유익한 행동을 하려고 한층 더 노력하는 것이 보통입니다. 우리는 올바른 식습관을 유지하고, 적당한 정도의 운동을 하며, 술이나 그 밖의 다른 약물을 줄이고, 효과 있는 수면 습관을 세우고, 분명한 스트레스 원인을 피하는 것을 건강한 행동이라고 정의하지요. 그러나 직장을 바꾸거나 해로운 인간관계를 정리하는 것, 휴가를 가는 것은 스트레스를 줄일 수는 있지만 원치 않게 침투하는 생각이라는 문제에 대한 지속적인 해결책이 될 수는 없습니다.

건강한 식습관과 운동 습관을 유지해야 할 합당한 이유는 아주 많습니다. 실제로 건강한 식생활과 운동이 기분을 개선하고 불안을 줄이는 것은 분명합니다. 그러나 안타깝게도 그런 활동만으로 원치 않게 침투하는 생각을 멈출 수는 없답니다.

스트레스와 피로, 원치 않게 침투하는 생각은 분명히 관련이 있습니다. 좋은 식생활, 운동 습관, 수면 습관을 유지하고 해로운 약물을 피하고 스트레스를 줄이면 침투하는 생각의 강도와 빈도를 낮출 수 있습니다. 반대로 식사와 수면 습관이 나쁘고 운동을 하지 않으며 음주를 하는 데다 스트레스가 매우 심한 생활을 한다면 강도와 빈도 모두 증가할 겁니다. 그러나 여기서 여러분이 꼭 챙겨 갔으면 하는 핵심적인 사실은 건강한 생활이 원치 않게 침투하는 생각을 '치료'해주지는 않는다는 점, 그리고 건강에 해로운 생활 방식이 그 생각을 '초래'하는 것도 아니라는 점입니다. 건강한 생활은 마음의 끈적끈적함을 일시적으로 줄여줄 수는 있지만, 침투하는 생각을 지속시키는 다른 두 요인인 노력의 역설과 얽힘에는 아무런 영향도 끼치지 못합니다.

그 밖에 역효과를 내는 기법들

원치 않게 침투하는 생각을 제거하거나 우회하거나 회피하려는 기법은 모두 **통제하려는 시도**입니다. 여기서 문제는 통제하려는 시도가 노력의 역설을 일으키는 대표적 예이며, 반드시 얽힘을 악화하게 된다는 점이지요. 생각을 통제하려는 건 완전히 잘못된 태도입니다. 생각은 의미도 없고 해도 입히지 않으며 통제할 필요가 없다는 사실을 모르거나 무시하는 일이지요. 생각을 통제하려는 시도는 잘못된 메시지를 강화합니다. 또한 노력의 역설을 보여주는 사례로서 의도와 반대되는 결과를 내지요. 전혀 긴박하거나 중요하거나 위험하지도 않은 생각을 긴박하고 중요하고 위험한 것처럼 만드는 일입니다.

중독 치료자들의 모임에서 매일 읊는 '평온을 비는 기도'를 아시나요.

제가 바꿀 수 없는 것들을 인정할 줄 아는 마음의 평온함과, 바꿀 수 있는 것을 바꿀 용기와, 그 둘의 차이를 구별할 줄 아는 지혜를 주소서.

이 경우에 바꿀 수 없는 것은 원치 않는 생각이 침투하는 일(이건 그냥 일어나버리는 일입니다)과 그 생각과 함께 찾아오는 최초의 공포 혹은 감정적 동요입니다. 계속 말해 왔듯이 바꿀 수 있는 것은 그 일에 대한 당신의 반응이지요. 바로 그 반응을 바꾸는 것이 당신이 노력해야 할 일입니다.

그런 일이 일어나는 걸 그대로 허용하고 가짜 경보에 반응하지 않으려면 많은 용기가 필요합니다. 그냥 그 생각이 존재하도록 내버려두고, 그렇게 허용해도 괜찮다는 것을 (비록 스스로 100퍼센트 확신할 수는 없다 해도) 믿어야 하는 일이니까요.

그리고 이 점이 바로 잘못된 태도로 접근할 경우 각종 기법이 불편함을 줄이기는커녕 오히려 악화하는 이유입니다. 대처 기법을 일종의 신경안정제 같은 것으로 여기면 안 됩니다. 기법은 **일시적으로** 스트레스를 줄이는 데 도움은 되더라도, 노력의 역설과 얽힘 문제는 해결하지 못합니다.

기법을 어떻게 적용하느냐에 따라 도움이 되기도 하고 상황을 악화할 수도 있음을 보여주는 예가 있습니다. 복식 호흡이나 느린 호흡, 또는 횡격막 호흡을 하더라도 불안이나 생각을 없애려는 목적으로 해서는 결국 별로 도움이 되지 않습니다. 이와 대조적으로 달갑지 않은 생각이 있어도 그 생각을 그대로 **허용하면서** 천천히 자연스럽게 호흡한다면 실제로 도움이 될 수 있어요. 진정시키는 방법을 적용할 때도 생각을 없애겠다는 의도 없이 그저 그 생각이 드는 경험을 유지해도 괜찮다고 받아들인다면, 그 생각에 어떤 일이 벌어지는지 감시하거나 살펴봐야 할 필요가 없는 것이죠.

대중적 조언들

다음은 대중적인 잡지, 친구, 가족, 심지어 치료사들도 제안하는 기법들을 열거한 것입니다. 선의를 지닌 사람들도 종종 그런 대처 기법들을 **목표**처럼 대하며, 그 기법을 부지런히 연습하면 불안을 제어할 수 있게 될 거라고 말합니다. 도구 사용법을 능숙하게 익히면 필요할 때마다 잘 활용할 수 있을 거라고요. 안타깝게도 그 기법들은 모두 생각을 **통제**하려는 시도여서 결국에는 역효과를 내게 됩니다. 다음 중 실제로 효과가 있는 방법은 하나도 없습니다.

문제는 처음에는 도움이 되는 것처럼 보이더라도 어느 순간 더는 효과가 나지 않는다는 것입니다. 분명 여러분도 이미 시도해보고 그 사실을 알아차렸을 거라고 생각합니다. 효과가 사라지는 데는 그럴 만한 충분한 이유가 있는데, 물론 당신이 잘못했기 때문은 아닙니다.

이 기법들은 잘못된 태도를 취하고서 잘못된 메시지를 내보내고 있습니다. 여기서 목표는 **대처**하는 게 아니거든요. 대처는 본질적인 태도의 변화를 꾀하지 않기 때문에 효과가 지속되는 회복을 이룰 수 없습니다. 우리가 원하는 건 당신이 침투하는 생각이 나타나든 나타나지 않든 개의치 않는 경지에 도달하는 것입니다. 당신이 그 생각에 반응하는 경보 시스템을 꺼버리기를, 그리하여 편도체가 더는 위험을 경고할 필요성을 느끼지 않기를 바랍니다. 침투하는 생각과의 관계를 변화시켜 그 생각이 더는 당신에게 괴로움을 일으키지 않기를 바랍니다. 그러면 두려움과 끈적끈적함이 줄어들어 결국에는 그 생각이 당신을 전혀 괴롭히지 않게 될 것입니다.

다음 조언 중에서 당신이 시도해보았다가 그리 오래 효과를 보지 못했던 것이 몇 가지나 되는지 살펴보세요.

1. 의지력을 더 발휘해 긴장을 풀려고 노력하세요.

이 말은 노력을 더 기울이라는 것인데, 안타깝게도 긴장은 억지로 풀려고 할수록 더욱더 풀리지 않으므로 의도와 달리 노력의 역설을 불러오게 됩니다.

2. 그 생각에 대한 걱정을 그만두세요. 그러다 병납니다.

이 말은 걱정하는 게 그 생각보다 더 위험하다고 암시합니다. 이런 걱정에 대한 걱정은 염려와 불안과 끈적끈적함을 더 심화할 뿐이니 침투하는 생각을 줄이는 게 아니라 오히려 강화합니다.

3. 모두 다 괜찮아질 거예요. 내 말을 믿어요. 내가 장담합니다.

이는 명백히 가짜 위안의 목소리이자 공허한 위로입니다. 이 말이 떨어지게 무섭게 당신 내면의 걱정하는 목소리는 "그래요, 하지만……"이라고 응수할 겁니다.

4. 그 일이 일어날 확률을 계산해보세요.

이 조언은 흔히 합리적 논쟁 또는 추론이라고 합니다. 유감스럽게도 두려움에 사로잡힌 당신의 걱정하는 목소리는 그 조언에 바로 반박할 것입니다. 어떤 일이 일어날 가능성이 아무리 미미해도 달라질 건 없습니다. 걱정하는 목소리에게 중요한 건 그 일이 실제로 일어난다면 얼마나 끔찍할 것인가이니까요. 이 조언도 노력의 역설을 통해 얽힘을 심화할 뿐입니다.

5. 그 생각에 관해 생각하지 마세요. 뭔가 다른 걸 생각하세요.

주의를 돌리는 것은, 노력의 역설의 한 사례로 우리가 1장에서 살펴보았던 마음의 역설적 과정을 부르는 초대장입니다. 주의 분산의 효과는 일시적이며, 그 생각이 계속 되돌아온다면 당신은 더욱 필사적이 되거나, 답답함만 쌓이거나, 넌더리가 나거나, 두려움에 빠질 수 있지요.

6. 행복한 생각이나 긍정적인 생각을 하세요.

이게 바로 억압이며 앞의 조언과 똑같은 문제가 있습니다. 침투하는 생각이 위험하거나 당신의 나쁜 면을 드러내는 것이라고 암시하는 말이지요. 이는 얽힘을 심화하고 장기적으로 그 생각이 더욱더 끈적끈적해지도록 만듭니다. 수용하는 태도와 정반대죠.

7. 믿음을 더 지니세요. 그 생각이 사라지도록 기도하세요.

앞에서도 이야기했듯이 이런 식의 기도는 사기를 꺾는 지독한 방식으로 역효과를 낳을 수 있습니다.

8. 긍정적인 태도를 유지하세요. 부정적인 것은 부정적인 것을 끌어들입니다.

이는 심리학자들이 **마술적 사고**라고 부르는 것으로서, 생각에 얽혀드는 것의 한 예입니다. 생각이 세상의 실제적 사실에 영향을 끼친다는 증거는 전혀 없습니다. 그 생각도 생각일 뿐이지요. 생각으로 당신이 갑자기 죽게 만들어보세요. 아니면 생각을 사용해 책장을 넘어뜨리려 해보세요. 아무 일도 일어나지 않지요. 게다가 긍정적인 생각만 하려고 노력하면 노력의 역설을 통해 부정적인 생각이 더 많아지는 결과를 초래합니다.

9. 설탕과 커피를 줄이고 차를 마시고, 운동을 해서 그 생각을 떨쳐내세요.

앞에서도 말했듯이, 스트레스가 원치 않게 침투하는 생각을 초래한다는 말과, 생활 방식의 변화가 그 생각을 쫓아줄 거라는 말은 둘 다 사실이 아닙니다. 그 생각이 스트레스에 예민한 건 맞지만 스트레스로 인한 것은 아닙니다. 스트레스를 줄이면 끈적끈적한 마음의 몇몇 양상이 줄어들 수는 있지만, 얽힘이나 노력의 역설에는 아무 영향도 끼치지 않습니다.

10. 그 남자와 헤어지거나, 직장을 옮기거나, 휴가를 떠나거나, 뉴스를 보지 마세요.

이는 회피의 공식이며, 원치 않게 침투하는 생각이 계속해서 더 활활 타오르게 만드는 가장 효과적인 땔감이에요. 이 조언은 두 가지 실수를 저지르고 있습니다. 첫 번째 실수는 원치 않게 침투하는 생각은 당신의 신념과 일치하지 않아 보이더라도 의미심장한 메시지를 담고 있다고 암시한다는 것입니다. 이는 얽힘 현상의 한 예이지요. 예컨대 당신의 침투하는 생각이 당신이 사랑하는 남자친구에 관해 부정적인 이야기를 한다면, 이 조언은 그 생각의 메시지를 존중하여 그와 헤어지는 것이 좋다고, 그러기 전까지는 마음의 평화를 얻지 못할 거라고 단정하는 것이죠. 또 만약 당신의 정신 건강을 미심쩍어하는 침투하는 생각이 들지만 그 밖에는 다 괜찮다는 느낌이 든다면, 이 조언은 당신이 자신을 감정적으로 취약한 존재로 대해야 하고 삶에서 불안함을 초래하는 모든 것을 제거해야 한다고 권하는 것이죠. 두 번째 실수는 이중의 착오입니다. 하나는 침투하는 생각이 든다는 것은 당신이 무너지고 있는 증거라는 생각이고, 또 하나는 삶의 큰 변화나 스트레스 줄이기로 그 문제를 해결할 수 있다는 생각입니다. 회피로는 아무것도 해결하지 못합니다.

11. 이 고무밴드를 손목에 차고 있다가 그 생각이 들 때마다 고무밴드를 튕기세요.

이는 한때 '사고 정지'라 불렸던 기법이며, 원치 않게 침투하는 생각에 관해 제대로 이해하지 못했던 시절 치료사들이 실제로 권했던 방법입니다. 일종의 처벌인 이 방법을 쓰면 손목만 얼얼해지고 생각이 침투하는 빈도는 더 높아지죠. 이 방법은 그 생각을 피해야만 한다는 잘못된 메시지를 전달하며, 이런 태도로는 노력의 역설과 얽힘 모두 더 심해질 뿐입니다.

12. 명상과 요가 수행을 하면 생각이 사라질 것입니다.

명상과 요가 둘 다 마음이 끈적끈적해지는 성향과 생각에 얽혀드는 성향을 줄이는 데 도움이 될 수 있지만, 생각에 다른 식으로 접근하는 게 아니라 생각을 쫓아버리거나 정복하려는 의도로 행한다면 도움이 되지 않습니다.

기법들을 적극적이거나 투쟁적인 방식으로 쓰면 너무 필사적이 되거나 잘되지 않는 답답함과 안 되면 어쩌나 하는 두려움이 쌓이고, 생각이 더 끈적끈적해지며 얽힘이 더 심해져 결국 전형적인 노력의 역설로 빠지게 됩니다. 한편 그 기법들을 수동적 방식으로 쓰면 생각 자체가 위험도 아니고 싸워야 할 대상도 아니며 특별한 의미를 담고 있지도 않다는 사실, 그냥 내버려두면 저절로 사라질 거라는 사실을 점차 깨달을 수 있습니다.

여기서 우리가 지녀야 할 가장 좋은 관점은 얼핏 봐서는 전혀 이해가 가지 않습니다. 그건 바로 문제와 붙어 싸우기보다는 불확실성과 괴로움을 향하여 기꺼이, 그리고 의도적으로 다가가도록 노력해보는 게 좋다는 것입니다. 당신이 자신의 생각에서 떨어져 뒤로 물러나면 그 생각은 힘이 빠집니다. 공룡을 정면에서 직시하면 솜을 채워 만든 공룡 인형이란 사실이 드러납니다.

지금쯤 당신은 원치 않게 침투하는 생각에 관해, 그리고 그 생각을 없애는 데 최선이라 생각했던 많은 노력이 왜 그리 성공하지 못했는지에 관해 꽤 잘 이해하게 되었을 겁니다. 침투하는 생각의 다양한 유형을 살펴봄으로써 자신의 침투하는 생각이 어떤 유형인지 알게 되었을 테고, 민감한 생각과 감각과 기억을 접할 때 자동적으로 경보 반응을 촉발하는 뇌의 작동에 관해서도 잘 알게 되었겠지요. 생각을 더 달라붙게 만드는 아홉 가지 오해를 타파할 정보도 얻었습니다. 또한 우리는 원치 않게 침투하는 생각이 달라붙는 이유는 바로, 그 생각이 당신답지 않고 당신의 믿음과 가치 체계와 불일치하는 느낌이 들기 때문이라는 것도 밝혔습니다. 모든 침투하는 생각에서 가장 나쁜 부분은 생각 자체가 아니라 그 생각이 든 이후 당신이 갖다 붙이는 내면의 논평이라는 것도 이제 당신은 이해하게 되었을 겁니다. 그렇게 말꼬리 달듯이 하던 논평을 줄이면 스트레스는 줄어듭니다. 또한 우리는 끈적끈적한 마음, 노력의 역설, 얽힘이라는 세 요인이 힘을 모아 원치 않는 침입자의 생명을 유지하는 방식도 설명했습니다.

그러니 이제는 당신이 배운 것을 적용하여 회복을 향해 계속 나아갈 때입니다. 당신의 목표는 바로 그 침입자들과 관계를 끊고 그것들이 당신의 인생을 비참하게 만들지 못하도록 막는 것입니다. 이 과제는 이중으로 되어 있습니다. 하나는 원치 않게 침투하는 생각이 머릿속에 떠오를 때마다 당신이 취해야 할 올바른 태도를 배우는 것입니다. 다른 하나는 그렇게 배운 새로운 태도가 습관적 반응 또는 자동적 반응이 되도록 당신의 뇌를 다시 훈련하는 것이죠. 당신의 목표는 그 위협적인 생각의 중요성이 점점 더 떨어지게 함으로써 그 생각의 내용과 맺고 있던 관계를 근본적으로 변화시키는 것입니다. 단순히 매번 불안과 괴로움을 관리하는 것이 아니라, 원치 않게 침투하는 생각이 당신을 괴롭힐 수 있다는 걱정 자체를 실질적으로 극복하는 것을 목표로 삼아야 합니다. 다음 장에서 당신은 그런 생각의 침투에 이전과 근본적으로 다르게 반응하는 뇌 회로를 만들 겁니다. 불안에 떨게 하던 침투하는 생각을 과거지사로 만드는 작업으로 함께 넘어가봅시다.

7장

생각이 일어날 때
생각을 다루는 법

＊
＊
＊

　이 장에서는 최근에 겪은 촉발물에 대한 반응으로든 그냥 난데없이 솟아난 것이든, 원치 않게 침투하는 생각이 떠올랐을 때 당신이 겪는 괴로움을 줄일 방법을 알아볼 것입니다. 모든 건 그 생각을 대하는 당신의 태도에 달려 있습니다. 좋은 효과를 내는 태도는 바로 **수용**acceptance의 태도입니다. 이 장에서는 수용이 무엇을 의미하고 또 무엇을 의미하지 않는지 그 뜻을 정의하고, 그 태도를 배우기 위한 구체적인 단계를 알아봅니다.

　먼저 우리는 각각의 침투하는 생각이 일어날 때 가장 좋은 대처법을 여섯 단계로 나누어 소개할 거예요. 그 침입자들에게 어떻게 반응해야 하는지 알려주는 상세한 개요를 제공할 겁니다. 이어서 그 지침을 성공적으로 따라하는 것을 방해하는 반응 중 가장 흔한 세 가지를 소개합니다. 그런 다음에는 다양한 이야기와 은유를 통해 수용의 태도가 어떻게 치유의 효과를 발휘하는지 보여줄 겁니다.

앞에서도 이야기했듯이 침투하는 생각 때문에 괴로워하고 거기 맞서 싸우면 시간이 흐를수록 그 생각은 더 강해지고 끈적끈적해져 잘 달라붙게 됩니다. 하지만 다른 대부분의 상황에서는 반복되는 것은 따분해지기 마련이고, 그러면 익숙해져서 더는 주의를 기울이지 않게 되지요. 그렇다면 이런 식의 생각에는 왜 익숙해지지 않는 걸까요? 우리는 모두 공포를 똑바로 직시하면 공포가 사라지므로 공포에 노출되는 것이 좋은 방법이라고 배워 왔습니다. 엘리베이터를 두려워하는 사람도 계속해서 엘리베이터를 타다 보면 언젠가는 두려움을 극복하게 되지요. 사람들 앞에서 말하는 게 두렵다면 매주 그걸 가르쳐주는 수업을 들으세요. 그런데 왜 원치 않게 침투하는 생각에는 이 방법이 통하지 않을까요? 분명 당신은 그 생각에 이미 충분히 노출되었을 텐데 말입니다.

문제는 노출이 올바른 방식으로 실행되어야 한다는 점입니다. 그렇지 않으면 오히려 역효과를 낼 수 있고 실제로 침입한 생각에 힘을 더 실어주고 그 생각을 더 강력하게 만들 수 있습니다. 제대로 된 노출은 기꺼이 하려는 의지에 따라 큰 무리 없이 해낸 것이어야 합니다. 상식적으로 그 생각이 일어나는 순간에 대처하는 데 도움이 된다고 하는 방법 중에는 이 조건에 맞지 않는 것이 많습니다. 구체적으로 말하면, 침투하는 생각을 붙들고 끙끙대는 것이야말로 그 생각이 계속 다시 돌아오도록 만드는 것입니다. 그 결과 좋은 의도로 최선의 노력을 다하면서도 실제로는 문제를 더 연장하고 있는 것이죠.

매번 원치 않게 침투하는 생각이 일어나는 순간에 그 생각에 대처하는 것과, 그 생각과 관계를 끊는 것에는 차이가 있습니다. 당신이 이 책을 읽는 건 침투하는 생각이 당신의 (혹은 당신에게 아주 소중한 어떤 사람의) 삶을 무척 괴롭게 하기 때문이겠죠. 그러니 당신은 침투하는 생각이 머리를 비집고 들어오는 순간마다 **당장** 할 수 있는 일을 알고 싶을 겁니다. 이는 완벽히 이치에 맞는 접근법이며, 이 장에서 우리는 각각의 침투하는 생각이 **일어나는 순간**에 대처하는 가장 효과적인 방법을 제시할 것입니다. 앞 장에서 살펴본 상식적인 대처 방법이 대부분 그다음 침투하는 생각을 더 강화하는 결과를 초래한 것과 달리, 우리가 소개하는 방법은 많은 사람들에게 아주 큰 도움이 되고 있습니다.

단순히 각각의 침투하는 생각에 대해 최선의 대응을 하려 할 때는 어떤 특정한 생각이 침투하는 시간을 최소한의 고통과 괴로움만으로 벗어나는 것이 목표입니다. 다음번 생각의 침투에 어떻게 더 잘 대처할지 배우는 것은, 그냥 그 순간을 잘 벗어난다는 주목적에 비해서는 부차적이죠. 그 결과 대체로 장기적인 변화는 별로 이루지 못합니다. 당신은 이미 회피와 안심과 정당화와 논쟁에 의존하는 이전의 대처 방법이 장기적으로 효과가 없다는 것을 알고 있습니다. 이 방법들 모두 생각에 힘을 부여하고 다음번에는 그 생각이 더 강력하고 무서워지도록 만듭니다.

하지만 아주 반가운 소식이 있습니다. 지금까지 당신이 배운 정보 하나하나가 생각의 침투에 대한 당신의 관점과 이해에 변화를 일으켜 왔다는 것입니다. 생각에 관한 여러 오해를 타파하는 과정에서 당신이 침투하는 생각과 맺는 관계에도 변화가 생겼을 테고요. 그리고 지금 당신은 상식적인 대처법이 실제로 문제를 더 키우는 이유도 이해하고 있습니다.

이 장의 목표는 두 가지입니다. 첫째는 침투하는 생각이 일어날 때마다 더 잘 대처하는 방법을 알려주는 것이며, 둘째는 당신의 뇌를 다시 훈련하는 것입니다. 이 두 가지는 서로 협조하며 이루어집니다. 대처하는 방식을 개선하다 보면 두려움을 덜 느끼도록 뇌를 훈련하는 과정이 자동적으로 시작되기 때문이지요.

괴로움을 줄이는 여섯 단계

각각의 침투하는 생각에 대처하는 일은 기본적으로 여섯 단계로 이루어집니다. 이를 규칙적으로 연습하면 나쁜 습관을 고치고, 앞으로 일어날 침투하는 생각에 덜 예민해지도록 뇌를 훈련할 수 있습니다.

1. 알아차리기
2. 그냥 생각일 뿐
3. 수용과 허용

4. 휘말리지 않고 그냥 느끼기

5. 시간 흘려보내기

6. 하던 일 계속하기

1단계: 알아차리기

잠깐 멈춰서 생각에 꼬리표를 달아봅니다. "지금 생각 하나가 내 의식으로 침투했구나. 이건 침투하는 생각이야. 이 생각이 내 관심을 끄는 건 특유의 느낌을 주기 때문이지." 이런 식의 말을 자신에게 들려주세요.

걱정하는 목소리: 내가 내 아들을 죽이면 어쩌지?

지혜로운 정신: 이건 침투하는 생각이야. 끔찍한 기분이 드는 걸 보면 알 수 있지.

이 단계는 매번 생각이 침투하는 순간을 당신이 어떻게 경험하는지 관찰하는 과정입니다. 어떤 감정이 느껴지나요? 어떤 감각이 침투에 뒤따르나요? 지금 당신은 가능한 한 마음챙김의 상태를 유지하려 애쓰면서, 호기심을 보이되 판단하지 않는 시각으로 자신을 관찰하고 있습니다.

이미 당신의 경보 반응이 그 생각을 **위험한 것**으로 분류하여 당신의 몸을 그 생각에 맞서 싸우거나 달아나기 적합한 상태로 준비시키는 중이므로, 이럴 때 판단하지 않으면서 관찰한다는 것은 직관에 어긋나는 행동이지요. 그러므로 여기서 당신이 목표로 삼아야 할 것은 전혀 예상하지 않을 때 나타나더라도 그 생각을 기꺼이 허용하겠다는 태도를 갖추고, 불시에 나타난 그 생각에 너무 놀라지 않도록 노력하는 것입니다. 그렇게 하면 습관이 되어 있는 자동 반응을 중단할 가능성이 커지고, 그 반응을 충분히 오랫동안 중단한다면 당신은 "잠깐, 이건 위험하게 느껴지지만 위험하지 않은 그런 생각 중 하나잖아. 이건 침투하는 생각일 뿐이야."라고 자신에게 말할 수 있게 됩니다.

이 일을 어렵게 하는 요소는 또 있어요. 누구든 언제나 자신의 판단이 옳다고 100퍼센트 확신할 수는 없다는 점이죠. 우리가 틀렸을 가능성은 항상 존재합니다.

불안 사고에 사로잡혔을 때는 99퍼센트의 확실성도 부족하게 느껴졌던 것을 기억할 겁니다. 어떤 위험이든 적당한 정도라고 여겨지는 위험은 없어요. 당신은 전적으로 완전한 확실성을 구하고 있지요. 이렇게 확실성을 얻어내려는 노력은 걱정하는 목소리에 먹이를 제공해서, 그 생각을 침투하는 생각으로 분류하는 걸 더 어렵게 만든답니다. 매사에 열심인 편도체가 촉발한 경보 반응의 결과라는 사실보다는 생각의 내용 자체에 더 초점을 맞추게 되지요. 그래서 생각에 꼬리표를 붙여주는 것이 적당한 불확실성을 자기 삶에 받아들이는 기술을 연습하는 데 도움이 된다고 하는 것입니다. 이 중요한 요소에 대해서는 8장에서 더 자세히 이야기하겠습니다.

도움이 되는 사실: 확실성은 느낌이지 사실이 아닙니다.

2단계: 그냥 생각일 뿐

사실을 되새기세요. 이미 당신이 알고 있는 정보를 상기하여, 그 생각이 자동적인 것이며 그냥 두어도 당신은 **안전하다**는 사실을 떠올립니다. 이렇게 가볍게 말해보세요. "이 생각은 자동적인 것이고 가만히 두는 게 상책이다."라고요.

이 사실을 부드럽게 자신에게 들려주는 것만으로도 생각의 얽힘에서 풀려나오는 데 도움이 된답니다.

걱정하는 목소리: 아악, 안 돼!

지혜로운 정신: 생각은 그냥 생각일 뿐. 허섭스레기 같은 생각은 그냥 허섭스레기 같은 생각일 뿐. 아무것도 할 필요 없어.

스스로 이런 사실을 되새기면 자신이 통제할 수 있는 것과 없는 것을 구분하는 데 도움이 되지요. 앞에서 보았듯이 어떤 생각과 그에 따라오는 쇄도하는 괴로움은 자동적인 것이며, 우리는 이를 일차 공포라고 불렀습니다. 이것은 당신이 통제할 수 있는 범위 밖의 일입니다. 하지만 이걸 기억하세요. 일차 공포를 이차 공포로 키울지 아니면 그냥 내버려둘지는 당신 하기에 달렸다는 것을요. 그냥 내버려두면 자연적인 진정 과정이 절로 진행됩니다.

생각을 그냥 내버려두는 것은 얽힘을 피하는 방법이기도 합니다. 이 시점에 무엇이든 노력이 들어가는 일을 한다면, 그 일은 일차 공포를 이차 공포로 키우게 될 가능성이 있어요. 이때가 바로 노력의 역설이 생각을 더 오래 연장하고 더 위험해 보이게 만드는 그 단계랍니다. 중국식 손가락 트랩을 생각해보세요. 손가락을 빼내려면 상식적인 반응과 반대로 행동해야 하지요. 생각을 그냥 두는 것 역시 상식과는 정반대라고 느껴지겠지만, 붙들고 있는 생각을 풀어내기 위한 가장 좋은 방법이랍니다. 생각과 줄다리기를 하고 있다고 치고, 당신이 밧줄을 놓으면 어떤 일이 벌어질지 생각해보세요.

당신이 할 일은 이미 알고 있는 사실을 다시 되새기는 것뿐입니다. 생각의 침투, 공포의 습격, 그리고 생각에 위험이라는 꼬리표를 붙이는 일은 모두 아주 순식간에 일어납니다. 하지만 당신은 그 순간에 당신의 지혜로운 정신을 불러내야 한다는 걸 기억하고 이렇게 말합니다. "이게 지나갈 때까지 난 여기서 빠져 있으면 돼."

3단계: 수용과 허용

수용하고 허용하세요. 당신 머릿속에 떠오른 그 생각을 밀어내려 하지 말고요. 이건 많은 사람들이 질문하고 또 이해하기 어려워하는 좀 복잡한 제안이기는 합니다. 나중에 더 자세히 이야기할 텐데, 일단은 이것만 알아 둡시다. 지금 해야 할 일은 주의를 딴 데로 돌리지 **않는** 것, 그 생각을 상대하지 **않는** 것, 논리적인 설명으로 그 생각을 해소하려 하지 **않는** 것이에요.

걱정하는 목소리: 내가 그 애를 죽이면 어쩌지?

가짜 위안: 아니, 넌 그러지 않을 거야. 넌 그냥 피곤한 거야. 어쩌면 무의식적으로 네 아들에게 화가 나 있는지도 몰라. 아니면 상한 고기를 먹었거나. 그런 나쁜 생각이 든 데는 다 그럴 만한 이유가 분명 있어.

지혜로운 정신: 수용하고 허용한다는 건 그 생각을 가만히 내버려두는 거야. 어떻게 굴러가든 그냥 둬. 그냥 관찰하면 돼.

스스로 생각의 내용이나 의미를 탐색하려는 시도를 하게 두지 마세요. 그 생각 때문에 생겨났다고 여겨지는 문제를 해결할 방법을 생각해내려고 노력하지 마세요. 그건 답이 없는 문제의 답을 풀려고 시도하는 거니까요. 심지어 그건 진짜 문제도 아닌데 말이죠!

생각을 **수용하고 허용한다**는 것은 무슨 뜻일까요? 수용한다는 것은 "이 생각과 그에 따른 비참함은 영원히 내게 달라붙은 것이니 그냥 견뎌낼 수밖에 없다."는 의미가 아닙니다. 또 "이 생각의 내용이 말해주듯 나는 악당이거나 미쳤거나 결함 있는 사람이라는 것을 받아들여야만 해."라는 뜻도 아닙니다. 수용하고 허용한다는 것은 그 생각이 사라지기를 바라는 것이 아니라, 그 생각이 존재하는 것을 당신이 **능동적으로** 허용한다는 것을 의미합니다. 이런 태도는 그 생각이 중요하지 않다는 것을 당신이 이해하도록 도와주지요. 주의를 기울이거나 반응할 필요가 없는 생각이라는 뜻이니까요. 그러다 보면 당신은 심지어 침투하는 생각을 뇌에게 새로운 방식을 가르칠 수 있는 반가운 기회로 여기게 될지도 모릅니다.

또한 수용하고 허용하는 것은 또 다른 침투하는 생각도 떠오를 수 있다는 점까지 인정하는 것입니다. 그러니까 능동적으로 그 생각의 존재를 허용한다는 것은 또 다른 생각도 일어날 수 있다는 것을 자신에게 알려주는 것이기도 합니다.

"악마는 디테일에 있다."라는 말이 있지요. 이 말은 실수는 대개 어떤 일의 작은 부분에서 벌어진다는 뜻입니다. 때로는 당신의 반응에서 아주 사소해 보이는 부분 하나로 받아들이느냐 말려드느냐가 결정되기도 합니다. '이건 침투하는 생각이야.' 또는 '생각은 그냥 생각일 뿐.'이라고 생각하는 것과 '이 생각은 사실이 아니야.'라고 생각하는 것 사이에는 결정적인 차이가 있습니다. 앞의 두 진술은 생각에 꼬리표를 붙이고 생각의 내용에 개의치 않는 것입니다. 뒤의 진술은 생각의 내용이 참인지 거짓인지 저울질합니다. 게다가 생각의 내용에 자기 확신까지 더함으로써 그 내용이 심사숙고해볼 가치가 있다고 암시하지요. 그러니까 '이건 침투하는 생각이야.'라는 말은 침투하는 생각을 허용하는 것인 반면, '이 생각은 사실이 아니야.'라는 말은 그 생각에 말려드는 것이지요. 말려드는 것에서 수용하고 허용하는 것으로 태도를 바꾸는 일은 상당히 미묘할 수 있습니다.

배척하지 않고 수용하는 것, 또한 개별적 생각 하나하나에 말려들지 않는 것의 의미는 이렇게도 이해해볼 수 있습니다. 가짜 위안의 목소리는 언제나 걱정하는 목소리를 더욱 자극하지요. 원치 않게 침투하는 생각에 말려들지 않으려면 가짜 위안이 입을 다물게 해야 합니다. 가짜 위안이 침묵하면 걱정하는 목소리가 계속 두려움을 뿜어내는 데 필요한 연료가 떨어지지요. 가짜 위안을 침묵시키는 것도 침투하는 생각에 말려들지 않는 방법입니다.

언제든 최초의 경보를 느끼는 건 충분히 예상할 수 있는 일이라는 걸 기억하세요. 그건 편도체가 맡은 임무를 수행하는 것일 뿐입니다. 하지만 최초의 경보가 몰고 온 괴로움을 느꼈다면 곧바로 이어서 당신이 해야 할 일은 가짜 위안을 저지하는 거예요. 다음은 당신이 잠재워야 할 가짜 위안의 습관입니다. 이런 습관은 멀리하세요. 가짜 위안이 나서려는 걸 눈치챘다면 이제 당신의 주의와 관여를 부드럽게 거둬들이세요.

가짜 위안이 당신에게 원하는 것은 이런 것들입니다.

- 어떤 방식으로든 그 생각에 말려드는 것
- 그 생각이 던지는 질문에 답하는 것
- 그 생각을 머리에서 몰아내려 하는 것
- 그 생각이 무엇을 '의미하는지' 고민하는 것
- 그 생각이 '참'인지 '거짓'인지 판단해보려 하는 것(생각은 사실이 아니라는 걸 기억하세요.)
- 왜 하필 지금 그 생각이 떠올랐는지 분석하는 것
- 절대로 그 생각이 말하는 대로 하지 않겠다고 다짐하는 것
- 생각대로 행동할 가능성을 피하기 위해 행동을 바꾸는 것

- 어떤 식으로든 안심하기 위한 수단을 찾는 것

가짜 위안을 잠재울 때마다 당신이 침투하는 생각에 논평을 붙이는 일도 최소한으로 줄어듭니다. 계속 이야기하고 있듯이, 원치 않게 침투하는 생각의 가장 큰 문제는 생각 자체가 아니라 그 생각에 이어지는 내면의 대화입니다. 걱정하는 목소리와 가짜 위안이 아웅다웅하는 걸 눈치챘다면, 바로 지혜로운 정신에게 다가가세요. 그러면 지혜로운 정신이 그런 내면의 대화는 시도할 가치도 없다고 알려줄 거예요.

수용하고 허용하는 것은 사실 어떤 기법이라기보다 태도입니다. 생각은 우리가 저항할수록 더 끈질기게 버틴다는 사실을 흔쾌히 인정하는 태도입니다. 생각이 존재한다는 사실을 허용하면 당신은 더는 생각 때문에 끙끙거리지 않게 되고, 그 생각은 힘을 잃습니다. 이럴 때 당신은 지혜로운 정신의 태도를 지니고 있는 것이죠. 이 새로운 태도로 원치 않게 침투하는 생각을 다루는 법을 연습하다 보면, 처음에는 예전의 습관을 깨기가 어렵다고 느껴질 거예요. 아직은 그 생각이 중요하지 않다는 걸 완전히 믿는 경지에 도달하지 못했기 때문인데요, 그래도 당신이 도달해야 할 목표 지점은 바로 거기입니다.

도움이 되는 사실: 수용하고 허용하는 것은 기법이라기보다는 태도입니다.

4단계: 휘말리지 않고 그냥 느끼기

다툼에 **휘말리지 않고** 거리를 둔 채 그 생각이 주는 **느낌이 거기 그대로 머물도록** 허용합니다. 자신이 미래의 상상 속으로 저만치 앞서 나가 있음을 알아차릴 때마다 현재로 돌아오세요. 그 모든 생각을 떨치고 현재의 감각으로 돌아옵니다. (무엇이 보이고, 들리고, 냄새나고, 만져지나요?) 만약에 관한 생각이 아니라 **현재에 집중**하세요.

걱정하는 목소리: 나 못 버티겠어. 이 생각이 계속 떠올라. 이 생각을 제거하지 못한다면 오늘 밤 한숨도 못 잘 거야.

가짜 위안: 그 생각을 밀어내지 못한 거야? 내일 시험이 있으니까 긴장 풀고 쉬어야 하는데. 다른 걸 생각해봐. 수면제 먹으면 잘 수 있을지도 몰라.

지혜로운 정신: 내가 널 지켜보고 있어. 지금 넌 만약에 관한 생각에 휘말려 있는 거야. 이런 식으로 미래를 상상하면 지금의 현실을 그대로 인정할 수 없어. 네 발 밑의 바닥이나 난방기에서 나는 소리에 주의를 기울여봐. 바로 지금 네가 감지할 수 있는 것들에 초점을 맞춰. 네가 답답해하는 게 느껴져. 그 감정을 느끼고, 그 생각을 있는 그대로 내버려둬. 감각은 매 순간 바뀌고, 생각도 마찬가지야.

다툼에 휩쓸리지 않는 것은 혼란스러운 경험에서 자신을 분리해

내는 방법입니다. 생각과 맞붙어 겨루는 것과는 다르죠. 이윽고 당신은 그 생각에 즉각 위험하다거나 참을 수 없다는 꼬리표를 붙이는 게 아니라, 자신이 느끼는 불쾌감을 호기심 어린 시각으로 관찰하게 될 겁니다. 휩쓸리지 않는 것은 당신의 지혜로운 정신과 연결하는 일이지요. 그것은 적극적이지 않고 긴박하지 않으며 노력하지 않는 관찰의 태도입니다. 괴로워하지 않고 말려들지 않으며 수동적인 태도이지요. 또한 판단하지 않는 태도입니다. 언제까지든 생각이 있을 때까지 있도록 허용하는 것입니다. 그것은 **얽힘의 정반대**입니다.

5단계: 시간 흘려보내기

시간이 흐르도록 두세요. 재촉하지는 말고요. 호기심은 있고 치우침은 없는 관점에서 당신의 불안과 괴로움을 관찰하세요. 앞선 단계의 처방이 효과가 있는지 계속 확인하려 하지 마세요. 그 생각을 있는 그대로 그냥 두세요. 생각일 뿐입니다. 서두를 것 없어요.

걱정하는 목소리: 내가 얼마나 더 오래 이걸 참을 수 있을지 모르겠어. 미칠 것 같아. 이게 언제 끝날까?

가짜 위안: 대처 방법들이 효과를 못 내고 있는 것 같으니까 내가 그 방법을 다시 한번 읽어줄게. 긍정적 확언을 하자. 나는 선량한 사람이다, 나는 선량한 사람이다, 나는 선량한 사람이다. 이런 나쁜 생각은 보통 몇 분이면 지나간다고 여기 나와 있어. 시간을

재보자.

지혜로운 정신: 나는 하루 종일 이런 생각이 들어도 아무렇지 않게 지낼 수 있어. 내 불편함은 위험에 처한 것과는 아무 상관이 없거든. 그냥 생각일 뿐이야.

시간을 흘려보내는 것은 회복을 위한 가장 중요한 기술 중 하나입니다. 어떤 생각이 자꾸만 반복해서 긴박하다는 느낌을 주는 것은 불안의 신호라는 걸 기억하세요. 긴박감은 불편한 것일 뿐 위험한 것은 아닙니다. 그것은 생각에 자동적으로 따라붙는 느낌일 뿐, 행동하라는 신호는 아니에요. 기분이 나아질 때까지 손꼽아 기다리는 것은 당신을 미래로 날려 보내고, 불편함을 가중시키며, 당신이 그 생각과 더 맹렬히 싸우게 만듭니다. 지금까지 밟아 온 단계들이 효과가 있는지 확인하는 것 역시 그 생각을 자극하는 또 하나의 방식일 뿐입니다. 서두르지 마세요. 그냥 두세요. 당신이 상대하는 건 불편한 느낌이지 위험이 아니에요. 시간은 당신의 정상적인 진정 반응이 저절로, 자연스럽게 효과를 내게 해줍니다.

도움이 되는 사실: 원치 않게 침투하는 생각에 따라오는 긴박하다는 느낌은 뇌가 보내는 거짓 메시지입니다.

시간이 흐르게 내버려두는 동안, 미래에 대한 생각과 습관적으로 재앙을 예상하고 걱정하고 판단하던 논평이 다시 머릿속으로 들어온 걸 알아차렸다면, 당신의 마음이 현재로 돌아오도록 부드럽게 안내해주세요. 지금 당신에게 아무 의미 없는 생각이 떠오르고 있음을 알아차리세요. 당신이 또다시 그 생각을 붙들고 씨름하고 있는 걸 알아차릴 때마다 휘말리지 말고 거리를 둔 채 시간을 흘려보내는 상태로 되돌아가세요. 서두를 것 없어요. 위험한 것도 없고요. 당신의 감정과 감각에 주의를 기울이세요. 당신의 지혜로운 정신이 현재에 머무르게 하세요. 속도를 늦추세요. 당신은 의도적으로 속도를 늦출 수 있고, 더 천천히 말하고, 더 천천히 걷고 행동할 수 있습니다. 생각이나 감정을 몰아내지 않아도 괜찮아요. 아마 당신은 새로운 감각을 발견하고, 새로운 생각이 머릿속을 스쳐 지나가는 것을 느끼게 될 것이고, 어쩌면 새로운 기억까지 떠오를 수도 있어요. 그것들이 당신의 의식을 지나쳐 갈 때 그저 알아차리세요.

6단계: 하던 일 계속하기

침투하는 생각이 떠오르면 그 생각이 머릿속에 있는 중에도, 무엇이든 그 전에 **하고 있던 일을 계속하세요.**

걱정하는 목소리: 나 덜덜 떨려. 그 생각이 또 바로 되돌아오면 어쩌지?

가짜 위안: 잠시 쉬어. 그럼 좀 나을 거야. 휴식하면서 시간을 좀 보내. 너는 지금 막 총알을 피한 거나 다름없어. 너 자신에게 너

무 스트레스 주지 마. 편하게 생각해.

지혜로운 정신: 떨리는 느낌은 위험한 게 아니라 불편한 것이고, 그 생각이 다시 돌아오리라는 생각 역시 또 하나의 생각일 뿐이야. 게다가 무의미한 생각이 다시 떠오른들 그게 무슨 대수겠어. 나는 평소에 늘 하던 일을 하면서 내 생활을 이어 갈 거야.

지금 당신은 자신의 생각과 관계 맺는 새로운 방식을 연습하고 있다는 걸 잊지 마세요. 생각이 지닌 힘을 빼앗는 가장 효과적인 방법은 그 생각이 떠오르기 전에 하고 있던 일과 하려 했던 일을 계속하는 것입니다. 원치 않게 침투하는 생각을 마음의 테러리스트라고 생각해보세요. 테러리스트들이 사람들의 삶의 방식을 바꿈으로써 목적을 달성하는 것처럼, 하던 일을 그만둬야만 한다고 느끼는 것은 그 테러리스트들의 메시지에 힘을 실어주는 일입니다. 비록 두려운 느낌이 들더라도(이건 당신의 편도체가 맡은 임무를 수행하고 있기 때문이에요), 침투하는 생각이 또 다시 떠오르더라도, 당신이 할 수 있는 가장 효과적인 대응은 아무 일도 일어나지 않은 것처럼 계속 삶을 이어 가는 것입니다.

지금 당신은 다음번에 떠오를 불편한 생각에 더는 권한과 힘을 부여하지 않도록, 새로운 방식으로 원치 않게 침투하는 생각을 다루는 법을 배우는 중입니다. 그 새로운 태도는 침투하는 생각에 나 있던 가시를 제거해줄 거예요. 이제 이 목표를 이루는 걸 가장 많이 방해하는 장해물들을 살펴봅시다.

이상한 생각에 말려드는 이유

생각의 침투가 일어난 직후 전형적으로 나타나는 세 가지 반응이 있습니다. 모두 아주 흔한 반응이지요. 이들은 전형적으로 얽힘과 노력의 역설을 유발하며, 앞의 여섯 단계를 실천하는 데 훼방을 놓습니다. 이 전형적인 반응이 어떻게 회복을 방해하는지 이해하면, 원치 않게 침투하는 생각이 나타났을 때 수용을 연습하기가 훨씬 수월해집니다. 그 반응은 죄책감, 의심, 긴박감입니다.

죄책감

죄책감(과 죄책감이 유도하는 안심 얻기 노력)은 수용의 태도를 취하는 걸 방해합니다. 원치 않게 침투하는 생각이 일어나고 나면 죄책감의 파도에 휩쓸리는 사람들이 있습니다. 그럴 때 그들은 다른 사람들에게서 자신이 나쁜 사람이 아니라거나, 자신의 그런 생각이 누구에게도 해를 입히지 않는다는 것을 확인받으려 하지요. 이를 **논평의 외면화**라고 합니다. 걱정하는 목소리와 가짜 위안, 지혜로운 정신 사이에 오가는 내적인 대화를 실제 삶 속의 사람들과 나누려 한다는 뜻이지요. 이것은 안심을 얻기 위한 노력의 일종이에요. 다른 사람들에게 당신의 생각이 아무 문제 없다는 말을 해달라고 요청하는 것이죠. 그리고 안심을 얻기 위한 모든 행동이 그렇듯이 이 역시 일시적인 안도감은 주지만 결국 침투하는 생각에 더 큰 힘을 부여하는 결과를 초래합니다.

죄책감을 유발할 수 있는 침투하는 생각의 범위는 어마어마하게 넓습니다. 남에게 해를 입히거나 자해하는 일에 관한 침투하는 생각은 '이런 생각까지 하다니 나는 도대체 어떻게 생겨 먹은 인간인 걸까?'라는 식의 죄책감을 불러올 수 있습니다. 신성 모독적인 생각이 일어난 뒤에는 자신이 신앙심 없고 죄 많은 사람이라고 느껴지겠죠. 이런 상황에서 다른 사람들에게서 안심을 얻으려 한다면 그 사람들에게까지 불안이나 두려움을 안겼다는 죄책감이 더해지는 위험도 무릅써야 합니다. 한편으로 당신은 그런 나쁜 생각이 당신의 인격을 반영하는 게 아니라는 안심시켜주는 말을 듣고자 할 수도 있는데, 이는 물론 가짜 위안의 목소리를 더욱 강화하게 되지요. 당신의 목표는 가짜 위안의 목소리를 잠재우는 것임을 잊지 마세요.

다음은 원치 않게 침투하는 생각에 시달리는 사람의 내면에서 벌어지는 전형적인 논평 혹은 대화입니다. 여기서 이 사람은 자기 자신과 논쟁을 벌이는 것이지요.

걱정하는 목소리: 지혜로운 정신은 이런 생각을 해도 괜찮다고 계속 말하지만, 나는 '마음속으로 갈망하는 것'도 실제로 행하는 것만큼 나쁘다고 생각해.

가짜 위안: 걱정하는 목소리야, 어차피 넌 교회에도 안 가잖아. 갑자기 왜 그렇게 도덕에 집착하는 거야? 내가 우리 목사님한테 물어봤는데, 누구나 나쁜 생각을 하는 거라고 하셨어. 넌 그냥 용

서만 구하면 돼. 그러면 용서받을 거라고.

지혜로운 정신: 서두르지 마. 내가 보기엔 용서를 구할 필요가 전혀 없어. 용서를 구하는 건 네가 실제로 뭔가 나쁜 일을 고의로 저질렀을 때. 그리고 네게 선택권이 있는데도 잘못된 선택을 한 상황에서 하는 거야. 선택의 여지가 없거나 통제할 수 없는 일에 대한 책임은 우리에게 없어. 우리 머릿속에 떠오르는 걸 우리가 통제할 수 있다는 말은 한마디로 틀린 말이야. 우리는 어떤 행동을 선택할지는 통제할 수 있지만, 자동적으로 그냥 떠오르는 생각은 통제할 수 없어.

그리고 다음은 외적으로 안심 얻기가 전개되는 방식입니다. 걱정하는 목소리의 볼륨을 더 높여놓은 것 외에 내면의 대화와 아주 비슷하다는 것, 그리고 아무 도움도 안 된다는 걸 알 수 있습니다.

본인: 나 끔찍하게도 방금 내 조카를 두고 성적인 생각을 했어. 얼마나 순수하고 사랑스러운 아이인데.

친구: 네가 절대 그런 짓을 하지 않으리라는 거 너도 잘 알잖아. 누구에게나 나쁜 생각은 떠오르는 법이야.

본인: 이 정도로 나쁜 생각은 아니겠지.

친구: 주의를 딴 데로 돌리기만 하면 돼. 그냥 다른 걸 생각하라고.

본인: 그러려고 하는데 그렇게 안 돼.

친구: 하느님께 그 생각을 없애 달라고, 그리고 널 용서해 달라고 기도해봐.

본인: 그 분은 내 기도를 안 들으실 거야.

친구: 당연히 들으시지.

본인: 내가 구원받을 수 없을 만큼 나쁜 인간인 거라면 어쩌지?

다음은 어떤 사람이 원치 않게 침투하는 생각을 한 직후에 전형적으로 오고 가는 대화입니다.

샘: 내 옆자리에서 일하는 여자에 관해 어떤 생각이 들었어. 정말 끔찍한 기분이야.

존: 누구나 때때로 다른 사람에 관해 성적인 생각을 해. 지미 카터 대통령도 "마음속으로 갈망했다."고 하잖아. 잊어버려. 아무것도 아니니까.

샘: 하지만 내가 정말로 어떤 짓을 저지를 거라고 상상해봐. 아내는 무척 상처받을 거고, 어쩌면 나와 이혼할지도 몰라.

존: 아니, 이 친구야. 자넨 그냥 성적인 생각에 관해 말했을 뿐이야. 그걸로 지금 이혼까지 상상하다니! 자넨 괜찮아. 그 생각은 그냥 내버려둬. 아니면 즐기든가. 그런 생각에 대해 걱정하지 말라고.

샘: 그러니까 내가 죄책감을 느끼지 않아도 된다는 거지?

존: 자네 정말 그걸 엄청난 일이라고 생각하는군. 어쩌면 약간

은 죄책감을 느끼는 게 맞을지도 모르겠네.

샘: 끔찍한 인간이 된 기분이야.

존: 자네 대체 뭐가 잘못된 거야? 우리 그냥 같이 경기 보려고 했던 거 아니야?

샘: 아니, 난 그냥 내가 그렇게 나쁜 놈이 아니라는 확인이 필요해.

존: 내가 이미 그렇게 말했잖아! 제발 그만 좀 할래?

예를 하나 더 봅시다.

케이트: 나 산후우울증인 것 같아. 계속해서 정말 무서운 생각이 들거든. 누구나 그러는 거겠지?

재닛: 힘들어하는 여자들이 아주 많지. 넌 잠을 너무 못 자는 게 문제야.

케이트: 응, 하지만 자꾸 내가 아기를 해칠지도 모른다는 생각이 들어. 너무 무서워.

재닛: 실수로 아기를 떨어뜨릴까 봐? 아니면 아기가 목욕통에서 미끄러져 빠질 것 같아?

케이트: 너무 무서워서 입에 담을 수도 없어. 하지만 그런 건 아니야. 고의적으로 하는 일에 가까워.

재닛: 의사와 상담해보는 게 좋겠다.

케이트: 그러면 의사가 나를 병원에 가둬버릴 것 같아서 두려워.

재닛: 항우울제를 줄 수도 있어. 그게 도움이 될 거야.

케이트: 네가 보기에 나도 뉴스에 나오는 그런 여자들처럼 될 수 있을 것 같아?

재닛: 좀 쉬어야 할 것 같으면 내가 아기를 봐줄 수도 있어.

케이트: 그러니까 너도 이게 심각한 문제라고 생각하는 거지? 그렇지?

죄책감이 느껴질 때 다른 사람에게서 안심이 되는 말을 듣는 건 단기적으로는 기분을 좀 나아지게 할 수 있지만, 때로 그런 대화가 상대방에게 불안이나 두려움을 안겨준다는 사실을 깨달으면 괴로움이 더 깊어지고, 그러면 결국 걱정하는 목소리만 더 힘을 얻게 되지요. 생각에 묻어온 감정은 그 생각을 그냥 내버려두면 저절로 사라진다는 사실을 알아차리는 연습을 하는 것이 훨씬 더 좋은 방법입니다.

의심

원치 않게 침투하는 생각이 떠오를 때마다, 당신은 아무런 위험도 없으며 침투한 생각이 안전하게 지나갈 것임을 확실히 알아야 한다고 생각할 겁니다. 그러나 모든 의심과 불확실성을 제거하려는 것은 수용의 태도를 지니는 데 큰 방해가 됩니다. 사람들은 생각을 붙잡고 씨름하지 않더라도, 생각을 충동이 아닌 그저 하나의 생각으로 여겨도 정말 안전하고 위험하지 않은지 절대적으로 확신하고 싶어 하지요. 당신은 그 생각이 당신의 인격을 반영하는 것이 결코 아니라고, 당신이 미치거나 통제력을 상실할 일은 절대로 일어나지 않을 거라고 확신하길 원합니다. 이런 건 자연스러운 바람이지만 안타깝게도 충족될 수 있는 바람은 아닙니다.

확실성을 얻고자 노력하는 것은 원치 않게 침투하는 생각이 당신의 마음속에 계속 강렬한 상태로 남아 있게 만드는 주된 요인입니다. 생각해보세요. 당신이 다른 일에서 이만큼 절대적인 확실성을 요구하는 경우가 있나요? 드라이브하러 갈 때마다 숙련된 정비공에게 브레이크와 운전대와 변속기 점검을 맡깁니까? 간혹 운전자가 통제력을 잃어 차가 보행자들을 덮치는 일도 있으니 인도로는 절대로 다니지 않나요? 음식을 먹기 전에 매번 다른 사람에게 먼저 먹어보게 하나요? 아이들에게 매시간 아직도 당신을 사랑하느냐고 물어봅니까? 당연히 그러지 않지요!

문제는 원치 않게 침투하는 생각이 너무 위협적으로 **느껴진다**는 겁니다. 그건 불안 사고가 주도권을 쥐고 있기 때문에 생기는 느낌이에요. 이럴 때는 그 생각 속의 일이 실제로 일어날 확률이 매우 높은 **것처럼 여겨지지요**. 게다가 일어날 확률이 상당히 낮다고 해도, 당신은 누군가를 죽이거나 아이를 창밖으로 던지는 일의 결과는 어마어마하게 끔찍한 것이니 그 생각이 위협적이고 위험하게 느껴지는 건 당연하다고 생각할지도 모르겠습니다.

가짜 위안: 지혜로운 정신아, 난 걱정하는 목소리에게 그 생각

이 중요하지 않다는 확신을 줘서 안심시킬 더 좋은 방법이 필요해. 내가 아무리 거듭 말해줘도 걱정하는 목소리는 계속 같은 질문을 하거든.

지혜로운 정신: 문제는 걱정하는 목소리를 안심시킬 수 있다고 생각하는 거야. 만약을 가정하는 질문은 항상 생겨나지. 걱정하는 목소리는 100퍼센트 보장할 수 없어도 견뎌내는 법을 배워야 해. 어떤 일이든 정말로 완전히 확신할 수 있는 사람은 아무도 없으니까.

가짜 위안: 하지만 내가 걱정하는 목소리를 안심시키지 못하면 걔는 점점 더 심각해지고 나한테까지 화를 낸다니까.

지혜로운 정신: 걱정하는 목소리에게 네가 그를 사랑한다고 말해줘. 하지만 네가 계속 걱정하는 목소리를 안심시키려 한다면, 그는 언제까지나 불확실성을 받아들인 채 살아가는 법을 배우지 못할 거야. 그건 우리 모두가 꼭 배워야 하는 건데 말이야.

외부에서 안심을 구하는 일은 확실성을 얻고자 하는 헛된 싸움의 또 다른 단계입니다. 다시 말하지만 사람들이 외부에서 확신과 안심을 얻으려 하는 건 자기 안에 있는 의심을 잠재우기 위해서예요. 친구들이나 가족이 지금 당장 당신 마음을 편하게 해주기 위해, 또는 당신이 안심을 구하는 질문을 그만 멈추게 하기 위해 추가로 가짜 위안을 주는 경우가 많지요. 그런 위안은 아주 잠깐 안도감을 줄 뿐 계속 효과를 내지는 못합니다. 이런 식의 대화는 아무 도움도 되지 않아요.

본인: 당신이 탄 비행기가 절대로 추락하지 않을 거라 확신한다고 말해줘. 계속해서 그 생각이 나서 걱정되는데, 불길한 예감이 들어.

배우자: 말도 안 되는 소리야. 난 괜찮을 거야. 약속해. 도착하면 전화할게.

본인: 하지만 당신이 정말로 확신할 수는 없는 거잖아. 제발 가지 마. 이건 내게 메시지를 보내는 거야.

배우자: 비행기는 안전해.

본인: 좋아. 하지만 착륙하자마자 나한테 전화해야 돼. 난 한순간도 빠짐없이 당신 걱정을 하고 있을 테니까 말이야.

때로는 안심 욕구에 너무 깊이 빠져 중독되는 경우도 있습니다. 6장에서 말했던 안심 얻기에 중독된 사람들의 경우인데요, 만약 당신이 안심 중독자라고 생각한다면 이 방법을 써보세요. 안심의 일주일치 '배급량'을 정해 두는 거예요. 안심이 대단히 비싼 물건이고 당신이 가진 돈은 빠듯한 것처럼 행동하는 것이죠. 절대적으로 필요하다고 여겨질 때만 쓰세요. 이 방법은 안심을 얻으려는 버릇을 고치는 첫걸음이 될 수 있습니다.

이런 안심 얻기는 일상생활에서 사람들이 주고받는 보통의 안심과 격려와는 무척 다릅니다. 진짜 안심은 딱 한 번 일어나 효과를 내며 그러면 그 문제는 끝납니다. 그건 답 없는 질문에 대한 답도 아니고, 공허한 약속도 아니에요.

나만의 지혜로운 정신 찾기

앞에서 살펴본 괴로움을 줄이는 여섯 단계에는 필연적으로 의심이 따를 것이므로, 우리는 당신이 자신만의 지혜로운 정신을 콕 집어 불러내기를 바랍니다. 지혜로운 정신은 대개 서로 얽혀 씨름하는 다른 두 목소리의 소음에 묻혀 있기 일쑤죠. 벌어지고 있는 상황의 진상을 **정말 제대로 알고 있는** 당신의 일부, 그러니까 이 책을 사고 계속 읽고 있는 그 일부, 침투하는 생각은 당신이 아니라는 것을 알고, 생각에 있지도 않은 의미를 부여하지 말아야 한다는 것을 아는, 동요하지 않는 그 일부를 불러낼 방법이 하나 있습니다. 이 사고 실험은 강박장애 전문의 조녀선 그레이슨에게 영감을 받아 만든 것입니다.[1]

당신이 갑자기 죽기 아니면 살기의 상황에 처했다고 상상해봅시다. 장전된 총의 총구가 당신 머리에 닿아 있고, 당신에게는 질문에 답할 단 한 번의 기회만 주어졌습니다. 당신은 그 질문의 답을 확실히 알지 못합니다. 할 수 있는 건 최대한 잘 추측하는 것이죠. 맞는 답을 말하면 당신은 살고, 틀린 답을 말하면 당신은 죽습니다. 아무것도 하지 않아도 죽습니다. '아마도'라고 말하거나 애매하게 얼버무리는 것은 안 되며, 더 생각할 시간도 없고 다른 사람에게 물어볼 수도 없습니다. 이게 다입니다. 답은 딱 한 번만 말할 수 있어요. 이제 다음 질문에 답해보세요.

- 이건 그냥 원치 않게 침투하는 생각일까, 아니면 의미심장한 메시지일까?
- 괴로움을 줄이는 여섯 단계를 실천해 생각이 그냥 존재하도록 허용하는 게 좋을까?
- 경찰에 자수하거나 정신 병원에 들어가야 할까? 아니면 그냥 생각을 내버려둬도 안전할까?
- 내가 생각에 얽혀들지 않고 가짜 위안이 끼어들지 못하게 하면 이 또한 지나가리라는 생각이 가장 좋은 답일까?
- 이 허섭스레기 같은 생각에 내 정신이 사로잡히게 방치해야 할까?

죽기 아니면 살기 정도로 큰 위험이 걸려 있다고 여겨진다면 당신의 지혜로운 정신이 앞으로 나설 겁니다. 확실성의 비율은 51 대 49일지 몰라도, 분명 당신의 한 부분은 어떤 답을 해야 할지 제대로 알고 있을 거예요. 대부분의 사람들이 그 생각이 무의미한 침투하는 생각임을 알고 있다고 말하면서도 100퍼센트 확신하지는 못합니다. 그저 확신할 수 있기를 바랄 뿐이죠. 이 테스트는 양단간에 결정을 내리도록 강제합니다.

긴박감

지금까지 이야기해 왔듯이 모든 원치 않게 침투하는 생각에는 긴박하다는 느낌이 동반됩니다. 그러한 긴박감에 굴복하면 치료에 도움이 되는 수용의 태도와 정반대인 방향으로 끌려가게 됩니다. 모든 침투하는 생각은 위급함을 (아니면 적어도 위급한 일이 될 것의 시초를) 띠는 것처럼 느껴지고, 그래서 당신은 뭔가 조치를 취해야 한다고 느끼지요. 하지만 그건 가짜 경보입니다. 이 가짜 경보의 엄포에 속아 넘어가면 그 경보를 끄려고 하는 데 에너지를 쏟으면서 노력의 역설을 초래하고, 뜻하지 않게 얽힘만 심화하게 되지요. 긴박감은 그 문제를 나중이 아닌 지금 당장 다루어야 한다는 느낌을 줍니다. 잠시 멈춰 그 느낌에 꼬리표를 달 여유를 두기도 어려워지고, 다툼에 휘말리지 않고 거리를 두거나 수용하고 허용하거나 시간이 지나가도록 기다리기도 어려워지죠. 사실 긴박하다는 느낌은 원치 않게 침투하는 생각에 대처하는 모든 단계에 훼방을 놓습니다. 불확실함 때문에 마음이 불편한 것과 긴박하다는 느낌은 어떤 관련이 있습니다. 어떤 일이 불분명하거나 불확실하다면 그걸 당장 명확하게 만들고 싶은 긴박한 욕망이 존재하죠.

당신이 가족과 친구들에게 도움을 구한다면 그들 역시 당신이 긴박한 상황에 처해 있다고 믿기 시작하면서 당장 무슨 조치든 취해야 한다는 생각을 강화할 수 있습니다. 그럴 때 그들이 제안하는 아이디어는 모두 이미 가짜 위안이 시도했던 아이디어일 겁니다.

본인: 마치 집중 포격을 받는 것 같아. 얼마나 더 버틸 수 있을지 모르겠어. 이 미친 생각을 정말 견디기가 힘들어. 미쳐버릴 것 같다고. 지금 당장 뭔가 해야만 해.

친구: 신경안정제를 먹고 좀 누워 있는 게 좋겠어.

본인: 약에 중독되기는 싫어. 그리고 어떻게 해도 그 생각은 금방 다시 돌아와.

친구: 마음의 평화를 위해 기도를 해보는 건 어때. 내가 손을 잡아줄게. 기분이 나아질 때까지 계속 손잡고 있을게. 기분이 나아질 때까지 내가 곁에 있을게.

본인: 내가 병원에 가봐야 한다고 생각해?

친구: 도저히 진정이 안 된다면 내가 병원에 데려다줄게. 하지만 난 네가 분명 괜찮을 거라고 확신해.

친구: 가야 할지 말아야 할지 판단이 안 서. 왠지 내가 기회를 놓치고 있는 느낌이야. 내가 분명 괜찮을 거라고 확신하는 이유를 다시 말해줄래?

긴박하다는 느낌이 들 때 가장 도움이 되는 반응은 속도를 늦추는 것, 다툼에 휘말리지 않고 거리를 두는 것, 시간을 흘려보내는 연습을 하는 것입니다.

정신의 침입자를 다스리는 법

여섯 단계 방법의 바탕이 되는 태도 변화가 잘 이해가 안 돼도 실망하지 마세요. 그 태도 변화를 이루는 각각의 측면을 잘 이해하게 도와줄 이야기와 은유가 있으니까요.

그 여섯 단계를 적용하는 일은 **무엇을 해야 하는지**에 관한 규칙이라기보다, **어떤 태도를 취해야 하는지**를 상기시켜주는 것입니다. 그 단계들은 직관에 어긋납니다. 처음에는 원치 않게 침투하는 생각을 다루는 상식적인 방식과 정반대인 것처럼 보인다는 말입니다. 다음 이야기들은 상식과 반대되는 방식으로 하는 것이 어째서 실제로 효과가 나는지 예를 들어 알려줍니다.[2]

파티의 침입자

당신에게 아주 중요한 의미가 있는 파티를 열어 친구, 가족, 동료 등 당신이 소중히 여기는 사람들을 초대한다고 상상해봅시다. 아주 값비싼 새우 요리를 포함하여 음식에도 온갖 정성을 쏟았습니다. 모든 사람이 파티를 즐기는 듯 보입니다. 그런데 갑자기 누군지 알 수 없는 지저분한 한 남자가 눈에 뜁니다. 뷔페 테이블 앞에 서서 새우 요리를 마음껏 먹고 있네요. 당신은 정중하게 그에게 나가 달라고 말하지만 남자는 당신을 완전히 무시합니다. 이제 당신은 선택을 해야 합니다. 경찰을 불러 그를 쫓아낸 다음 다시 돌아오지 못하도록 문 앞에 지키고 서 있는 것이 한 방법입니다. 그러면 곧바로 소동이 벌어질 테고 즐겁게 시간을 보내던 손님들의 기분도 망치게 되며, 당신의 파티는 '경찰이 왔다 간' 파티라 불리게 되겠죠. 아니면 당신은 그가 새우를 좀 먹도록 두고 그냥 그를 무시하고 파티를 즐기기로 할 수도 있습니다. 묘하게도 당신 외에는 아무도 그 침입자를 신경 쓰지 않는 것 같습니다.

이 예는 꼬리표 붙이기와 (맞서 싸우는 것과 정반대인) 그냥 그대로 두기가 어떻게 관점을 바꾸는지 보여줍니다. 정말 중요한 것에 주의를 기울이세요. 괴로움을 줄이기 위한 여섯 단계 중 첫 두 단계에서 당신이 해야 할 일은 상황에 정확한 꼬리표를 붙여 분류하는 것입니다. 당신이 이 지저분한 남자가 '그냥 새우만 먹고 있다'라고 정리하고 이해하면 당신에게는 아무것도 하지 않아도 되는 선택지가 있다는 걸 깨달을 수 있죠. 약간 짜증스러울 수는 있지만 위험할 건 전혀 없어요. 게다가 큰 소동을 일으키고 당신의 파티를 망치는 것보다는 나은 선택이겠지요. 이와 비슷하게 아무리 불쾌한 생각이라도 당신이 그 생각에 '그냥 하나의 생각'이라는 꼬리표를 붙인다면, 안전하게 그 생각을 그냥 내버려둘 수 있는 선택권을 자신에게 부여하는 것이 되지요. 당신은 하나의 생각보다, 아니 그 어떤 생각보다 더 큰 존재이며 생각을 통제할 필요는 없습니다. 그 다음에는 수용의 태도가 담긴 3단계로 넘어가면 되지요.

두더지 잡기

놀이공원에 갔다가 두더지 잡기 게임을 발견했다고 합시다. 경품으로 걸린 커다란 판다 인형을 꼭 받고 싶어졌습니다. 당신은 돈을 내고 긴장한 채 시작종이 울리기를 기다립니다. 종이 울리는 순간 뿅망치를 집어 들고 보니 망치는 20센티미터 길이의 줄에 묶여 있습니다. 그렇게 묶인 망치는 구멍에서 들락날락하는 두더지들에게 전혀 닿지 않네요. 당신의 점수는 0점이 될 게 분명합니다. 이제 당신은 선택을 해야 합니다. 속은 것을 억울해하며 화를 내고 창피해하면서 망치를 줄에서 뽑아내려 용을 쓸 수도 있습니다. 아니면 이 말도 안 되는 상황 전체를 그냥 웃어넘길 수도 있겠죠.

처음 나오는 반응은 짜증이나 분노, 창피함, 심지어 불안일 수도 있겠죠. 하지만 놓아 보내고 받아들이면, 중요해 보였던 것(판다 인형을 받는 것)을 사소하게, 심지어 우스꽝스럽게 만들 수도 있답니다. 이 이야기는 3단계인 수용과 허용의 예시입니다.

질문에 무게 실어주지 않기

대통령이 기자 회견을 하고 있습니다. 갑자기 누군가 벌떡 일어서더니 소리치네요. "비서와 불륜 관계라는 것이 사실입니까?" 대통령에게는 몇 개의 선택지가 있습니다. "말도 안 되는 소리 하지 마시오!" 하고 큰 소리로 항변한다면 신문 기사에는 '대통령, 비서와 불륜 관계 부인'이라고 나겠지요. 아니면 그 기자를 쫓아낼 수도 있습니다. 그러면 '대통령, 비서와의 불륜 관계에 대해 질문한 기자를 내쫓다'라는 기사가 나겠지요. 아니면 그 기자를 똑바로 응시해서 자신이 그 질문을 들었음을 분명히 한 후, 몸을 돌려 "다음 질문해주시죠."라고 말할 수도 있습니다. 어떤 식으로도 반응하지 않는 것이 그 질문에 무게를 실어주지 않는 방법입니다.

이 예는 어떻게든 상대를 해주면 더욱 얽혀들 수밖에 없는 상황이 때로 존재한다는 것을 보여줍니다. 원치 않게 침투하는 생각도 바로 그런 상황에 속하지요. 그 생각이 아무리 논쟁이나 거부나 반응을 불러일으키더라도 그 생각을 상대하는 것은 결코 권하지 않습니다. 원치 않게 침투하는 생각은 대응할 만한 것으로 존중해줄 가치가 없거든요. 이는 3단계인 수용의 의미를 이해하는 또 하나의 방식이기도 하지요.

폭포

당신은 폭포 뒤쪽에 쑥 들어간 공간의 평평한 바위 위에 편안하고 평화롭게 앉아 있습니다. 잔잔한 물방울이 튕겨 오기는 하지만 완벽하게 안전합니다. 당신 앞으로 떨어져 내리는 폭포 줄기를 보고 있자니 상류에서 내려오는 어떤 파편이 보이고, 뭔가 가치 있어 보이는 것도 보입니다. 하지만 당신이 그것을 잡으려 손을 뻗는다면 지금 이 평화로운 경험이 주는 즐거움을 포기하고 그걸 잡겠다고 용을 써야 하는데, 그건 어쩌면 그럴 가치가 없을지도 모릅니다. 그러다가 심지어 미끄러지거나 떨어질 수도 있지요. 그러니 당신은 그냥 그게 떨어지는 걸 지켜볼 뿐입니다.

이 예는 자연스러운 생각의 흐름에는 중요한 느낌이 들지만 검토해볼 가치는 없는 파편이 종종 나타난다는 사실을 보여줍니다. 이런 경우에는 그 파편을 그냥 흘려보내는 것이 가장 좋은 전략이에요. 우리가 하는 모든 생각이 중요하거나 되새겨볼 가치가 있는 건 아니랍니다. 폭포 뒤에서 거리를 둔 채 그저 관찰하는 것은 4단계 '거리를 두고 그냥 느끼기'를 이해하는 한 방법입니다.

차 앞 유리에 붙은 진흙

당신은 얼마 전 비가 내려 커다란 웅덩이가 생긴 시골길을 차로 달리고 있습니다. 게다가 이대로 가다가는 약속 시간에 늦을 것 같네요. 차 앞 유리창에 진흙이 튀었고, 진흙에는 징그러운 죽은 벌레도 한 마리 묻어 있습니다. 이제 선택해야 합니다. 와이퍼를 켤 수도 있겠지만 그러면 진흙과 짓이겨진 벌레가 유리창 전체에 골고루 묻겠죠. 길가에 차를 세우고 헝겊을 가져다가 다 닦아낼 수도 있을 겁니다. 하지만 그러면 안 그래도 늦은 약속에 더 많이 늦겠죠. 아니면 그냥 계속 달리는 방법도 있지요. 지저분한 진흙 자국이 거슬리기는 하지만 그 사이 사이로 시야는 안전하게 확보되어 있네요. 그래서 그냥 계속 달립니다. 햇빛을 받은 앞 유리창에서 진흙은 곧 말랐고 바람이 마른 진흙을 털어내주어서 도착할 즈음에는 유리창이 거의 깨끗해졌습니다.

이 비유는 때로는 아무것도 하지 않고 침투한 생각에 거리를 둔 채 그대로 남아 있게 하는 것이 가장 효과적인 방법임을 보여줍니다. 3, 4, 5단계의 수용과 허용, 거리 두기와 그냥 느끼기, 시간 흘려보내기 원칙을 이해하는 데도 도움이 됩니다.

시끄러운 이웃

뒷베란다에서 책을 읽고 있는데, 이웃 사람들이 화난 목소리로 다투고 있는 소리가 들립니다. 또 시작이네요. 당신은 그들이 무엇 때문에 싸우는지 알아보려 하지도 않고, 그들에게 다가가서 싸움에 간섭하지도 않습니다. 그냥 참을성 있게 앉아 다시 책을 읽습니다. 결국에는 싸움도 끝납니다.

두통

당신은 두통이 있습니다. 그래도 그냥 출근했는데 하루를 지내다 보니 어느 틈엔가 두통이 사라졌음을 깨달았어요. 두통이 사라지도록 당신이 한 일은 아무것도 없었는데 말입니다. 때로는 일상생활을 계속하면서 시간을 보내는 것이 문제를 붙들고 씨름하지 않게 해주는 가장 효과적인 방법이지요.

이 이야기들을 보면 우리 일상에는 생각에 대한 스트레스를 줄여주는 여섯 단계 방법의 예시들이 잔뜩 있음을 알 수 있습니다.

시간을 흘려보내며 하던 일을 계속하는 것은 몸과 마음이 저절로 자연스럽게 긴장을 풀게 하는 한 방법입니다.

이제 당신은 난데없이 나타나 당신을 덮치는 원치 않게 침투하는 생각을 더 잘 처리할 수 있게 해주는 태도와 전략을 배웠습니다. 이 전략과 태도는 새로운 관점을 제시해주며 결국에는 당신의 괴로움을 상당히 줄여줄 겁니다. 불안이 놓은 덫을 피하고 이 새로운 방법을 익히기까지는 연습이 필요합니다. 하지만 희망을 놓지는 마세요. 이 방법은 당신처럼 처음에는 생각에 압도되어 어쩔 줄 몰라 했던 다른 수많은 사람들에게도 도움이 되었으니까요. 당신은 이미 많은 걸 배웠고 상당히 큰 변화를 이뤄 왔습니다. 다음 장에서는 새로운 뇌 회로를 놓아 원치 않는 생각에게서 힘을 빼앗고 더는 당신을 괴롭히지 못하게 하기 위한 의도적인 행동 계획을 소개합니다.

8장

생각의 늪에서 빠져나오는
뇌 훈련법

*
*
*

우리의 목표는 당신의 뇌가 작동하는 방식을 바꾸는 것입니다. 그럼으로써 원치 않는 생각이 주는 느낌이 바뀌고 그 결과 그 생각은 이제 당신을 괴롭히지 않게 될 거예요. 지금까지 당신은 원치 않는 생각에 대처하기 위해 써 온 관습적 방법이 효과를 내지 못한다는 것을 배웠지요. 실제로 그 방법들은 원하는 바와 정반대로 당신의 뇌와 몸과 생각을 현재 상태의 순환 고리에 가두어버립니다. 우리는 수용하는 태도가 어떻게 해서 변화가 일어날 가능성의 문을 열어주는지 설명했습니다. 이 장에서는 그 변화를 이뤄낼 의도적 행동 계획을 세워볼 거예요.

믿을지 모르지만 뇌에 변화를 주어 원치 않게 침투하는 생각을 극복하는 가장 효과적인 방법은 자신을 무섭게 하는 생각을 의도적으로 떠올리는 것입니다. 이에 대해서는 폭넓은 의견 일치가 형성되어 있습니다. 다시 말해서 그 생각에 자신을 **의도적으로** 노출한 채, 자신의 반응을 관리할 더 좋은 새로운 방법을 연습하는 것입니다. 속수무책으로 공격당하는 것이 아니라 그 경험 자체에 대해 주도권을 잡을 때, 당신은 뇌 회로를 재배선하고 지속적으로 유지될 변화를 일궈내게 됩니다. 이를 **노출 작업**exposure work이라고 합니다.

수용하는 태도는 노출 작업에서 가장 좋은 효과를 보기 위해 필수적입니다. 실제로 수용하지 않는 상태에서 하는 노출 작업은 비참함과 실패로 가는 확실한 길입니다. 기꺼이 불편함을 받아들이겠다는 태도가 가장 중요하지만, 거기다가 노출 작업이 어떻게 효과를 내는지도 이해한다면 변화를 시도할 더 큰 동기와 용기를 얻을 수 있겠지요. 이것이 최고의 실행을 위한 토대가 되어줄 것입니다.

도움이 되는 사실: 노출은 불안을 극복하기 위한 능동적 치료의 요소입니다.

불편한 생각 일부러 불러내기

왜 의도적으로 자신을 더 불편하게 만들어야 한다는 것일까요? 당신이 이 책을 읽고 있는 건 불편함을 **덜고** 싶어서인데 말입니다.

그 질문에는 우리가 당신에게 원하는 건 단순히 더 편안해지는 것만이 아니기 때문이라고 답하겠습니다. 우리의 궁극적인 목표는 당신이 더는 괴롭지 않도록 돕는 것입니다. 그러려면 더 넓은 시각에서 상황을 전체적으로 보면서, 미래의 고통을 줄이기 위해 지금 좀 더 불편함을 참아내겠다고 동의해야 합니다. 험한 강물의 저편으로 가는 길은 그 강을 통과해 가는 것입니다. 그 강을 효과적으로 에둘러 갈 수 있는 길은 없기 때문이지요. 또한 뇌 회로를 재배선하려면 먼저 두려움을 활성화하여 그 두려움에 변화를 일으켜야만 합니다. 반가운 소식은 그 연습이 당신이 상상하는 것만큼 그렇게 무섭지는 않다는 거예요.

당신의 편도체는 경보 시스템일 뿐임을 기억하세요. 편도체는 아기라고 생각하면 됩니다. 미묘한 구분을 할 줄 모르고 단어를 사용할 줄도 모르는 아기와 같죠. 즉 편도체에게는 단어를 사용해 새로운 정보를 가르칠 수가 없습니다. 그래서 편도체에게 두려워할 필요가 없다는 걸 가르치려면 그 두려움을 활성화해야만 하는 것이죠. 당신이 두려움의 경로를 능동적이고 의도적으로 촉발하는 것이 뇌가 재배선되도록 하는 일입니다. 그렇게 하면 두려움이 줄고 수용하는 태도를 지닐 수 있게 되지요.

지금쯤 당신은 당신의 뇌와 몸이 걱정하는 목소리와 가짜 위안, 지혜로운 정신이라는 내면의 세 목소리와 손잡고, 원치 않게 침투하는 생각을 어떻게 만들어내고 계속해서 그 생각에 동력을 공급하는지에 관해 많은 것을 알게 되었을 겁니다. 노출은 그 세 목소리가 서로 상호 작용하는 방식을 바꿀 수 있는 기회입니다. 당신이 지금까지 배운 정보를 실천으로 옮길 기회를 주는 것이 바로 노출이에요. 당신이 배운 것을 '머릿속의 앎'에서 '가슴과 뇌와 몸의 앎'으로 바꾸는 방법이기도 하지요. **노출은 당신의 지혜로운 정신을 찾아내고 신뢰하기 위한 방법입니다.** 그리고 당신의 뇌를 변화하도록 훈련할 기회입니다.

어휘와 문법을 다룬 책만 읽어서는 결코 외국어를 능숙하게 구사할 수 없습니다. 어색함과 불편함을 참으면서 새 언어로 말하는 연습을 해야만 하는 것이죠. 이와 정확히 똑같은 방식으로, 원치 않게 침투하는 생각을 극복하는 방법도 의도적으로 그 생각을 자극하고 뇌와 몸이 그 생각에 반응하고 있을 때 그 생각에 대처함으로써 가장 잘 배울 수 있습니다.

걱정하는 목소리: 으악, 안 돼! 내가 의도적으로 그 끔찍한 생각을 떠올리는 것은 상상도 할 수 없어. 그랬다가 속이 뒤집어지면 어쩌지? 상태가 더 나빠지면? 내가 감당하지 못해 통제력을 상실하면?

가짜 위안: 괜찮아, 내가 도와줄게. 네가 탈이 없도록, 정신을 잃을 만한 일은 절대 하지 않도록 우리가 반드시 지켜줄게.

걱정하는 목소리: 정신을 잃는다고? 아, 안 돼! 이 노출인지 뭔지 하는 동안 내가 정신을 잃을 수도 있다고 생각하는 거야? 너희가 어떻게 내가 절대 정신을 잃지 않게 할 거란 말이지?

가짜 위안: 아니, 난 네가 괜찮을 거라고 생각해. 하지만 네가

그렇게까지 걱정하니까 나까지 걱정되기 시작하잖아. 그냥 다른 것 좀 생각하면 안 되겠어?

걱정하는 목소리: 내가 그 생각을 해야지 어떻게 다른 생각을 할 수 있어? 네 생각엔 내가 머릿속에서 일어나는 생각을 행동으로 옮길 수도 있을 것 같아? 그렇다면 정말 끔찍할 거야!

지혜로운 정신: 너희 둘 다 현재에 집중하는 게 더 나을 텐데. 너 자신에게 친절을 베푸는 셈 치고 내면의 소리에 좀 귀를 기울여 봐. 너희는 자신에게 도움이 되는 방향으로 행동하고 있다고 생각하니? 지금 우리는 다른 사람들에게 도움이 되었고 우리에게도 그럴 것 같은 방법을 제안받았어. 예전 방법은 효과가 없는 게 분명하니까 난 이 새 방법을 기꺼이 시도해볼 거야. 난 시도해보고 싶고, 너희도 나와 함께할 수 있으면 좋겠어. 너희에게 필요한 건 약간의 믿음뿐이야.

침투하는 생각의 내용은 무의미하다고 했으면서, 왜 그 생각을 떠올려보라고 제안하는지 그 이유가 궁금할지도 모르겠네요. 그 이유는 지금 당신의 목표가 그 생각에 대한 당신의 **태도**와 **민감성**을 변화시키는 것이기 때문이에요. 그러기 위해서 당신이 떠올릴 수 있는 가장 나쁜 생각을 똑바로 직면하는 것보다 나은 방법은 없으니까요. 당신을 가장 심하게 자극하는 생각을 회피하는 것은 그 생각에 더 많은 힘을 불어넣는 행동이지요. 또한 만약 당신이 타협을 해서 가장 괴로움을 주는 그 생각이 아니라 좀 더 약한 다른 생각을 떠올린다면, 당신은 그 어떤 생각이든 생각은 그저 생각일 뿐임을 망각하는 것입니다.

두려움을 덜 느끼는 뇌로 바꾸기

노출을 하면 어떻게 해서 뇌가 두려움을 덜 느끼는 방법을 배우게 되는지 두 가지로 설명할 수 있습니다. 하나는 **감정 처리** emotional processing, 또 하나는 **억제 학습** inhibitory learning이라는 것인데, 둘 다 뇌 연구 결과가 뒷받침해주는 이론입니다. 이제 이 둘을 간단히 설명해보겠습니다.

감정 처리

감정 처리 이론[1])에 따르면 뇌는 공포를 계속 생생하게 유지하는 가짜 **공포 기억 구조물** fear memory structure을 구축합니다. 만약 당신이 그 공포 기억을 촉발하는 생각을 계속해서 회피한다면 그 생각이 틀렸다는 것도, 사실은 위험하지 않다는 것도 결코 깨닫지 못합니다. 촉발물을 멀리한 결과로 그 생각은 아주 오랜 기간 동안 당신 뇌의 일부로 남아 있습니다. 오류에 빠진 당신의 뇌 구조물이 당신에게 그 생각은 위험하며 가까이 해서는 안 된다고 말하기 때문에 당신은 그 생각에 익숙해질 기회도 얻지 못하죠.

이 이론은 그 생각에 따르는 **불안까지 포함해** 그 생각을 능동적으로 불러일으키면 **교정적 감정 처리**가 일어나 뇌 속의 가짜 공포 기억 구조물을 정확하게 고칠 수 있다고 설명합니다. 실질적 경험은 가짜 공포 기억이 감정 처리를 받게 하고, 그러면 공포가 지워진다는 것입니다. 그러나 여기에는 두 가지 중요한 조건이 붙습니다.

첫 번째 조건은 교정적 감정 처리는 공포가 존재할 때만 일어난다는 것입니다. 뇌 속의 공포 기억 구조물의 변화를 가능하게 하는 것이 바로 그 공포이기 때문이지요. 이를 전문 용어로는 **노출 더하기 활성화**exposure plus activation라고 합니다. 불안을 활성화하는 모든 노출은 가짜 공포 구조물을 작동시키고, 이 구조물은 무섭기는 하지만 실제로 위험한 일은 전혀 일어나지 않는다는 것을 목격하고 나면 변화합니다.

또 다른 조건은 불안이 사라질 때까지, 아니면 적어도 상당히 진정될 때까지는 공포를 촉발하는 생각을 계속 떠올리고 있어야 한다는 것입니다. 그렇게 함으로써 당신의 뇌가 그 생각에 익숙해지고 길들여지게 할 수 있습니다. 이렇게 익숙해지는 단계에 이르도록 충분히 오랫동안 노출될 때 최대한의 치료 효과를 얻을 수 있습니다.

감정 처리 이론은 생각을 회피하는 것이 효과가 없는 이유를 매우 명확하게 밝힙니다. 회피한다는 것은 그 생각을 계속해서 위험하거나 견딜 수 없는 것으로 경험한다는 의미이며, 이는 곧 편도체를 재작동시킬 채비를 하는 것입니다. 걱정하는 목소리는 뇌 속의 가짜(이지만 강력한) 공포 구조물 역할을 맡고 있고, 가짜 위안의 목소리는 회피와 주의 분산을 모두 맡고 있는데, 둘 다 감정 처리를 방해합니다.

억제 학습

더 최근에 나온 또 다른 모델은 노출의 치유 효과를 약간 다른 방식으로 설명합니다. 노출의 억제 학습 모델[2]은 사실은 오래된 공포 반응이 지워지는 게 아니라고 말합니다. 그보다는 뇌에 새로운 경로가 생겨나 오래된 공포 반응과 경쟁하는 거라고 하네요. 새 경로가 많이 생겨날수록 공포를 일으키지 않는 길이 선택될 가능성이 높아지지요. 충분히 연습하면 공포 반응을 **억제해** 무서워하지 않는 반응을 만들어내게 되는 것입니다. 그러면 무서워하지 않는 반응이 기본 반응이 되고, 당신은 더는 두려워하지 않게 됩니다.

공포 반응을 당신의 마을에 난 큰길이라고 생각해봅시다. 새 고속도로는 새로운 반응이라고 하죠. 큰길 옆에 고속도로가 놓이면 고속도로가 점점 더 많이 쓰이다 결국 큰길은 거의 쓰이지 않게 되겠죠. 그 길은 여전히 존재하지만 사람들이 고속도로의 편리함에 익숙해지면서 그 길의 교통량은 점점 더 줄어 갑니다. 노출 작업은 새 고속도로를 놓는 일과 같습니다.

억제 학습은 새로운 학습입니다. 당신이 익숙해지려고 노력하는 그 생각에 완전히 익숙해지지는 않더라도, 그러니까 완벽하게 괜찮게 받아들여지지는 않더라도 당신의 새로운 경로는 여전히 만들어지는 중입니다. 여러 다른 상황에서, 다양한 조건에서 자주 연습할수록 새 경로는 더 잘 만들어집니다. 다시 고속도로 모델에 빗대자면, 다양한 방식으로 자주 연습할수록 고속도로의 진입로와 출구가 더 많이 생기는 것입니다. 고속도로에 진입하고 빠져나가기가 더 쉬워지니 고속도로를 더 자주 사용하게 되겠죠.

노출을 이런 식으로 바라보면 누구나 분명히 경험해보았을 괴로운 현상 하나도 설명할 수 있습니다. 한참 전부터 더는 당신을 괴롭히지 않게 된 무언가가, 때로는 아무 명백한 이유도 없이 갑작스레 다시 불안을 촉발할 때가 있지요. 이럴 때 우리는 그 공포의 경로가 여전히 그 자리에 존재하지만 그동안 거의 사용되지 않았을 뿐임을 알게 됩니다. 그러니까 우리는 예전의 그 불안이 때때로 다시 나타날 수 있음을 각오해야겠죠. 실제로 이런 일은 피로하거나 다른 어떤 일로 스트레스가 심해져 마음이 유난히 끈적끈적해졌을 때 더 잘 일어납니다. 그 말은 당신이 일시적으로 더 끈적끈적해진 상태일 뿐 지금까지 배운 것이 도로 사라진 건 아니라는 뜻이기도 합니다.

노출 작업에서 가장 중요한 것은 두려운 감정이 그럭저럭 감당할 만해질 때까지는 당신을 두렵게 하는 그 생각과 계속 접촉하고 있어야 한다는 겁니다. 두려움이 완전히 사라져야 하는 건 아니지만, 비교적 견딜 만하게 여겨질 때까지는 버텨야 합니다. 공포스러운 감정이 '견딜 수 없을 만큼 불편하던' 상태에서 '불편하지만 견딜 만한' 상태가 될 때까지라고 할 수 있겠네요. 목표는 불안한 감정을 완전히 제거하는 것이 아니라, 당신이 그 불안한 감정을 좀 더 잘 견딜 수 있게 되는 것입니다. 불안을 제거하는 게 아니라 **견딜 수 있고 기꺼이 견디고자 하는 것**이 실제로 더 지속성 있고 장기적인 회복으로 이어진다는 것을 보여주는 증거는 아주 많답니다.

다시 말해서 원치 않게 침투하는 생각이 계속되는 것은 바로 당신이 그 생각을 견디지 못하기 때문이라는 것이죠. 당신이 그걸 못 견디기 때문에 당신의 뇌가 계속해서 공포를 유발하는 오래된 경로를 사용하고 새로운 경로가 생기는 것을 방해하는 것입니다.

당신이 원치 않게 침투하는 생각을 덜 두려워하고 더 잘 견딜 수 있게 되어서 그 생각이 중요성을 상실하면, 그때부터는 저절로 희미해집니다. 두려워하지 않는 새로운 뇌 경로가 더 많이 사용되고 더 견고해지는 것이지요.

이 두 이론에는 한 가지 중요한 공통점이 있습니다. 역설적으로 들릴지 모르지만, 그건 바로 공포를 경험하도록 자신에게 허용하는 것이 그 공포를 극복하게 해준다는 것입니다.

계획적 연습과 우발적 연습

7장에서 우리는 원치 않게 침투하는 생각이 일어날 때마다 그 상황을 최대한 잘 활용하기 위한 단계를 자세히 소개했습니다. 그것은 **우발적 연습**, 다시 말해서 난데없이 갑자기 침투한 생각을 최대한 잘 이용하는 것으로서 그 생각이 일어날 때 하는 연습입니다. 그러나 새로운 뇌 회로를 만들 기회를 의도적으로 늘림으로써 회복의 속도를 높일 수도 있습니다.

계획적 연습은 의도적으로 자신을 촉발물에 노출시키거나 공포의 경보를 울리는 침투하는 생각을 일부러 떠올리는 것입니다. 이때 목표는 당신의 내면에서 일어나는 일에 초점을 맞춤으로써 가짜 경보에 이전과 다른 더 도움이 되는 방식으로 반응하는 연습을 하고, 그럼으로써 뇌를 훈련하는 것입니다.

계획적 연습을 하는 동안에는 **불안한 상태가 되는 것이 좋습니다**. 불안을 경험하는 것은 당신의 뇌와 몸이 "위험해! 여기서 달아나! 어서 피해!"라고 소리치는 와중에 역설적이게도 수용의 태도를 취하는 연습에 도움이 되기 때문이죠. 물론 어려운 일이며, 불편함을 감수하려는 의지가 필요한 일입니다. 당신이 피하고 싶은 장소에 머물도록 기꺼이 허용해야 하고, 내면의 목소리가 확실성을 요구할 때 불확실성을 허용해야 하며, 너무 위험하게 느껴지는 감정을 의도적으로 허용해야 하지요. 걱정하는 목소리가 당신에게 "뭐라도 좀 해!" 하고 고함을 지를 때도 긴박한 느낌을 받지 말라고 말하고 싶습니다. 오히려 당신의 불안에게 엄포를 놓고, 생각에 납치되기를 거부하며, 당신의 마음속에서 힘자랑을 하는 악당들에게 당당히 맞서세요.

이와 다른 대안은 무엇일까요? 그건 바로 이미 당신이 엄청나게 시도해 왔던, 실제로는 아무 도움도 안 되고 고통만 연장하던 회피의 노력을 계속하는 것입니다.

연습의 다섯 원칙

원치 않게 침투하는 생각과 씨름하는 동안 몇 가지 원칙을 늘 염두에 둔다면, 계획적 연습에서 최대한 좋은 결과를 얻어낼 수 있습니다. 불안은 우리가 3장에서 타파했던 그 생각에 관한 모든 오해로 당신을 속여 넘기려고 열심히 노력할 것입니다. 지금쯤 당신의 걱정하는 목소리는 다시금 그 오해를 되뇌고 있을 가능성이 매우 높으니, 지금 3장의 내용을 다시 살펴보는 것도 아주 좋은 생각일 것 같네요.

계획적 연습을 할 때 기억해야 할 원칙은 다음과 같으며 이어서 더 자세히 설명하겠습니다.

1. 수용의 태도
2. 정확한 평가
3. 인식과 정동에 대한 능동적 허용
4. 회피를 회피하기(항상 시도하기 접근법)
5. 행동: 어쨌든 하던 일 계속하기

수용의 태도

7장에서 우리는 원치 않게 침투하는 생각이 떠오를 때마다 수용의 태도를 어떻게 적용해야 하는지 설명했습니다. 이제는 그 태도를 계획적 노출 연습에까지 확장해보기 바랍니다. 수용이란 감정과 싸우거나 생각에서 달아나는 것의 정반대라는 걸 기억하세요. 감정과 생각을 수용하는 것이 그것들을 제거하는 가장 효과적인 방법인 것도 불안이 지닌 역설적 성격 중 하나이지요.

정확한 평가

당신은 지금 원치 않게 침투하는 생각을 대상으로 연습하고 있다는 걸 잊지 마세요. 그것은 생각이고, 그저 생각, 오직 생각일 뿐이에요. 당신의 다른 많은 생각과 다르다는 느낌이 들지는 모르지만, 그렇다고 해도 그것이 그저 생각일 뿐이라는 사실은 바뀌지 않습니다. 불안이 당신에게 어떤 말을 속삭이든 간에 침투하는 생각은 충동이 아니며, 당신의 인격을 반영하는 것도 아니고, 뭔가 끔찍한 일이 벌어졌다거나 곧 벌어질 거라고 알려주는 '자기 내면'의 메시지도 아닙니다.

도움이 되는 사실: 불안은 당신에게 침투하는 생각이 특별한 의미가 있다고 설득하려 합니다. 불안 사고를 물리치는 방법 중 하나는 바로 그런 오해를 유도하는 메시지에 휩쓸리기를 거부하는 것입니다.

당신이 할 일은 분명히 다시 고개를 들 의심과 만약에 관한 질문에 흔들리지 않고, 그것이 원치 않게 침투하는 생각일 뿐 문제로 삼을 만한 것이 아니라는 판단을 유지하며, 그러한 자신의 평가를 신뢰하는 것입니다. 편도체가 이미 가짜 경보를 울렸고 그 때문에 그 생각이 다르게 '느껴지는' 것뿐이라는 사실도 기억하세요. 그리고 느낌은 사실이 아니라는 것, 그리고 당신이 생각에서 달아나고 감정을 밀어내도록 꼬드기는 것이 불안의 역할이라는 것도 잊지 마시고요. 침투하는 생각인지 아닌지는 그 생각이 주는 느낌과 그 생각이 움직이는 방식을 보면 알 수 있습니다. 그건 끔찍한 **느낌**을 주고 어서 그 생각을 제거해야 한다는 긴박함까지 품고 있죠. 게다가 각설이처럼 계속해서 다시 찾아오는 경향도 있습니다.

인식과 정동에 대한 능동적 허용

원치 않게 침투하는 생각에 자신을 노출하는 연습을 하는 동안, 당신의 목표는 모든 생각과 감정에 대한 인식을 허용하는 것입니다. ('정동情動'이란 심리학자들이 감정을 묘사할 때 쓰는 단어입니다.) 이는 당신이 좇아야 할 궁극적 목표이지만, 당장에 이루기를 기대할 수는 없는 일입니다. 그러니 잘되지 않을 때에도('잘 되지 않는다면' 이 아니라) 자신에게 너무 화내지 마세요.

당신이 더 많은 감정과 생각을 인식할수록 그러한 노출이 습관화와 억제 학습에서 더 큰 효과를 낸다는 것을 명심하세요. 능동적으로 인식을 허용하는 것은 계획적 연습의 효과를 더 높여주고 불안이 파놓는 함정을 피하는 데도 도움이 된답니다.

걱정하는 목소리: 난 절대로 내 맘속에 있는 것들을 그대로 인

식할 자신이 없어. 일어날 수 있는 모든 나쁜 일들이 내 마음을 꽉 채우고 있거든. 난 실패자야.

가짜 위안: 난 네가 더 노력할 수 있다는 거 알아! 너 자신에게 좀 더 엄격해지면 돼. 응석 좀 그만 부리고.

걱정하는 목소리: 난 할 수 있는 만큼 최대한 노력하고 있어. 더 잘할 수는 없다고! 견딜 수가 없어!

지혜로운 정신: 우리는 자신을 엄격하면서도 온화하게 대할 수 있어. 우리가 할 일은 우리가 인식할 수 있는 모든 걸 인식하도록 우리 자신을 열어 두는 것, 그리고 주의가 흩어지면 부드럽고 온화하고 친절하게 우리 자신을 그 과제로 되돌려놓는 일이야. 마음은 원래 이리저리 돌아다니며 딴 길로 빠지기 마련이지. 그래도 괜찮아. 엄격하면서도 온화한 것이야말로 가장 좋은 효과를 내는 방법이야.

회피를 회피하기(항상 시도하기 접근법)

최선의 연습은 불안은 회피에 의해 유지되며 불안을 극복하려면 훨씬 더 불편한 영역으로 들어가야 한다는 원칙을 지키는 것입니다. 회피를 회피하라는 건 바로 이런 접근법을 말하는 거예요.

계획적 연습이 **의도**하는 것은 당신의 편도체를 자극하는 데 필요한 일을 함으로써 불안을 유발하는 것임을 기억하세요. 편도체는 공포의 경로가 활성화되었을 때만 두려워하지 않는 것도 배울 수 있기 때문이에요. 경보를 반복적으로 울리는 것이 감정 처리와 억제 학습을 위한 환경, 그리고 그 생각에 더는 경보를 울리지 않는 쪽으로 뇌가 '재배선'될 환경을 조성합니다. 반면 회피는 학습의 기회를 차단하지요.

연습을 할 때 전반적인 방향은 '항상 촉발물에 접근하려고 시도한다'는 것입니다. 연습을 하는 도중에 그 생각을 계속 붙잡고 있어야 하는지 아니면 어떤 식으로든 주의를 딴 데로 돌려야 하는지 확신이 서지 않을 때, **항상 접근 시도** 원칙이 그 생각에 머물도록 안내해주고 주의를 돌리고 싶은 마음을 가라앉혀줄 거예요. 계획적 연습을 하는 중에 그것이 나중에 당신의 일을 방해할 것 같아서 중단하는 게 좋겠다는 생각이 든다면, 이 원칙이 미래에 대한 걱정을 핑계로 삼고 과제를 피하는 게 아니라 과제를 계속 이어 나가도록 용기를 줄 겁니다.

회피에는 행동 회피와 정신 회피가 있어요. 자신이 동성애자일지 모른다는 침투하는 생각을 자꾸 촉발하는 사람과 한 점심 약속을 취소하거나, 신성 모독적인 말을 내뱉을 것 같다는 두려움 때문에 예배에 빠진다면 이는 모두 회피적 행동입니다. 이보다 훨씬 더 미묘한 회피도 있을 수 있어요. 교회에 가기는 하지만 '혹시나' 그 생각이 떠오를 경우 쉽게 빠져나갈 수 있도록 맨 뒷줄에 앉는 것이 그런 예입니다. 점심 약속에 나가기는 하지만 끊임없이 말을 하고 그 사람을 거의 쳐다보지도 않는 것 역시 일종의 회피입니다.

순전히 정신적이기만 한 회피도 있습니다. 이런 회피는 가짜 위안이 걱정하는 목소리를 달래려 할 때 일어납니다. 이럴 때 당신은 내면의 대화로 불안한 감정을 회피하려 시도하는 것입니다. 하지만 알다시피 가짜 위안이란 **언제나** 걱정하는 목소리가 말을 한 다음에 이어서 등장하는 것이죠.

일반적으로 모든 회피는 원치 않게 침투하는 생각을 더욱 굳건히 하고 그 생각에 더 큰 힘을 부여합니다. 이는 우리가 원하는 바와 정확히 반대죠. 우리는 침투하는 생각의 힘이 더 약해지기를, 당신이 그 생각의 메시지를 민감하게 받아들이지 않기를 바랍니다.

행동 : 어쨌든 하던 일을 계속하라

이 원칙은 계획적 연습 단계가 끝났을 때뿐 아니라, 갑자기 침투하는 생각이 튀어나온 후에 그냥 당신 앞의 당면 과제로 돌아가도록 상기시켜줍니다. 목표는 생각에 얽히지 않고 힘겹지 않은 새로운 관계 맺기 방식을 얻는 것임을 기억하세요. 당신이 의도적으로 그 생각을 불러낼 때, 그 생각들에 당신의 삶을 멈칫거리게 할 수 있는 힘을 주어서는 안 됩니다.

한 가지 방법은 그 생각이 일어나기 전에 하고 있던 일을 계속하는 것입니다. 앞에서도 말했듯이 원치 않게 침투하는 생각은 내면에서 활개를 치며 남을 괴롭히는 악당에 비교할 수 있어요. 악당을 가장 효과적으로 진압하는 방법은 그것들이 우리의 일상 활동을 바꾸지 못하게 하는 것이랍니다. 그걸 거부하지 않는다면 당신은 그 악당이 하는 말에 힘을 부여하는 것입니다. 두려움이 느껴질 수는 있지만(당신의 편도체가 또 나설 테니까요) 가장 좋은 치료 효과를 낼 수 있는 반응은 당신의 생활을 계속 이어 가며 그 생각이 보내는 메시지를 무시하는 것입니다.

계획적 연습 효과 끌어올리기

이제 노출의 치료 효과를 가장 잘 낼 수 있도록 당신이 혼자서 연습할 수 있는 구체적인 방법 몇 가지를 설명하겠습니다. 앞에서 이야기했던 여섯 단계를 재검토해볼 수 있는 좋은 기회이기도 하네요.

자신에게 가장 적합한 속도로 진행하기

가장 중요한 원칙은 스스로 해 나가는 노출 작업은 본인이 충분히 감당할 수 있다는 느낌이 들어야 한다는 것입니다. 자기에게 맞는 속도로 나아가도록 허용해야 가장 잘 유지할 수 있습니다. 감당할 수 있다는 것이 편안함을 의미하지는 않아요. 편안함을 느끼는 뇌는 불안 줄이기를 배울 수 없기 때문이죠. 이 작업을 얼마나 빠르고 집중적으로 할지에 대해 정해진 제한 속도는 없습니다. 최적의 불안 수준 같은 것은 존재하지 않으니까요. 오늘 감당할 수 있다고 느껴진 것이 내일은 너무 어렵게 (혹은 너무 쉽게) 느껴질 수도 있어요. 일반적인 원칙은, 감당할 수는 있지만 그래도 여전히 부담스럽거나 도전적으로 느껴지는 수준에서 작업해야 한다는 것입니다. 그 수준은 그날그날 다를 수 있고, 민감함이나 마음의 '끈적끈적함'의 정도에 따라 오르락내리락 할 수 있어요. 일반적으로 작업 속도가 빠를수록 학습도 빨라집니다. 그러나 너무 빨리 해서 앞서 말한 다섯 가지 원칙을 적용할 수 없을 정도라면, 그저 경보만 울리게 하고 도움이 되는 학습 효과는 전혀 못 낼 수도 있습니다.

바로 그 생각(최악의 생각)을 하되 약간의 변화를 주기

그 생각은 당신에게 겁을 주거나 혐오감을 안기므로, 그 생각을 당신의 인식 속으로 불러들일 때 살짝 변화를 준 방법을 쓰면 아주 좋습니다. 느낌을 수용하고 느낌이 남아 있도록 허용하면서 그 생각에 계속 연결되어 있으세요. 여기 가장 불편한 생각에 약간의 변화를 곁들여 연습하는 몇 가지 방법을 소개합니다. 그리고 연습을 하는 동안 최고의 동맹군은 유머라는 것도 잊지 마세요.

- '생일 축하합니다'나 '반짝반짝 작은 별' 노래의 멜로디에 맞춰서 생각합니다.
- 그 생각을 반복해서 글로 적습니다.
- 그 생각을 한 편의 시로 만듭니다.
- 그 생각을 노래로 만듭니다(Songify라는 무료 앱을 사용해보세요).
- 펜이나 물감으로 그 생각을 그림으로 그려봅니다.
- 그 생각을 녹음해서 들어봅니다.

- 그 생각을 자세히 묘사하여 결말이 끔찍한 대본을 써봅니다. 그 대본을 '반복해서' 읽습니다.
- 점착 메모지에 그 생각을 써서 거울이나 냉장고 등 집안 곳곳과 가방 같은 소지품에 붙여 둡니다.
- 그 생각을 다른 언어로 번역해봅니다.
- 단어 순서를 거꾸로 해서 그 생각을 말해봅니다.
- 그 생각을 적은 종이를 주머니에 넣거나 옷 안 어딘가에 끼워 두고 다닙니다.
- 거울 앞에 서서 그 생각을 큰 소리로 '반복해서' 말합니다.
- 그 생각을 정말로 터무니없는 생각이 될 때까지 더 지독하게 만들어봅니다.
- 그 생각에 '지금 나는 ~라는 생각을 하고 있다.' 또는 '지금 나는 ~하는 이미지를 보고 있다.'라는 말을 붙여서, 집이든 어디서든 계단을 오르내릴 때마다 그 말을 반복합니다.

도움이 되는 사실: 연습을 감당할 수 있게 해주는 데는 유머가 큰 도움이 됩니다.

대화 하나를 들어봅시다.

걱정하는 목소리: 너 지금 농담해? 내가 불안하지 않을 때 의도적으로 나를 불안하게 만들라니? 지금도 충분히 괴롭다고!

가짜 위안: 지혜로운 정신이 그랬어. 이게 기분이 나아지는 제일 좋은 방법이라고. 주사 맞을 때 약간 따끔해도 효과를 감안하면 그 정도 아픔은 참을 가치가 있는 것처럼 말야. 처음에는 조금 더 불안해지겠지만 변화는 그렇게 일어나는 거거든. 새로운 방식을 배우려면 우리 뇌를 활성화해야 해. 괜찮을 거야.

걱정하는 목소리: 안 괜찮으면 어쩔 거야? 내 상태만 더 악화시키면 어쩌냐고?

가짜 위안: 진짜 효과가 없다면 언제든 예전 방식으로 돌아갈 수 있잖아. 이를 악물거나 숨을 참거나 회피하는 방식 말이야.

지혜로운 정신: 이런 일을 하려면 일단 믿음을 품고 시도해야 해. 다른 많은 사람들도 그런 도약을 했어. 사실 기꺼이 위험을 감수하는 태도야말로 이 모든 노력이 효과를 내게 만드는 가장 중요한 요소지. 기꺼이 하겠다는 그 마음이 핵심이야. 원치 않게 침투하는 생각이 일부러 찾고 원하는 생각이 되면 아무 영향도 끼치지 못하는 지나가는 생각으로 바뀌는 거야.

효과를 내는 말들

얽혀 있던 침투하는 생각의 내용에서 풀려나기 위해 자신에게 들려줄 수 있는 말들이 있는데요. 다른 사람들에게도 도움이 되었던 몇 가지를 소개합니다. 효과가 있는 다른 말을 직접 생각해보세요.

- 그것도 괜찮은 생각이네.

- 그래, 내가 그걸 몰랐으면 어쩔 뻔했어?

- 생각은 어떤 것이든 허용할 수 있어. 그 생각마저도.

- 세상에 확실한 게 어디 있어. 그러니 내가 그 생각에 익숙해질 수 없을 거라고도 장담할 수 없지.

- 이것보다 더 지독한 생각도 얼마든지 있어.

- 만약에서 현실로, 생각에서 감각으로 옮아 가세요. 예를 들어, '만약에 이러저러하면 어쩌지?' 하는 질문이 떠오르거든 답하지 말고 주의를 부드럽게 당신의 감각으로 돌리세요. 지금 이 순간 무슨 소리가 들리고, 무엇이 보이고, 어떤 냄새가 나나요? 몸에서는 어떤 느낌이 드나요? 판단하거나 안달하지 말고 알아차려보세요.

계획적 연습의 사례

계획적 연습은 각각의 요소를 하나하나 떼어서 설명해서는 전체적으로 감을 잡기가 어려울 수 있습니다. 그래서 실제 생활에서 계획적 연습이 어떻게 이루어지는지 보여주는 세 가지 시나리오를 소개합니다.

"내 아들이 자동차 사고를 당했어."

어느 젊은 어머니는 아들이 자동차 사고를 당했다는 침투하는 생각과 사고 장면 때문에 몹시 괴로워했습니다. 그 생각이 나쁜 전조나 예언, 혹은 엄마의 '직감'의 산물이 아니라는 걸 확인하기 위해 하루에도 수차례 아들에게 문자 메시지를 보냈지요.

침투하는 생각과 그것이 무엇을 의미하며 무엇을 의미하지 않는지 배우고, 그 생각을 피하려는 자신의 노력이 그 생각이 계속 떠오르게 만든다는 걸 이해하고 난 뒤 어머니는 계획적 연습을 해보기로 했습니다. '반짝반짝 작은 별' 노래의 멜로디에 "조니가 길가에 죽어서 누워 있네."라는 가사를 붙여 계속해서 부르도록 알려주었지요. 노래를 부르는 동시에 아이가 일그러진 차체 옆에 쓰러져 있는 모습도 상상하게 했습니다. 문자 메시지를 보내고 싶은 충동이 일 때뿐 아니라, 샤워를 하거나 요리를 하거나 침대를 정리하거나 청소기를 돌리고 쇼핑을 하고 식사를 할 때, 전화를 집어들거나 컴퓨터나 다른 전자 제품을 사용할 때도 그렇게 하도록 했습니다.

처음에는 그렇게 하기가 너무 어려웠지만 놀랍도록 빠른 속도로 그 일은 따분하고 지루한 일이 되었고, 그 노래에 불안을 느끼는 것이 어리석게 느껴졌답니다. 자신을 괴롭히는 생각을 의도적으로 불러냄으로써 그 생각을 물리친 것입니다.

"내가 자살하면 어쩌지? 난 죽기 싫어!"

혼자 사는 한 중년 남성이 자신은 원하지도 않는데 목을 매 자살할지도 모른다는 너무나 불안한 생각에 시달리고 있었습니다.

어느 유명인이 바로 그렇게 자살해 모든 사람을 경악하게 한 후 시작된 일이었지요. 심리에 관해 충분한 교육을 진행한 후 그에게 밧줄을 가지고 다니게 했습니다. 수시로 '충동적인 순간이 찾아오면 나는 자살할지도 몰라.'라는 생각을 의도적으로 연습하는 걸 잊지 않기 위해서였죠. 그는 차 안에도 밧줄 하나를 두었고 욕실의 샤워커튼 봉에도 밧줄 하나를 매달아 두었습니다. 우리는 그에게 가짜 위안이 "하지만 넌 행복한 사람이야! 너라면 절대 그런 짓 안 해!"라고 말하는 걸 알아차릴 때마다 "불가능한 일은 없어!"라고 응수하게 했고, 그런 다음 의도적으로 그 심란한 생각을 계속하라고 했습니다. 얼마 지나자 밧줄은 더는 그를 불안하게 만들지 못했습니다.

"늦잠 잘지도 몰라."

한 여성 내담자는 매일 밤 '알람을 제대로 맞췄는지 확인해야만 해.'라는 침투하는 생각에 반응하느라 몇 시간 동안이나 잠을 자지 못했습니다. 실제로 시계를 확인하는 일과 시계를 잘못 맞춘 것 같다는 반복되는 생각과 씨름하는 일 사이를 계속 오갔죠. 대체로 시계 확인을 반복하는 건 자제할 수 있었지만 기억을 계속 확인하는 건 자제할 수 없었습니다. 자기가 시계를 맞춘 걸 분명히 기억하고 있음을 확인하려고 기억을 세세히 더듬고는 했지요. 몇 시간씩 기억을 점검하고, 자신을 안심시키고, 그런 터무니없는 상황을 지속하는 자신을 꾸짖으며 누워 있었답니다.

우리는 '내가 알람을 잘못 맞췄을지도 모른다는 생각을 불러들인다.'라고 내담자가 스스로 되뇌도록 알려주었습니다. 내담자는 그 생각(그 때문에 뒤이어 회사에 지각할지도 모른다는 생각을 포함해서)을 노랫말로 만들어 '브람스 자장가'에 붙여 부르기 시작했지요. 잠들려고 노력하는 것이 아니라, 원치 않는 그 생각이 드는 걸 허용한 채 그냥 침대에 누워 쉬기로 한 것입니다. 그러나 그건 금세 따분한 일이 되었지요. 계획적 연습을 20분 동안 하고 나니 절로 잠이 들어버렸답니다. 안달하는 일도 그걸로 끝이었어요. 직장일이나 가족 문제로 유난히 스트레스가 심할 때면 누워 있을 때 또다시 그 생각이 문득 닥쳐오기도 하지만, 이제는 그 생각에 맞서 싸우거나 생각을 없애려 애쓰지 말아야 한다는 걸 잘 알고 있습니다. 그리고 이제 그 생각은 잠드는 과정에 한 번씩 스치고 지나는 익숙한 생각으로 바뀌었답니다.

수용하면서 의도와 의지를 품고 스스로 생각을 초대하면 그 생각이 주는 느낌과 영향에 변화가 생긴다는 것을 언젠가 당신도 깨닫게 될 거예요. 당신에게 겁을 주고, 혐오감을 주고, 당신을 화나게 하고, 당신이 원하는 일을 못하게 방해하던 힘을 잃게 되는 겁니다. 의미 있고 중요한 생각이라는 착각을 더는 줄 수 없게 돼요. 그렇게 해서 당신은 더 자유로워지지요.

이렇게 계획적인 노출 연습을 하는 것은 수용의 태도를 취함으로써 그 힘에서 풀려나고 그 힘이 지녔던 권한을 박탈하는 일입니다. 더 많이 연습할수록 효과는 더 빨리 나타나지요. 통제하기를 거부함으로써 통제권을 되찾고, 마음의 자연스러운 과정에 처리를 맡김으로써 침착함과 자기 존중을 되찾는 것입니다. 생각에게서 노력의 역설이라는 땔감을 빼앗으니, 생각의 중요성은 쪼그라들고 결국 힘도 사라질 수밖에요. 그 생각이 일어나든 일어나지 않든 더는 아무렇지도 않게 되면 바로 회복된 것입니다.

이 장에서는 원치 않는 생각이 당신을 더는 괴롭히지 못하게 하는 가장 효과적인 방법을 이야기해보았습니다. 다음 장에서는 회복이란 무엇이며 어떻게 유지할 수 있는지, 회복에 관해 이야기해봅시다.

9장

|

원치 않는 생각에서
자유로워지기

✱
✱
✱

이 장에서 우리는 회복에 관해 이야기합니다. 회복이란 무엇이며 어떻게 해야 유지할 수 있는지 말이죠. 우리가 '치료'라는 단어를 쓰지 않는다는 걸 눈치채셨나요? 치료라는 말은 당신에게 어떤 병의 증상들이 있었고 이제는 그 병이 사라졌다는 것을 의미합니다. 우리가 그 단어를 쓰지 않는 데는 이유가 있습니다. 질병의 경우와 달리, 침투하는 생각에서는 지금 증상이 없다는 것이 회복의 충분한 정의가 아니기 때문이지요.

원치 않게 침투하는 생각과의 씨름에서 벗어나는 것은 우리가 당신이 이루기를 바라고 이룰 수 있는 목표가 분명하지만, 사실 우리가 제안하는 것은 그보다 더 야심찬 목표입니다. 우리는 당신을 괴롭히던 생각이 단순히 멈추는 것 이상을 원합니다. 미래를 위한 **예방 접종**까지 목표로 삼고 있죠. 침투하는 생각이 또다시 일어날 때(그래서 그런 생각은 모든 이에게 일어나고, 모든 사람이 때때로 침투하는 생각을 경험하는 건 충분히 예상할 수 있는 일임을 당신이 떠올리게 될 때), 당신이 그 생각을 잘 다루어 그 생각이 문제를 초래하지 않고, 끈적끈적하고 반복적인 생각이 되지 않고, 그 생각을 무섭거나 혐오스럽거나 수치스럽게 만드는 익숙한 내면의 대화가 시작되지 않게끔 할 수 있도록 말입니다.

지금까지 당신은 이미 회복의 단계를 꽤 밟아 왔을 겁니다. 축하합니다! 생각이 무엇을 의미하며 무엇을 의미하지 않는지에 관해 많은 걸 배웠고, 침투하는 생각이 일면 자동적으로 튀어나오던 반응을 바꾸는 연습도 많이 했습니다. 이제 앞으로 당신이 어떤 과정으로 나아가게 될지 살펴봅시다.

예방 접종은 세 가지 측면으로 이루어지는데, 이 셋은 사실 우리가 이 책에서 줄곧 이야기해 온 것들입니다. 첫째는 생각이 감정에 영향을 끼치는 방식을 아는 것, 그리고 생각(침투하는 생각뿐 아니라 사실은 모든 생각)이 자동적으로 경보기를 작동시킬 수 있음을 이해하는 것입니다. 둘째는 생각의 흐름을 더 잘 관찰할 수 있도록 속도를 늦추는 기술을 향상시키는 것입니다. 셋째는 더 온화하게, 판단하지 않으며, 자신의 마음과 더 많이 수용하는 관계를 맺는 것입니다. 이 셋으로 이루어진 예방 접종을 하면 자신의 모든 생각과 그에 자동적으로 함께 따라오는 감정을 수용하고 허용할 수 있게 될 겁니다.

만약 우리가 이 책의 앞부분에서 우리의 목표가 당신과 생각의 관계를 바꾸는 것이라고 말했다면, 당신은 아마 다음과 비슷하게 이의를 제기했을 것입니다.

걱정하는 목소리: 난 단순히 이 끔찍한 생각과의 관계를 바꾸기만 하는 건 원치 않아. 내가 원하는 건 이 생각이 사라져서 다시는 나타나지 않는 거라고.

가짜 위안: 이 사람들은 전문가니까 자기들이 하는 일을 잘 알고 있을 거야. 우리가 수용해야 하고, 고통을 당할 것이고, 그 고통을 처리하는 방법을 배우게 될 거라고 말하는 것 같은데?

걱정하는 목소리: 그럼 우리 완전 속은 거잖아.

가짜 위안: 최면을 걸면 효과가 있을지도 몰라.

하지만 지금 당신은 지혜로운 정신을 불러낼 수 있는 단계까지 도달했지요. 지혜로운 정신은 그 생각을 수용하고 허용하는 것이 그 생각과 싸우는 걸 멈추도록 당신의 뇌를 훈련하는 방법이라는 걸 깨우친 당신의 한 부분입니다. 당신은 원치 않게 침투하는 생각이 나타났을 때 취할 태도를 바꾸는 연습을 해 왔고, 의도적으로 그 생각을 불러내서 지혜로운 정신이 반응을 담당하게 하는 연습도 해 왔습니다.

지혜로운 정신: 그런 게 아니야, 친구들. 좀 기다려봐. 그 말은 이런 뜻이야. **그 생각이 정말 우리에게 아무렇지도 않게 되면, 실**

제로 더 나타나지 않는다는 거야. 아무렇지 않게 된 생각에는 우리도 더는 역겨움과 공포, 분노, 수치심 같은 연료를 들이붓지 않을 테니까. 폭풍우 너머의 평온한 곳으로 가는 길은 폭풍우를 뚫고 가는 길뿐이야. 우리가 폭풍우보다 더 빨리 달릴 수도 없고, 폭풍우의 가장자리를 에둘러 갈 수도 없으니까. 하지만 우리가 그 한가운데를 뚫고 앞으로 걸어간다면 그리 오래 걸리지 않아 빠져나갈 수 있어. 우리의 목표는 같아. 우리가 원치 않게 침투하는 생각에 더는 공격당하지 않는 것이지.

지혜로운 정신의 말이 옳습니다. 그 이유는 이렇습니다. 당신은 그 생각에 민감해져서 그 생각을 두려워하고 그 생각이 다시 나타날 것을 각오하고 걱정하고 있었죠. 그 생각을 자극할 수 있는 상황도 피해 왔습니다.

이런 걸 우리는 예기 불안anticipatory anxiety이라고 부릅니다. 만약의 가정에 대한 만약의 가정이라고 생각해도 되겠습니다. 예기 불안은 당신으로 하여금 다음번 원치 않게 침투하는 생각에 대비하려고 노력함으로써 자신을 미래로 투사하도록 만듭니다. 당신은 그 생각이 다시 찾아오지 않기를 바라고, 찾아오면 동요합니다. 마치 자신의 마음을 붙잡고 씨름을 하고 있는 셈이죠.

그 결과 당신은 항상 미래를 향해 방향을 잡고, 현재에는 거의 주의를 기울이지 않으며, 몸과 마음을 항상 예민한 상태로 유지하게 되지요. 늘 바짝 경계를 세운 채 몸은 언제라도 반응할 채비를 하고 있습니다. 그러면 걱정하는 목소리와 가짜 위안이 끊임없이 대화를 이어 가게 되지요. 당신의 마음은 더욱 끈적끈적해지고요. 그러나 가장 중요한 건 그렇게 예민하게 경계하는 것이 침투하는 생각을 계속해서 불러들인다는 사실이에요! 어떤 생각을 방어하는 행동은 그 생각을 중요한 위치로 끌어다놓습니다. 당신의 뇌가 자동적으로 그 생각을 재생산하고 그 순환을 계속 돌린다는 말입니다.

생각의 굴레에서 벗어나다

지금 당신은 침투하는 생각을 새로운 방식으로 경험하기 시작했습니다. 그 생각에 대해 품고 있던 믿음도 완전히 달라졌지요. 당신은 그 생각이 아무런 의미도 없고 경고도 아니고 힘도 없으며 피할 수는 없지만 하찮은 잡음이라고 생각합니다. 이제 곧 그 생각을 경계하는 일이 따분하고 불필요하게 여겨질 거예요. 그걸 경계한다는 건 마치 아주 평범한 어떤 일이 일어나는 걸 숨죽이고 기다리는 것 같은 일이니까요. 물감이 마르기를 기다리는 일이나 시계의 다음 번 째깍 소리를 기다리는 것처럼 말이죠. 당신의 주의는 하고 있던 다른 일이나 다른 흥미로운 생각 혹은 직장 일이나 재미있는 일, 점심 식사 같은 평범한 일들로 자연스럽게 옮아갈 거예요. 더 흥미로운 다른 생각이나 감정에 주의를 기울일 수도 있겠죠. 당신을 에워싼 세계를 자유롭게 경험하게 될 겁니다.

이 과정에서 민감화, 긴장, 자극이 전반적으로 줄어듭니다. 이 일은 노력이나 의도 없이 아주 자연스럽게 일어나지요. 그것은 어떤 기법이 아닙니다. 그냥 아주 정상적인 일이 일어나는 느낌이 들 거예요. 그저 **당신의 마음에서 끈적끈적함이 줄어드는 것**이니까요. 침투하는 생각에는 이제 어떤 강렬한 감정의 습격이 뒤따르지 않습니다. 생각의 내용은 전과 같더라도 거기서 느껴지는 건 다를 거예요. 그러다가 점점 그냥 스쳐 지나가게 되죠. 쉽게 다가왔다가 쉽게 가버립니다. 그 생각에 대한 당신의 걱정도 줄어들지요. 민감화된 상태도 진정됩니다. 그러다가 점점 당신이 아무 일도 하지 않아도 저절로 흐려지다 사라지게 되지요. 이것이 우리가 5장에서 이야기했던 두려움이 줄어드는 순환 과정이에요. 그렇게 해서 마음을 괴롭히며 달라붙어 있던 원치 않게 침투하는 생각은 끝이 납니다. 이제는 그저 지나가는 생각일 뿐이죠.

걱정하는 목소리: 나는 수용하려고 계속해서 노력하고 노력했어. 그런데 그게 효과가 있었는지 확인하려니까 그 생각이 계속 다시 돌아와 나를 괴롭힌다고. 수용하는 방법은 나에게는 효과가 없어.

지혜로운 정신: 그게 좀 까다로운 일이긴 해. 수용은 생각을 허용하는 태도지, 생각을 멈추는 기법이 아니야. 효과가 있는지 확인하는 것은 수용하는 태도가 아니야. 마치 가사는 알지만 멜로디는 모르는 것 같은 상황이랄까. 수용은 너에게 그 생각이 더는 중요

하지 않고 주의를 기울일 가치나 의미도 없기 때문에 그 생각이 있 든 없든 개의치 않게 되는 걸 말해. 바로 이런 태도가 회복의 순환 주기를 돌리기 시작하지. 예기 불안과 회피 욕구가 줄어들고, 자신 의 정신에 대해 기본적으로 다 괜찮다는 마음이 생기는 거야. 이러 한 하향 조절은 노력의 역설과 얽힘이 멈추면 저절로 시작되고, 그 결과 마음의 끈적끈적함은 더 줄어들어.

걱정하는 목소리: 하지만 내가 어떻게 그런 일을 이뤄낼 수 있 지?

지혜로운 정신: 그건 능동적으로 행하는 일이 아니야. 잠이 드 는 것처럼, 혹은 개미가 네 팔을 타고 기어가도 아무것도 하지 않 고 그냥 두는 것처럼 수동적인 일이지. 그러려면 그 과정에 대한 믿음이 필요해. 전혀 서두를 필요 없다는 믿음, 어떤 행동도 할 필 요가 없다는 믿음, 그리고 불확실할 때도 믿음을 잃지 않는 것, 그 리고 너의 현명한 부분인 나를 믿는 것까지 말이야.

끈적끈적함이 완전히 사라질 때까지는 시간이 좀 걸립니다. 끈 적끈적함은 생물학적 원인에서 생겨난 것이어서, 신체와 뇌가 적 응하는 시간이 필요하기 때문이에요. 때로는 회복의 순환 과정이 당신이 원하는 것보다 오래 걸릴 수도 있지만, 생각이 정말로 중요 하지 않으며 생각을 경계할 필요가 없다는 태도를 계속 유지한다 면 반드시 회복은 이루어집니다. 그러니 몸과 뇌의 치유가 이루어 지는 동안 참을성 있게 시간을 흘려보내는 것이 회복 과정의 일부분입니다.

그 생각이 돌아온다면

우리는 원치 않게 침투하는 생각이 돌아오는 것을 '재발'보다는 '후퇴'라는 용어로 표현하기를 더 좋아합니다. 원치 않게 침투하는 생각은 거의 확실히 어느 때인가는 돌아오기 마련이고, 우리는 당신이 그런 일을 예상하고 있기를 바라고, 실제로 생각이 돌아왔을 때 올바른 치유적 태도로 그 생각을 수용하는 연습의 기회로 반기기를 원하기 때문입니다.

침투하는 생각이 돌아올 수 있음을 미리 알고 있을 때는 과거의 반응 방식으로 되돌아갈 가능성이 더 적습니다. 이를테면 충격이나 짜증, 분노처럼 문제를 더욱 악화하는 반응 말이에요. 당신이 할 일은 생각이 점차 사라져 간 후로 몇 주 혹은 몇 년, 심지어 몇십 년 후에도 생각이 언제든 돌아올 수 있다는 것을 잊지 않는 것입니다. 어떤 스트레스도, 갈등도, 잠을 설치는 밤도, 흥분도, 변화도, 따분함도 없는 완전히 마법 같은 인생을 살고 있는 게 아닌 이상 뇌가 일시적으로 더 끈적끈적해져서 예전의 경로가 우연히 재활성화되는 일은 언제라도 일어날 수 있으니까요.

후퇴는 카페인 과다나 감기 바이러스, 치과 의사에게 들은 나쁜 소식 같은 별 의미 없는 스트레스로도 일어날 수 있습니다. 혹은 직장 내 갈등처럼 삶에서 지속되는 문제를 처리하고 있을 때도 일어날 수 있죠. 심지어 좋은 시기에도 그런 일이 일어날 수 있습니다. 예를 들어 마침내 휴가를 갈 수 있게 되어 완벽하게 긴장을 풀고 해변에 앉아 있을 때 침투하는 생각이 갑자기 나타나 당신을 깜짝 놀라게 할 수도 있습니다. 그럴 때 당신은 화가 나고("지금은 안 돼!"), 걱정하는 목소리와 가짜 위안이 몇 달 만에 다시 나타나 아웅다웅 대화를 시작합니다.

이런 상황을 예상하지 않았다면, 달갑지 않은 생각의 귀환에 대한 자연스러운 반응은 (1) 사기가 떨어지거나("아, 또 이러다니. 이러면 안 돼.") (2) 분노하거나("내가 사기를 된통 당했군." 혹은 "나한테 왜 이래?") (3) 두려워하거나("나 정말 미쳤거나 나쁜 인간인 게 틀림없어.") (4) 절망하는("그 방법이 다른 사람들한테는 들었는데 나한테는 안 듣는구나. 난 희망이 없어.") 것입니다. 생각이 이렇게 일시적으로 돌아오는 것이 회복 중인 사람에게 일어날 수 있다는 것을 알고 있다면, 시간이 지나면서 둔해진 수용하는 태도와 회피하지 않는 기술을 다시 연습할 기회로 반갑게 맞이하기가 훨씬 쉽습니다. 사실 그런 일은 늦게 일어나는 것보다 일찍 일어나는 쪽이 더 낫습니다. 원치 않게 침투하는 생각이 다시 돌아왔을 때 책을 처음부터 다시 읽을 필요 없이 몇 가지 기억할 만한 부분을 넘겨 가며 살펴볼 수 있으니 말입니다. 돌아오는 생각은 늘 같은 생각일 때도 있고, 같은 생각에 약간의 변화가 더해진 생각일 때도 있어요. 때로는 완전히 다른 내용으로 둔갑한 생각인 경우도 있지요. 하지만 옛날의 그 생각임을 분명하게 나타내는 신호가 있을 겁니다. 잊지 마세요. 원치 않게 침투하는 생각임을 알 수 있게 해주는 건 생각의 내용이 아니라 그 생각과 이미지가 주는 느낌과 영향(그리고 그것들을 밀어내려거나 얽혀들려고 하는 당신의 순간적인 욕구)이라는 것을요.

걱정하는 목소리: 나는 한때 내가 소아성애자일지도 모른다고 걱정했다가 그 생각에서 벗어났어. 몇 달 동안은 괜찮았지. 그런데 지금은 갑자기 내가 루게릭병에 걸릴지도 모른다는 생각이 들어서 아주 괴로워. 왜 이렇게 끔찍한 생각만 드는 건지. 정말 싫어.

가짜 위안: 내가 아주 훌륭한 신경과 의사를 알아. 진료 예약할게.

걱정하는 목소리: 이미 신경과에 다녀왔어. 그 의사는 나한테 아무 징후도 없다고 했어.

가짜 위안: 다른 사람 의견도 들어보면 네 마음이 좀 더 편해지지 않을까?

걱정하는 목소리: 그 의사가 나는 단지 불안한 게 거의 확실하다고, 하지만 MRI 검사는 해줄 수 있다고 했어. 그 검사를 받아야 할지 말아야 할지 온갖 웹사이트를 뒤지며 알아보고 있어.

지혜로운 정신: 네가 큰돈이 들어가는 검사를 받기 전에 내가 좀 끼어들어야겠네. 너 지금 무슨 일이 벌어지고 있는지 눈치 못 챘어? 이번 생각이 그 소아성애자 생각과 비슷한 느낌이 들고 너를 비슷하게 몰아가고 있는 것 같지 않니? 그 생각이 계속 반복되

고 있어? 지금 그 생각에 얽혀들고 있는 거지? 한 걸음 물러나서 속도를 낮추고 이 생각에 꼬리표를 붙여야 할 것 같지 않아?

걱정하는 목소리: 아, 안 돼! 그게 돌아온 거야.

지혜로운 정신: 우리가 배웠던, 원치 않게 침투하는 생각을 다루는 방법을 연습할 기회를 기다리기로 했던 거 기억 안 나? 이게 바로 그 기회야.

가짜 위안: 내 생각엔 우리가 이 책을 다시 읽는 게 좋겠어.

지혜로운 정신: 괜찮은 생각이야. 누구나 시간이 가면 세세한 부분은 잊어버리니까.

그러므로 후퇴가 언제 일어나든, 후퇴를 대하는 건전한 방식은 언제든 일어날 것을 예상하고 있었던 일로, 그리고 이미 배웠던 수용의 태도를 연습할 기회로 보는 것입니다. 침투하는 생각이 일어난다고 해서 반드시 또 한 차례의 고통과 몸부림의 시간이 시작되는 것은 아니에요. 당신의 생각도, 굳이 탐색할 가치도 없고 얽혀들 가치도 없는 원치 않게 침투하는 생각의 예일 뿐이란 걸 깨달으려면 어느 정도의 자기 관찰도 필요하고 지혜로운 정신이 들려주는 말도 들어야 할 때가 종종 있습니다. 환영하지도 않는데 계속 침입해 들어와 당신을 괴롭히며 반복되는 어떤 생각에 대해 걱정하거나 몰두하고 있는 자신을 알아차렸을 때는 이렇게 자문해보세요. **지혜로운 정신이라면 이럴 때 뭐라고 할까?**

지금쯤이면 당신도 알겠지만, 회복이란 사실상 하나의 태도입니다. 어떤 생각이 머릿속에 떠오르더라도, 그 생각이 아무리 오래 머무르더라도, 어떤 내용을 담고 있더라도 기꺼이 그 생각을 받아들이겠다는 태도이지요. 그것은 생각에 관한 일련의 믿음입니다. 생각은 그냥 생각일 뿐이라는 믿음, 경고나 모종의 메시지나 도덕적 행위나 사실이 아니라는 믿음 말입니다. 그것은 또한 당신 자신의 생각에 관한 일련의 믿음이기도 합니다. 그 생각은 끈적끈적한 마음이 밖으로 드러난 것일 뿐이고, 당신의 가치관이나 바람과는 반대이며, 주의를 기울일 가치도 없다는 믿음입니다. 그리고 그것은 얽히지 않고, 판단하지 않으며, 애쓰지 않으면서 원치 않게 침투하는 생각과 관계 맺는 방식입니다. 이런 태도와 믿음이 미래를 위해 당신이 받아야 할 예방 접종입니다. 그리고 생각이 일어나든 말든 더는 아무렇지 않게 될 때, 그 생각은 연료가 떨어져 점차 사라져버립니다.

이 책을 다 읽고 완전한 회복을 위한 여정을 시작한 것을 축하합니다. 원치 않는 생각의 침투가 더는 내면의 대화를 활성화하지 않을 때, 노력과 행동과 회피를 더는 요구하지 않을 때, 그리고 그저 단순히 아무렇지도 않은 것이 될 때, 당신이 그 생각을 더는 두려워하거나 심지어 신경조차 쓰지 않게 될 때, 당신은 자유로워집니다.

10장

전문가의 도움이
필요한 경우

*
*
*

지금까지 우리는 무섭기는 하지만 위험하지 않은 침투하는 생각에 관해 이야기했습니다. 이런 생각은 좌절감과 모욕감을 주고 수치스럽기까지 하지만 그래도 모두 당신의 머릿속에만 존재합니다. 매우 염려했겠지만 당신이 그 생각을 행동에 옮길 가능성은 없습니다. 앞에서도 말했듯이 그런 생각은 통제 부족이 아닌 '통제 과잉'의 산물이에요. 그 생각은 사실 당신이라는 존재의 정반대 부분을 가리킵니다. 왜냐하면 당신이 저항하는 생각은 바로 당신의 본성과 가장 다르게 느껴지는 생각이기 때문이지요. 그 생각이 이상한 충동처럼 느껴질지는 몰라도, 그것은 당신이 '무의식적으로'라도 바라거나 원하는 것이 아닙니다.

그러나 계속 되돌아오는 생각과 집착 중에 전혀 다른 느낌을 주는 유형도 있습니다. 만약 당신이 앞으로 소개할 유형의 생각을 계속 반복하고 있다면 정신건강전문가와 상담해보는 것이 최선입니다. 이런 생각의 유형은 그리 많지는 않지만 알아 두는 것이 좋습니다.

자기 파괴적 충동

자기 파괴적 행동에 관한 특정한 공상이나 생각, 이미지는 참을 수 없게 여겨지는 감정이나 상황을 처리하기 위한 실제 충동일 수 있습니다. 때때로 사람들은 몹시 괴로울 때 그런 생각을 불러내기도 하며, 거기서 진정이나 위로를 얻는 것처럼 느끼기도 합니다. 견디기가 너무 힘들어질 때 의지할 일종의 **탈출 계획** 같은 것이죠. 또한 스스로 불러들인 복수나 폭력 행위에 대한 생각이 실제로 타인을 해하는 행동 계획으로 이어지는 경우도 있습니다. 몇 가지 예를 들어봅시다.

- 칼로 내 몸을 긋고 싶어요. 그러고 나면 기분이 나아지거든요. 적어도 그건 눈에 보이기라도 하고, 내 아픔의 통제권은 내게 있으니까요. 몸을 긋고 나면 차분해지거나 마비된 느낌이 들면서 정신적 고통이 사라져요.
- 도저히 감당할 수 없을 땐 언제든 술에 취하면 그만이에요. 뭐 어때요. 누가 신경이라도 쓴대요?
- 그녀가 날 떠나고, 내가 그 상황을 견딜 수 없게 된다면 난 언제든 어느 건물에서 뛰어내리거나 총으로 나를 쏠 수 있어요.

그러면 그녀도 후회하겠죠.

- 난 더 나은 대접을 받을 자격이 있어요. 그러니까 그 남자 타이어 공기를 빼버릴 거예요. 누가 왜 그랬는지 궁금해하라고요. 그럼 그건 나만의 작은 비밀이 되겠죠.
- 그 말을 한 번만 더 하면 난 그녀를 가만두지 않을 겁니다.

생각이나 이미지가 타인에 대한 파괴적 행위나 자해를 위한 실제 계획이나 행동으로 옮겨진다면, 그런 생각은 원치 않게 침투하는 생각에 해당하지 않으며 치료받기를 권합니다.

자살에 대한 몰두

자살에 관한 침투하는 생각은 "이건 내가 아니야. 난 내 인생을 사랑한다고. 내겐 이런 일을 생각할 이유조차 없어." 같은 생각을 일으킵니다. 그러나 우울하고 힘들게 살아가는 사람들에게 자살에 관한 생각이 촉발하는 감정은 그와 달라서 오히려 죽고 싶은 진실한 바람이라고 할 수 있습니다. 아무 해도 없는 침투하는 생각의 경우에는 "순간적으로 미쳐서 내가 사실은 원치 않는데도 스스로 목숨을 끊으면 어쩌지?"와 같은 식이죠. 이와 대조적으로 심각한 우울증 상태인 사람에게는 다음과 같은 생각이 펼쳐집니다.

- 난 정말 죽어도 싸. (혹은) 난 정말로 죽고 싶어.

- 희망이라곤 없어. 내가 선택할 수 있는 건 죽는 것뿐이야.
- 우리 가족은 내가 없으면 더 잘 살 거야. 그들은 날 용서해주겠지. 용서하지 않더라도 시간이 좀 지나면 어떻게든 살아갈 거야.
- 살아가는 걸 더는 견딜 수가 없어. 내겐 뭔가 과감한 결단이 필요해.

생각이 반복된다는 점은 같더라도, 자신이 죽어 마땅하다는 느낌은 자신이 의식적 의도와 달리 스스로를 해칠지 모른다는 두려움과는 '완전히' 다릅니다. 이런 생각은 우울증이나 양극성장애의 다른 증상들, 이를테면 식욕 상실, 수면장애, 쾌감 상실, 흥분, 가치도 없고 희망도 없다는 감정 등이 있는 맥락에서 함께 나타납니다. 이런 경우에는 죽은 상태에 대한 생각이 무서운 것이 아니라 편안하고 적절하게 느껴집니다.

진짜 소아성애

어린 아이들에게 성적으로 끌리고 자극받는 사람들은 드물지만 분명 존재합니다. 그중에는 자신의 행동을 정당화하는 논리를 갖춘 이들도 많습니다. 일부는 아이들과의 성행위가 불법이니 처벌받기 싫어서든, 진심으로 그것이 잘못이라고 생각해서든 그런 공상과 실행에 저항합니다. 그러나 그들은 인터넷의 아동 포르노나 모르는 아이든 가족이든 실제 아이들과의 위험한 불법적 행위에 이끌리는 자신을 발견합니다. 가장 중요한 차이는 소아성애자들은 자극과 흥분을 찾아다닌다는 점입니다. 성적 욕망의 해소를 추구하는 것이지요.

반면 소아성애와 관련된 원치 않게 침투하는 생각을 경험하는 사람들은 수치스럽고 불안한 마음을 품은 채 자신이 자기 의지와는 반대로 변태적인 사람이 아닌지 점검하려 하며, 동시에 자신이 그런 사람이 아님을 증명하기를 열렬히 바랍니다. 그들은 성적 자극을 추구하는 게 아니라, 자신이 아이들에게 끌리는 사람이 아님을 확인받고자 합니다.

객관적 시각을 완전히 상실했다면

이 책을 읽었는데도 우리가 무슨 말을 하는지, 우리가 제시하는 요점이 무슨 의미인지 이해하지 못할 수도 있습니다. 명료한 사고를 할 만큼 충분히 집중하지 못할 수도 있습니다. 그리고 몇 분이나 몇 시간, 혹은 하루이틀 지속되는 일시적인 느낌이 아니라 거의 항상 이런 상태일지도 모릅니다. 그런 경우에는 이 책을 읽어도 답을 찾을 수 없습니다.

절망감

때로 희망이 없다는 느낌은 실제 사실인 것처럼 인식될 수 있습니다. 객관적으로 아무것도 절망적이지 않은 것이 사실일 때도 절망적인 감정은 일어날 수 있어요. 실제로 절망적인 감정은 쉽게 해결할 수 있고 고칠 수 있는 조건과 환경에서도 생겨날 수 있습니다. 앞에서도 이야기했던 것처럼, 때로는 절망감에서 벗어나려 몸부림치는 일이 절망감을 더욱 깊게 만들기도 합니다. 그런데 절망적인 감정은 인생에서 더는 아무런 선택지도 남아 있지 않고 따라서 자신의 인생은 이미 끝났다는 잘못된 생각으로 이어질 수 있어요. 이런 생각은 반복적으로 일어나기도 합니다. 예를 살펴봅시다.

- 난 모든 걸 잃었어. 남자 친구는 나를 미워하는데 나로선 도저히 그의 마음을 돌릴 수가 없어. 학교 생활도 너무 엉망이라 졸업까지 가지도 못할 거야. 친구들조차 나를 패배자로 여기고 나랑 어울리고 싶어 하지 않아. 내 인생은 끝났어.
- 이 모든 것들은 아무 의미도 없어. 나는 패배자야.

절망감 외에는 정말 아무것도 보이지 않는다면 전문가의 도움을 받아야 할 때입니다.

초조

급속 사고racing thoughts, 즉 질주하듯 빠르게 스쳐 지나가는 생각이 침투하는 생각처럼 느껴질 때도 있습니다. 그러나 사실 급속 사고는 우울증이나 양극성장애, 특정한 의학적 질병과 관련된 초조의 한 증상입니다. 보통 한 주제에서 다른 주제로 건너뛴다는 특징이 있고 한 생각을 채 끝내기도 전에 다음 생각이 닥쳐오는 느낌이 듭니다.

초조agitation는 거의 항상 다른 증상과 함께 일어나는데요. 이를테면 삶의 즐거움을 느낄 수 없는 무쾌감증anhedonia과 새벽 일찍 잠이 깨는 증상(깊은 밤에 '깜짝 놀라며' 잠에서 깬 후 다시 잠들지 못함) 등이 있습니다. 식욕, 섹스, 평범한 일상에서 상당히 큰 변화가 일어나기도 합니다. 쉽게 짜증이 나고, 집중하기가 몹시 어려우며, 도저히 긴장을 풀 수 없게 느껴질 수도 있습니다. 유머 감각에도 변화가 생깁니다. 이런 느낌이 너무 극적이기 때문에 초조는 종종 '극단적 불안'이라는 용어로 잘못 불리기도 하는데, 사실은 우울증 또는 그와 유사한 상태를 보여주는 징후입니다. 이런 초조에는 다른 접근법, 주로 의학적 접근법이 필요하며 치료하면 나아질 가능성이 매우 높습니다.

이 장을 읽으며 '이게 바로 내 얘기야.'라고 생각했다면, 스스로 해결하도록 돕는 책을 읽는 게 아니라 전문가의 도움을 받는 것이 최선입니다. 하지만 이 책에 담긴 모든 범주 중 어디에 자신이 해당하는지 확신이 서지 않거나 이의가 있거나 걱정이 들 수도 있습니다. 어쨌든 의심이야말로 불안을 돌리는 엔진의 연료이니까요. 실제로 당신은 이 범주 중 어디에도 들지 않을 가능성이 있습니다. 그래도 여전히 이 책에서 큰 도움을 얻을 수 있을 겁니다.

| 감사의 말 |

먼저 이 책을 탄생시킨 원동력이자 내가 책을 쓸 용기를 내도록 설득한 유일한 사람인 마틴 N. 세이프에게 감사의 마음을 전하고 싶습니다. 구글 문서와 전화로, 그리고 직접 마주 앉아서 서로 제안하고 결정하고 부추기고 논쟁하는 과정 전체가 하나의 기쁨이었어요. 그의 예리한 통찰이 나의 창의성에 불을 붙였고, 동시에 내가 엉성해지는 것도 막아주었죠. 나를 가르친 가장 중요한 스승은 나의 내담자들이었습니다. 불안하고 두렵고 창피한데도 어떻게든 자신의 생각과 감정을 알려줄 용기를 낸 분들이고, 나와 함께하는 아주 불편한 마음의 여정에 기꺼이 나선 분들이지요. '메릴랜드 불안·스트레스장애연구소'를 나와 함께 이끌고 있는 스티브 시어러에게는 늘 큰 신세를 지고 있습니다. 내가 글을 쓰고 워크숍을 진행하는 동안 자신이 해야 할 몫보다 훨씬 많은 일을 침착하

고 끈기 있게 처리해주었지요. 리드 윌슨, 칼 로빈스, 데이비드 카보넬, 조너선 그레이슨, 데이비드 발로를 비롯해 '미국 불안·우울증 협회'에서 만난 여러 동료들에게서는 항상 많은 걸 배우고 있습니다. 늘 감사합니다. 그래픽 자료를 만들어주고 수시로 바뀌는 혼란스러운 수정 내용을 차분하고 너그럽게 받아준 몰리 윈스턴에게도 감사합니다. 그리고 내 인생과 경력에 너무나 큰 영향을 끼쳤으며, 이제 우리 곁에 없는 경이로운 세 여인 제릴린 로스와 얼리스 머스킨, 젤다 밀스타인에게도 경의를 표합니다.

샐리 M. 윈스턴

3년 전 나는 내 홈페이지에 '침투하는 생각'이라는 제목의 한 페이지짜리 글을 올렸습니다. '자가 도움' 카테고리에 올린 그 글은 찾기가 쉬운 것도 전혀 아니었지요. 그러나 정말 놀랍게도 지난 2년 동안 약 50만 명이 그 페이지를 방문했더군요. 수백 명의 사람들이 자신의 상황에 관한 글을 올렸고, 정보를 제공해줘서 고맙다는 말을 전하기도 하고 더 많은 도움을 얻을 수 있는 방법을 묻는 질문도 많았습니다. 그 일을 계기로 사람들이 더 많은 도움을 필요로 한다는 사실을 알게 되었지요. 그래서 이 책이 세상에 나오게 된 것입니다.

먼저 공저자인 샐리 M. 윈스턴에게 감사를 표합니다. 나의 오랜 친구이자 동료인 샐리와 함께, 서로의 글과 아이디어를 두고 토론하고 논쟁하고 또 수정하면서 이 책을 쓴 일은 아주 즐거운 작업이었습니다. 견실하고 사려 깊으며 탐구적이고 박식한 샐리의 정신을 함께 들여다볼 수 있었던 것은 나에게 큰 행운이었습니다. 다음으로, 이쯤에서 내담자들에게 감사를 표하는 것은 이제 거의 필수적인 형식이 된 것 같지만, 이 책은 원치 않게 침투하는 생각에 시달리던 수많은 당신들이 들려준 이야기가 없었다면 결코 세상에 존재할 수 없었을 것입니다. 오랜 시간 함께해준 우정에 대해론 닥터에게 감사하고, 사람들에게 불안이라는 수수께끼를 이해시키는 방법을 다룬 자신의 연구 결과를 솔직하게 나눠준 리드 윌슨에게도 감사합니다. 마지막으로, 이제 우리 곁에 없지만 불안이 꼭 내 인생을 제한하는 것은 아님을 가르쳐준 매니 제인과 허브 펜스터하임, 제릴린 로스, 사베 바세스쿠, 이저도어 프롬에게도 큰 은혜를 입었습니다.

마틴 N. 세이프

침투하는 생각을 만드는 비법

원치 않게 침투하는 생각을 만들어내는 일은 쉽지 않습니다. 그러기 위해서는 올바른 생각만 하겠다는 각성과 노력, 끊임없는 욕망이 필요하지요. 경이롭게도 생각이 절대 달라붙지 않게 하려고 당신이 쏟는 에너지는 거의 전부 다 그 생각이 꼭 달라붙게 만드는 데 쓰입니다. 그런데 흥미로운 점은 제대로 된 재료만 있으면 누구나 원치 않게 침투하는 생각을 만들어낼 수 있다는 점이에요. 이 비법을 읽으면서 눈치채겠지만, 이 비법은 우리가 다뤘던 개념을 모두 사용합니다. 자, 그러면 당신의 최선의 의도가 어떻게 그렇게 잘못되어 가는지 자세히 살펴봅시다.

원치 않게 침투하는 생각을 만드는 비법

필요한 시간: 하루에서 몇 주까지 다양함

난이도: ★★★☆☆

노력: ★★★★★

재료

- 생각에 관한 한 가지(이상)의 오해(3장 참고)
- 누구에게나 일어나는, 스쳐 지나가는 침투하는 생각에 관한 인식
- 그런 생각이 떠오르지 않도록 확실히 해 두려는 경각심
- 자신에 관해 지니고 있는 믿음에 어긋나는 모든 생각에 맞서 싸우려는 욕구
- 편도체(모든 사람에게 있는, 경보를 담당하는 뇌의 부분)
- '불안 사고'라는 변화된 의식 상태의 엄포에 속아 넘어감
- 끈적끈적한 생각이 더 찰싹 달라붙지 못하도록 기꺼이 씨름하겠다는 의지
- 확실성이 존재할 수 없는 경우에 확실성을 요구하는 것
- 그 씨름에 항복하는 것은 싸움에서 지는 것이라는 믿음
- 달라붙은 생각을 회피하고, 밀어내고, 반박하고, 주의를 다른 데로 돌리려는 노력
- 그 생각이 지나간 후조차 그런 생각을 했던 것에 죄책감을 느

끼고, 다른 사람들에게서 그런 자신을 용서받거나 한 사람으로서 자신의 가치와 선함을 확인받으려 하는 것

- 마지막으로, 자신이 그 생각과 같은 일은 절대로 하지 않을 것임을 (자신 또는 타인들에게) 확인받으려 하는 것
- 선택적인 추가 재료 — 불안(에피타이저 재료):
  - 피로, 허기 또는 숙취
  - 불안의 가족력 또는 개인력

만드는 방법

3장에 등장하는 오해 중 한 가지 이상을 고릅니다. 우리가 개인적으로 즐겨 선택하는 오해는 생각이 자신의 통제를 받는다는 오해와 생각이 그 사람의 인격 혹은 바탕에 깔린 의도를 드러내는 것이라는 오해예요. 이 오해를 한데 합치면 원치 않게 침투하는 생각을 만들어낼 수 있는 탄탄한 기반을 다진 겁니다. 하지만 그 오해 중 어떤 것을 조합해도 원치 않게 침투하는 생각으로 손색없는 생각을 만들어낼 수 있답니다.

다음 단계는 아마도 가장 쉽고 노력이 가장 적게 필요한 부분일 겁니다. 그냥 생활을 이어 가고, 일상적인 감정을 느끼며, 늘 하던 일상적인 생각을 하며 사는 것이죠. 이 단계를 즐기세요. 왜냐하면 그리 오래 가지 않을 테니까요. 이유가 뭐냐고요?

걱정하는 목소리: 나를 주방에 두는 건 좋지 않아. 내가 칼을 집

어 들어 널 찌를 수도 있으니까!

가짜 위안: 왜 겁을 주고 그래, 걱정하는 목소리야. 내가 서랍을 잠그고 칼들을 다 숨기길 바라는 거야?

걱정하는 목소리: 뭐, 그런다면 내 기분이 좀 나아질 것 같긴 해. 하지만 이 밀방망이는? 내가 이걸로 네 머리를 후려칠 수도 있겠는데!

가짜 위안: 그냥 내가 네 옆에서 좀 떨어져 있으면 될까? 이 정도면 충분히 멀어졌어? 아, 우리 오늘은 도저히 요리를 못하겠다.

지혜로운 정신: 뭘 그리 호들갑들이니? 생각은 생각일 뿐이야. 너희를 위협하는 게 아니라고. 칼이랑 다 꺼내고 레시피대로 따라 해. 나 배고파.

오래지 않아 생활을 이어 가는 도중에 침투하는 생각이 당신의 머리를 스칠 거예요. 지나가는 침투하는 생각은 모든 사람에게 일어나는 일이니까요. 그런 일은 그냥 일어나고, 당신이 통제할 수 있는 일이 아니에요.

이제 재료들을 섞을 차례네요. 이 부분은 당신에게 달려 있지만, 걱정 마세요. 이 레시피대로만 하면 누구나 원치 않게 침투하는 생각을 만들어낼 수 있으니까요. 그 생각이 나타나면 꼭 붙잡아야 합니다. 그 생각이 나타났음을 알아차리고 그 생각이 당신의 인격이나 의도에 관해 혹시 어떤 나쁜 의미를 담고 있지는 않은지 살펴보세요(우리는 앞에서 예로 든 오해를 적용해서 말하고 있어요).

이 단계가 바로 당신의 정신적 노력과 신념 체계가 함께 작동하기 시작하는 부분입니다. 그 스치는 생각에 정말 당신에 관한 어떤 의미가 담겨 있다면, 그리고 당신이 진심으로 그 생각의 내용이 당신이 생각하는 자기 자신과 맞지 않는다고 믿는다면, 그때부터 자신에 대한 의문과 의심이 일기 시작할 겁니다. 아주 불편한 불확실성의 영역으로 들어가게 되는 것이죠. 심리학자들은 한 사람의 생각과 감정이 서로 불편할 정도로 다르게 느껴지는 이런 상태를 일종의 '인지 부조화'라고 봅니다.

그리고 정말 그 생각이 맞을 가능성이 존재한다면(물론 절대로 그렇지 않다고 증명하는 건 불가능하죠), 그때부터 당신은 그 생각이 다시는 돌아오지 않도록 확실히 해 두어야만 합니다. 왜냐하면 그 생각이 다시 침입해 온다면 당신의 인격이나 의도에 뭔가 나쁜 점이 있다는 생각을 더욱 강화하게 될 테니까 말입니다. 그리고 당신은 정말 진심으로 그 생각이 사실이 아니라고 믿습니다. 그러니까 그런 생각은 다가오지 않는 게 좋겠죠. 그래서 당신은 그 생각이 일어나지 않도록 해 두는 것이 당신이 할 일인 것처럼 느낍니다.

이제 다음 단계에서 씨름이 본격적으로 시작됩니다. 당신은 그 생각에 맞서 싸우지만 생각은 계속해서 돌아옵니다. 이때 당신은 노력의 역설에 부딪히고 있는 겁니다. 당신이 몰아내려고 노력하면 할수록 그 생각은 당신의 머릿속으로 더 많이 침투해 들어오는 것이죠. 더 많이 침투할수록 당신은 더 좌절하고 불안해지죠. 이제 당신은 자기가 믿고 있던 것만큼 그리 좋은 사람은 아닐지도 모른다고 의심하기 시작합니다. 어쨌든 좋은 사람이라면 어떻게 그렇게 뒤틀린 정신을 지니고 있겠냐는 것이죠. 달라붙는 침투하는 생각을 만드는 데 성공하려면 스쳐 지나가는 평범한 생각에 괴로움과 경악과 당황으로 반응해야만 한다는 걸 기억하세요. 그러지 않으면 그 생각은 그냥 스쳐 지나가버릴 테고 당신은 그 생각을 잊어버리거나 웃어넘기게 될 텐데, 그러면 이 레시피는 아무 소용도 없게 되는 거잖아요.

여기 반드시 달라붙고 반복되고 괴로움을 주는 생각을 만들기 위해 사용할 수 있는 다양한 비법이 있습니다. 그중에는 이미 당신이 익히 알고 있는 것도 있을지 몰라요.

- 그 생각을 해명할 논리를 생각해내려고 열심히 노력합니다.
- 당신의 이성적 정신을 활용하여 비이성적 정신의 산물을 제지합니다.
- 만약 당신이 어떤 일을 하지 않았거나, 어딘가에 가지 않았거나, 어떤 텔레비전 프로그램을 보지 않았거나, 어쨌든 무엇이든 그 생각을 촉발시켰다고 여겨지는 것을 하지만 않았더라면 얼마나 좋았을지 생각합니다.
- 당신이 그 침투하는 생각을 실제로 행동에 옮긴다면 기분이 얼마나 끔찍할지 혹은 얼마나 무시무시한 일이 일어날지 상상합니다.
- 항상 규율 잡힌 사람이 되어 그 생각이 스며들지 못하게 막기

위해 자신에게 엄격해집니다. 만약 생각이 또 침투했다면 자신을 혹독하게 비판하세요.

• 당신이 그 끔찍한 생각을 절대로 행동에 옮기지 않을 거라고 확신할 수만 있다면 얼마나 사는 게 편해질지 생각하세요.

더욱더 열심히 노력할수록 그 노력이 역효과를 불러오는 현상을 경험하게 될 겁니다. 당신의 에너지는 그 생각에 힘을 불어넣어 주는 것 같고, 그와 대조적으로 당신은 점점 더 힘을 잃어 가는 느낌이 들기 시작합니다. 마치 당신을 자신의 의지에 거스를 수밖에 없게 만드는 강력한 동력이 존재하는 느낌이랄까요. 당신의 뇌와 몸은 경보 모드에 맞춰져 있고 당신은 위험을 받아들이는 데 최적화되어 있습니다.

아랫배에서 시작해 머리 위로 치솟아 오르는 어마어마한 감정의 습격을 느꼈다면 당신이 경보 모드에 들어와 있다는 걸 확신할 수 있어요. 그러한 감정의 쇄도는 당신이 지금까지 레시피를 정확히 따라했음을 알려주는 가장 확실한 신호랍니다. 괴로운 감정의 쇄도가 없었다면 또 다른 스치는 생각을 골라 그 생각과 싸우고 그 생각을 무서워하면서 더 열심히 노력해보세요.

이제 당신은 우리가 불안 사고라고 부르는 변화된 의식 상태에 들어왔습니다. 불안 사고는 뇌의 경보기가 울릴 때 모든 사람에게 벌어지는 일이에요. 경보를 울리는 뇌 부위인 편도체가 투쟁, 도피 또는 경직 반응을 시작한 것이죠(이 반응은 '스트레스 반응'이나 '위험

반응' 같은 다른 이름으로도 불립니다).

불안 사고의 일부인 인지의 변화는 침투하는 생각이 평범한 생각보다 더 큰 의미를 지니고 있을 거라는 믿음을 더욱 강화합니다. 그 결과 그 생각은 반드시 저항해야 하는 충동처럼 느껴지기 시작하지요.

이 시점에 당신의 몸은 경보 모드에 들어가 있고, 당신은 심리학자들이 '고도의 자동적 각성'이라고 부르는 잇따른 신체적 감각을 경험합니다. 이 말을 풀어보면 신경계 전체가 위험을 맞이할 만반의 태세를 갖추고 있고, 당신은 자신을 안전하게 지키기 위해 할수 있는 일은 무엇이든 하고 있다는 뜻이지요. 지금 당신은 이 레시피에서 가장 결정적인 지점에 와 있으니 중단하는 건 생각도 하지 마세요! 당신이 수플레를 만들고 있다고 상상해봅시다. 모든 수플레 레시피에는 수플레를 너무 흐물거리지 않으면서도 너무 많이 굳지는 않은 상태로 만들기 위해 자신의 감을 따라야 하는 순간이 꼭 나오지요. 이와 비슷하게 이 레시피의 성공을 위해서도 당신이 자신의 감정을 따라가는 것이 중요합니다. 그 감정이 공포든 역겨움이든 수치든 충격이든 경보 시스템이 당신에게 들려주는 이야기에 귀를 기울이세요. 당신의 편도체가 울렸고 당신의 몸속에서 느껴지는 그 경보가 진짜 알람이며, 무시해서는 안 될 경고의 메시지라는 믿음을 반드시 받아들여야 합니다. 그러지 않고 그 경보가 어리석은 소리라거나 과잉 반응이라거나 가짜 경보라고 생각하기 시작한다면 우리의 시도는 결국 실패로 돌아갈 테니까요. 그러니까 꼭 편도체의 말을 진지하게 받아들이도록 하세요.

이제 자축해도 좋습니다. 이 단순한 레시피를 따라하는 것만으로도 당신은 스쳐 지나던 완전히 평범한 생각 하나를 재료로 삼아 원치 않게 침투하는 생각을 만들어내는 데 성공했습니다. 그리고 당신이 원한다면 식탁에 앉아 당신이 요리한 결과물을 다른 사람들에게 대접할 준비도 끝났습니다.

그런데 잠깐만요! 아직 남은 게 있어요!

당신의 원치 않게 침투하는 생각이 최고조의 고통을 가하는 경지에 도달하기도 전에 희미해져버리지 않도록 확실히 해줄 몇 가지 비법이 더 있답니다. 다음 중에서 골라서 써보세요.

- 죄책감을 느끼고 다른 사람들에게 용서를 구하세요.
- 당신은 당신의 침투하는 생각에 담겨 있는 그런 짓을 할 사람이 아니라고 설명하세요. 당신이 절대로 그런 짓을 하지 않을 것임을 확인해 달라고 부탁하세요.
- 다른 사람들에게 당신이 혹시 괴상하거나 특이한 사람 같은지, 당신의 행동이 그들을 불편하게 하는지 확인해보세요.
- 수치심 몇 줄기와 약간의 분노 덩어리를 더한 조미료를 써보는 것도 좋아요.

확실히 비참하고 괴로워지려면 이 레시피를 가능한 한 자주 반복해보세요. 매일 연습할수록 더 좋지만, 처음에는 간간이 노력을 기울이면서 천천히 시작했다가 시간이 갈수록 점점 속도와 빈도를 높이는 게 더 잘 맞는 사람도 있어요. 이 레시피대로 충분히 실행했다면, 당신은 마침내 좋은 하루를 손쉽게 망쳐버릴 수 있는 능력을 갖춘 것입니다. 앞의 단계들은 금방 익숙해져서 자동적으로 하게 될 테니 그냥 따라하기만 하세요.

이제 당신은 침투하는 생각이 어떻게 만들어지는지 알게 되었으니, 다시 6장을 참고하면서 그렇게 좌절감이 드는 이유를 되새겨 보세요.

| 주석 |

머리말

1) Forsythe, J. and G. H. Eifert. 2007. *The Mindfulness and Acceptance Workbook for Anxiety*. Oakland, CA: New Harbinger Publications. 《마음챙김과 수용중심 – 불안장애치료의 실제》, 한호성 엮음, 이선영 · 정은영 옮김, 시그마프레스, 2009년.

1장 이상한 생각에 시달리는 사람들

1) Wegner, D. M. 1994. "Ironic Processes of Mental Control" *Psychological Review* 1: 34~52.

2) Baer, L. 2001. *Imp of the Mind*. New York: Penguin.

2장 괴상하거나 무섭거나 터무니없는 생각

1) Brewin, C. R., Gregory, J. D., Lipton, M., and Burgess, N. 2010. "Intrusive Images in Psychological Disorders: Characteristics, Neural Mechanisms, and Treatment Implications." *Psychological Review* 117(1): 210-32.

2) Leahy, R. 2005. *The Worry Cure*. New York: Three Rivers Press. 《걱정 활용법》, 서용조 옮김, 푸른숲, 2007년.

3) Borkovec, T. D., Robinson, E., Pruzinsky, T., and Depree, J. A. 1983. "Preliminary Exploration of Worry: Some Characteristics and Processes." *Behaviour Research and Therapy* 21(1): 9-16.

4) Hershfield, J., T. Corboy, and J. Claiborn. 2013. *The Mindfulness Workbook for OCD*. Oakland, CA: New Harbinger Publications.

3장 생각에 관한 잘못된 생각 아홉 가지

1) Rachman, S. 1993. "Obsessions, Responsibility and Guilt." *Behaviour Research and Therapy* 31(2): 149–154; Salkovskis, P. M. 1985. "Obsessional-Compulsive Problems: A Cognitive-Behavioural Analysis." *Behaviour Research and Therapy* 23(5): 571–83.

2) Teresa, M. 2009. *Come Be My Light*. New York: Random House. 《마더 데레사 나의 빛이 되어라》, 브라이언 콜로제이축 엮음, 허진 옮김, 오래된미래, 2008년.

3) Pittman, C. M. and E. M. Karle. 2015. *Rewire Your Anxious Brain: How to Use the Neuroscience of Fear to End Anxiety, Panic, and Worry*. Oakland, CA: New Harbinger Publications.

5장 뇌는 어떻게 이상한 생각을 만들어내나

1) Weekes, C. 1969. *Hope and Help for Your Nerves*. New York: Hawthorne Books.

2) LeDoux, J. 1998. *The Emotional Brain: The Mysterious Underpinnings of Emotional Life*. New York: Simon and Schuster. 《느끼는 뇌 – 뇌가 들려주는 신비로운 정서이야기》, 최준식 옮김, 학지사, 2006.

6장 생각을 없애려는 노력이 늘 실패하는 이유

1) Carbonell, D. 2016. *The Worry Trick: How Your Brain Tricks You into Expecting the Worst and What You Can Do About It*. Oakland, CA: New Harbinger Publications. 《나는 왜 걱정이 많을까》, 유숙열 옮김, 사우, 2016.

7장 생각이 일어날 때 생각을 다루는 법

1) Grayson, J. 2003. *Freedom from Obsessive Compulsive Disorder*. New York: Berkley Books.

2) Stoddard, J. A., N. Afari, and S. C. Hayes. 2014. *The Big Book of ACT Metaphors*. Oakland, CA: New Harbinger Publications.

1) Foa, E. B., and Kozak, M. J. 1986. "Emotional Processing of Fear: Exposure to Corrective Information." *Psychological Bulletin* 99(1): 20.

2) Craske, M. G., K. Kircanski, M. Zelikowsky, J. Mystkowski, J. Chowdhury, and A. Baker. January 2008. "Optimizing Inhibitory Learning During Exposure Therapy." *Behaviour Research and Therapy* 46(1): 5 – 27.

정지인

《욕구들》《조현병의 모든 것》《공부의 고전》《불행은 어떻게 질병으로 이어지는가》
《우울할 땐 뇌과학》《내 아들은 조현병입니다》《혐오사회》 등 여러 권의 책을 번역
했다.

자꾸 이상한 생각이 달라붙어요

2021년 8월 20일 초판 1쇄 발행
2024년 3월 18일 초판 3쇄 발행

- 지은이 ——————— 샐리 M. 윈스턴, 마틴 N. 세이프
- 옮긴이 ——————— 정지인
- 펴낸이 ——————— 한예원
- 편집 ——————— 이승희, 윤슬기, 양경아, 김지희, 유가람
- 본문 조판 ——————— 성인기획
- 펴낸곳   교양인
         우 04015 서울 마포구 망원로6길 57 3층
         전화 : 02)2266-2776 팩스 : 02)2266-2771
         e-mail : gyoyangin@naver.com

ⓒ 교양인, 2021
ISBN 979-11-87064-69-5   03180